作者简介

贾康　第十一届、第十二届全国政协委员，现任全国政协参政议政人才库特聘专家，中国财政科学研究院研究员、博导。华夏新供给经济学研究院创始院长，曾长期担任财政部财政科学研究所所长。1995 年享受国务院政府特殊津贴。1997 年被评为国家百千万人才工程高层次学术带头人。多次受党和国家领导人之邀座谈经济工作。担任 2010 年 1 月 8 日中央政治局第十八次集体学习“财税体制改革”专题讲解人之一。孙冶方经济学奖、黄达－蒙代尔经济学奖和中国软科学大奖获得者。国家“十一五”“十二五”“十三五”规划专家委员会委员、国家发改委 PPP 专家库专家委员会成员。与苏京春合著的《中国的坎：如何跨越“中等收入陷阱”》、与刘薇合著的《双循环新发展格局》，分别获评由中宣部指导、中国图书评论学会组织评选的“2016 年度中国好书”“2021 年度中国好书”。

苏京春　中国财政科学研究院副研究员、硕士生导师。财政部宏观研究人才库入库专家。曾赴剑桥大学（University of Cambridge）访问，多次受邀于英国格林威治大学（University of Greenwich）客座授课（Guest Lecture）。出版专著 6 部、译著 4 部、合著 7 部，公开发表论文百余篇，主持或参与课题 60 余项。与贾康先生合著的《中国的坎：如何跨越“中等收入陷阱”》荣获由中宣部指导、中国图书评论学会组织评选的“2016 年度中国好书”；《供给侧改革：新供给简明读本》荣获 2018 年中国智库学术成果“优秀著作奖”，并于 2019 年入选德国科隆大学（Universität zu Köln）东亚图书馆（East Asia Library）馆藏；曾多次荣获财政部“三优”论文奖、“邓子基财税学术论文奖”。

名家推荐

共同富裕成为重大关注热点，有其特定背景：发展阶段在转换，面对升级发展的挑战，怎样有高质量？在“问题导向”之下，显然我们还必须面对中国经济社会实际运行中一系列的矛盾纠结，处理好在发展中社会的和谐、分配的优化这样的重大问题。本书作者采用开阔的视角和观点，深入浅出、系统化地阐述了中国实现共同富裕的深层逻辑和相关的一系列现实问题。共同富裕是什么？不是什么？怎么推进？要解决什么针对性的问题？这本书都给出了理性而中肯的解答。正如作者所言，他们为大家提交了一份力求条理化与理性化回答共同富裕相关问题的答卷，值得广大读者朋友细读。

——中央财经大学副校长、国务院学科评议组成员、
博士生导师　马海涛

如何实现共同富裕？一、二、三次分配的重要作用是什么？……当共同富裕再次引发社会高度关注时，各种言论和片面的认知随之而来。共同富裕是社会主义的本质要求，是中国式现代化的重要特征，也是中国人民长久以来的共同期盼。正确解读，建立共同富裕的认识框架，分析其内在含义，提出制度机制优化、政策优化的建议，探索一条适合本国国情的发展之路，具有重大价值。贾康教授和苏京春博士撰写的这部书，是为广大读者提供的一部佳作。

——中共中央党校教授、博士生导师　周天勇

共同富裕这一伟大的中国实践，聚焦中国问题，同时也具有巨大的世界意义。本书作者之一贾康是我国著名的财税专家，在写作中以其长期研究财税体制改革的独特视角，对推进共同富裕中的重要问题——优化收入分配，作出深入分析并提出大量改革建议与配套意见，显得尤其珍贵，这也是本书区别于其他相关图书的一大亮点。

——全国工商联智库委员、
华夏新供给经济学研究院首席经济学家　黄剑辉

共同富裕

“先富共富”的中国梦

共同富裕

『先富共富』的中国梦

贾康　苏京春◎著

SPM 南方传媒 | 广东经济出版社

·广州·

图书在版编目（CIP）数据

共同富裕："先富共富"的中国梦／贾康，苏京春著．—广州：广东经济出版社，2022.5（2023.3重印）
ISBN 978－7－5454－8294－2

Ⅰ．①共…　Ⅱ．①贾…②苏…　Ⅲ．①共同富裕—研究—中国　Ⅳ．①F124.7

中国版本图书馆CIP数据核字（2022）第046318号

选题策划：王成刚　刘　倩
责任编辑：刘　倩　黄思健　梁雪莹
责任校对：李玉娴
营销编辑：陈　潇　江嫔嫔　李泽琳
责任技编：陆俊帆
封面设计：红杉林文化

共同富裕："先富共富"的中国梦
GONGTONG FUYU："XIANFU GONGFU" DE ZHONGGUOMENG

出版人	李　鹏
出版发行	广东经济出版社（广州市环市东路水荫路11号11～12楼）
经　销	全国新华书店
印　刷	恒美印务（广州）有限公司 （广州市南沙经济技术开发区环市大道南路334号）
开　本	787毫米×1092毫米　1/16
印　张	18.25
字　数	280千字
版　次	2022年5月第1版
印　次	2023年3月第2次
书　号	ISBN 978－7－5454－8294－2
定　价	88.00元

图书营销中心地址：广州市环市东路水荫路11号11楼
电话：（020）87393830　　邮政编码：510075
如发现印装质量问题，影响阅读，请与本社联系
广东经济出版社常年法律顾问：胡志海律师

序言

言共富，向大同

2021 年 8 月 17 日，党中央重要会议明确给出了把握发展阶段新变化，把逐步实现全体人民共同富裕摆在更加重要的位置上，进入“扎实推动共同富裕的历史阶段”的全局战略指导。由此，中国社会的东西南北中，工农商学兵，上上下下方方面面，都在进一步关注和热议共同富裕问题。面对重大现实问题，结合基础理论，作力求深入和严谨的研究探讨，是学者的社会责任，我们应广东经济出版社的邀约，撰写这本《共同富裕：“先富共富”的中国梦》，就是把完成这一写作任务，看作自己对于时代和社会的一份责任。

言说人人关心的共同富裕问题，逻辑上有一个可展开的“思共富—研共富—言共富—促共富”的链接关系。

思共富——人类历史上，早早就有关于共同富裕的憧憬与理想，中国古代志士仁人所勾画的大同境界，与作为马克思主义重要来源之一的空想社会主义，以及发展至科学社会主义的“自由人联合体”之未来“各尽所能，各取所需”的初心宏愿，在这一点上是一脉相通的。

研共富——但人类社会的现实，是共同富裕还从未在“人类命运共同体”的意义和规模上实现过，从思想家到实行者，都还不得不在此牵动人心的取向上，作不断的研讨和探索。中国推进现代化、实现满足人民美好生活向往的中华民族伟大复兴，必须更进一步地研究认识与共同富裕相关的一系列问题，正本清源而凝聚共识，正确地找到并把握好逐步实现共同富裕的可行路径。

言共富——这是人们讨论共同富裕问题而努力凝聚共识，并对相关决策与政策优化提出建设性意见的必由之路。人们必会见仁见智地发表各种看法，往往还表现为激烈的观点碰撞、不同思路的争议，应当鼓励所有持负责态度来作思考、提建议的相关言说，加入相互启发、寻求真知灼见的过程。本书就是我们在出版单位的支持之下，加入言说行列，为读者和有关方面提交的，力求条理化与理性化回答共同富裕相关问题的一份书面答卷。

促共富——思索、研讨、论说，都是为了“知”而后“行”。促进共同富裕，就是基于“思、研、言”之后最具有现实意义的实践过程。人世间的一切美好，都离不开人们的努力与奋斗，共同富裕只有在认识规律而积极对其促进的不懈进取之中，才能“无限趋近”地动态实现。读者如通读此书，将会知道，以积极促进的系统工程向橄榄型社会作无限的趋近，是我们在全部论述之后所作概括性结语中的基本表述。

“一水涨喧人语外，万山青到马蹄前。”在中国走向现代化中国梦的澎湃历史潮流之中，中华民族新长征的千里马，正面对万山丛中一轮朝日般的共同富裕愿景，更加昂扬地奔上起伏而壮阔的征程。此书中的讲述，是我们为仍众说纷纭、喧声可闻的共同富裕话题，提供的思考、研讨的“言说成果”，自信是一串可纳入中国“先富共富”社会主义市场经济交响乐的音符，可融入终将奔向大同境界的万马奔腾场景之中。

我们衷心希望得到读者的批评指正意见；并在此向广东经济出版社的领导和责任编辑，以及为此书写作作出文字处理等支持工作的王乐、张晶晶、方凌晨等同志致谢。

作者

2022 年 2 月

目　录

第一章

人类共同富裕的大同之梦

一、人类还从未实现过共同富裕

人类脱离动物界形成人类社会，要追溯到原始人群出现的几百万年前。考古学已证明，在漫长的史前社会中，各个原始人群的生存问题是极为严峻的现实挑战，能够延续血脉而形成当代人类的，只有智人一系。考古学也证明，在漫长的史前阶段，不同人群为了生存，有"食人之风"，而没有共同富裕可言。

距今不超过万年的农业革命发生后，人类的生产力有了明显提高，出现剩余产品以后，私有制和国家与阶级社会产生。告别史前时期的阶级社会，人类总体的生存状况，代表性的描述可提及我国古代诗圣杜甫的名句——"朱门酒肉臭，路有冻死骨"，也没有共同富裕可言。

工业革命发生后，人类社会的生产力有了基于地理大发现、工业文明和全球化的突飞猛进，但也有不同民族国家、利益集团间的激烈竞争、对抗乃至以第一次和第二次世界大战为代表的血腥战争。第二次世界大战结束之后，迄今虽然得以避免第三次世界大战，但各个国家之间明显的富裕程度差异始终存在，且在一些发展阶段上趋于拉大，收入分配的悬殊在国家内部也比较普遍地成为社会问题。自第二次世界大战结束迄今 70 余年的发展历程中，世界上以北欧国家为代表的"福利社会"的进步值得肯定，但普遍的情况是收入和财富的差异化特征比比皆是，与共同富裕相距甚远。比如：

位于斯堪的纳维亚半岛西部的挪威，作为全球范围内一个典型的福利国家，每个公民都是国家福利与劳保组织的成员之一，全方位享有医疗、退休金、残废金等经济资助待遇。生活在挪威的公民，以家庭为单位，儿童都可以得到抚养费，90% 以上的儿童可以在公立学校接受免费教育，必须接受的义务教育的下限是 9 年。奥斯陆作为全球消费最高的城市，2019 年 7 月的数据显示，一个大汉堡快餐的价格高达 105 克朗（约合人民币 77 元），一包万宝路香烟的价格则高达 122 克朗（约合人民币 89 元）。

作为南美洲最大的国家，“足球王国”巴西的国民主要从事钢铁、汽车、造船、化工等制造业及铁矿石、石油等基础能源的开采业。受注重享受生活的观念影响，巴西公民热衷于请假，对闲暇更加向往，每年有 16 个全国性法定节假日，算上圣诞节、狂欢节、周末以及偶尔的世界杯巴西队比赛日，巴西人每年最短的工作时间仅为 6 个多月。特别值得注意的是，这些假期都是带薪假期。里约热内卢可说是一个名副其实的“混搭”城市，不但海鸥和秃鹫同时翱翔在天空，而且贫民窟与五星级酒店也可能只有一街之隔。在容纳着大大小小 700 多个贫民窟，有些贫民窟还笼罩在贩毒集团暴力控制阴影下的里约热内卢，少数富人阶层则享受着奢侈的生活。

位于非洲中东部赤道南侧的国家布隆迪，其大多数黑人公民要靠芭蕉、芒果等当地盛产的水果来果腹。首都布琼布拉的农贸市场杂乱而拥挤，人们在水果摊前席地而坐。贩卖水果的商贩也并不用秤计量，而是按堆论价，一堆一口价，买得越多价格越好商量，总体而言价格非常低。随处可见的芒果和香蕉，就是当地黑人雇工中午经常用来充饥的食物。广袤的国土大都被绿色覆盖，茅草屋前后多种植着芭蕉树、香蕉树，而蔬菜则成为十分金贵的食物，在平民百姓的餐桌上很难见到。当地的儿童大多衣不蔽体、赤裸双脚，从出生起就放养于田野之间。机动车更是当地人少见的稀罕之物，乘坐一下偶尔到来的运输水果的皮卡，甚至是在它的旁边、后面跟着奔跑一段距离，似乎都是当地人生活中奢侈的快乐之一。

在经济全球化的今日，不同国家的公民的生活景象是迥然不同的。然而，蔬菜都很难吃上一口的布隆迪公民，确确实实与上公共厕所都要付高额费用的奥斯陆市民生活在同一时代。这些差异固然与不同国度之间不同的自然条件、历史变迁、地缘政治因素等都有关系，但总体而言，这反映着经济发展水平的差距。2013 年世界银行发布的人均 GNI（国民总收入）数据显示，非洲国家布隆迪的人均 GNI 仅为 260 美元，是全球有统计数据显示的经济体中人均 GNI 的最低值；而北欧国家挪威作为同一年度全球范围内人均 GNI 最高值的拥有者，其人均 GNI 高达 102700 美元。与此同时，巴西的人均 GNI 为

11690 美元，大致处于全球经济体的中间水平，但其基尼系数却是全球范围内最高的几个国家之一，早就远超 0.4 的国际警戒线。

二、共同富裕的理想之光

虽然真正的共同富裕在人类社会的现实中还没有出现过，但人类却始终存在着对于共同富裕社会理想目标的憧憬。

初期空想社会主义的代表人物莫尔提出，未来社会应实行财产公有，大家都热心于公事，“每人一无所有，而又每人都富裕”。康帕内拉提出，未来社会要实行绝对的公有制，没有阶级的区分，没有贫富的对立，由贫富对立而引起的一切恶习也都不再存在，人剥削人、人压迫人和少数人发财、多数人贫困将成为过去。梅叶提出，人人生而平等是自然权利，自然权利就是消灭阶级和一切阶级差别的社会平等。欧文认为，私有制、宗教和婚姻形式是阻碍社会改造的三大障碍和祸害，其中最主要的是私有制。私有制“是人们所犯的无数罪行和所遭的无数灾祸的原因”，是隔阂、仇视、欺骗、敲诈、卖淫等各种丑恶现象的根源，也“是各国的一切阶级之间的纷争的永久根源”。有的空想社会主义者虽然没有明确提出废除私有制的主张，但对私有制带来的弊端和罪恶进行了深刻的揭露。莫尔认为，资本主义制度造成贫富两极对立，“一面穷困不堪，一面又奢侈无度”。后期空想社会主义的代表人物之一欧文，通过对资本主义企业赢利的计算，揭露了资本家对工人的残酷剥削。在资本主义制度下，劳动者创造的巨量财富，大部分落入了资本家的私囊，造成工人阶级挨饿受冻、日益贫困。欧文痛斥英国资本主义社会是“知识与无知的结合，富贵与贫困的结合，奢侈与忍辱受苦的结合”。欧文认为，资产阶级政府是掠夺、暴虐和欺骗的集合体，它使用暴力和欺骗手段“掠夺和折磨生产阶级，并为他们制造低劣、有害和罪恶的条件”；它经常宣称“保证人民得到持久的福利”，而这实际上是空话。针对资本主义分配制度的不合理，空想社会主义者已提出了按劳分配和按需分配的思想。圣西门提出，“要各按其能，各按其劳”。这已经开始反映出他对社会主义各尽所能、按劳分配原则的思路设想。傅立叶提出，分配应该按劳动、资本、才能三方面进行，即“按比例分配”。欧文还提出了消灭货币和实行按需分配的思想。在实践中，欧文还播撒了创办合作工厂的种子。曾经在英国出现的合作工厂、合作社的试验以及后来在美洲大陆的类似试验，都是欧文合作制思想的产物。马克思写道：“正如我们在罗伯特·欧文那里可以详细看到的那样，从工厂制度中萌发出了未来教育的幼芽，未来教育对所有已满一定年龄的儿童来说，就是生产劳动同智育和体育相结合，它不仅是提高社会生产的一种方法，而且是造就全面发展的人的唯一方法。”①

中国作为全球唯一一个古老文明没有中断的国度，早就有古人关于大同社会共同富裕的愿景，最著名的是成书于汉代的《礼记·礼运》的一段话：“大道之行也，天下为公。选贤与能，讲信修睦。故人不独亲其亲，不独子其子，使老有所终，壮有所用，幼有所长，矜寡孤独废疾者皆有所养……是谓大同。”

礼运大同篇

大道之行也，天下为公。选贤与能，讲信修睦。故人不独亲其亲，不独子其子，使老有所终，壮有所用，幼有所长，矜寡孤独废疾者皆有所养，男有分，女有归。货恶其弃于地也，不必藏于己；力恶其不出于身也，不必为己。是故谋闭而不兴，盗窃乱贼而不作，故外户而不闭，是谓大同。

今大道既隐，天下为家。各亲其亲，各子其子，货力为己，大人世及以为礼。城郭沟池以为固，礼义以为纪，以正君臣，以笃父子，以睦

---

① 中共中央宣传部理论局：《世界社会主义五百年（党员干部读本）》，学习出版社、党建读物出版社，2014。

兄弟，以和夫妇，以设制度，以立田里，以贤勇知，以功为己。故谋用是作，而兵由此起。禹、汤、文、武、成王、周公，由此其选也。此六君子者，未有不谨于礼者也。以著其义，以考其信，著有过，刑仁讲让，示民有常。如有不由此者，在势者去，众以为殃，是谓小康。

中国共产党人领导的革命和建设，从 20 世纪到 21 世纪，极大地改变了中国的面貌，也在深刻地影响着整个世界，总体而言，中国已经走过了“站起来”和“富起来”这两个阶段，正在努力实现“强起来”的现代化中华民族伟大复兴战略目标。与此同时，党中央最高决策层明确强调，要更加着力推进共同富裕。如果说现在所反复强调的共产党人的初心，在现实生活中是为人民谋幸福，为民族谋复兴，那么上升到理论层面，和马克思主义创始人的理念相对接的核心概念是什么呢？就是《共产党宣言》所说的未来理想社会，应该是实现一种“自由人的联合体”；而按照马克思主义创始人的另一代表作《哥达纲领批判》中的展望，应该是在生产力极大解放、社会财富的一切源泉充分涌流出来之后所实现的所谓“各尽所能，各取所需”，即“按需分配”。

由此看来，以中国现代化推进过程中间的目标导向，结合中国共产党作为指导思想理论基础的马克思主义原理，比照空想社会主义的理想社会憧憬与中国古代文明里被人们所推崇的“天下为公”的大同世界，在共同富裕的追求上，显然都是相通的。但是，现实生活中自由人怎么样形成，怎么样处理自由人和整个联合体间的这个“群己权界”（就是个体的和集体的权责利），形成合乎理性的、可持续的社会关系，始终是具有挑战性的任务。

在实际生活中，我们现在也有一些经济学上必须进一步探讨的问题，“各尽所能”好理解，“按需分配”怎么理解？如果从经济学的基本原理出发，讲资源即意味着其稀缺性（只要是资源，就不可能“取之不尽，用之不竭”），意味着不可能绝对化地各取所需，未来理想社会怎么样一步一步地去实现，还需要我们长期的奋斗。而现实生活中，我们又必须注意到，中国要让人民美好生活的向往变成现实，也对接着人类文明发展取向中我们领导人反复强调的要打造“人类命运共同体”，内在逻辑仍是必然落在走向共同富裕这个指向上。同时，我们也要理性地掌握好，这种走向共同富裕，无论是中国自己处理好社会主要矛盾，不断满足人民美好生活需要，还是和其他的经济体一起努力打造“人类命运共同体”，都不可能是绝对平均主义目标之下的推进过程。

三、国际观察
——经济增长中收入分配的三个结果

基于世界经济的相关数据进行分析，我们可以观察到世界范围内经济增长和发展所造成的与收入分配有关的三个结果，具体如下所示：

世界范围内的经济增长实践引发的第一个结果，就是整体收入水平的提高。在 1970 年的世界经济总量条件下，全球收入分配的曲线所对应的收入水平相对更低一些（见图 1 – 1）。而发展到 1998 年之后，在当年的世界经济总量条件下，全球收入分配的曲线所对应的收入水平相对更高一些（见图 1 – 2）。总结来看，1970—1998 年，世界经济总量表现出不断增长的特征，而与此同时，代表全球收入分配分布的曲线则相应地呈现出整体右移的特点。换言之，随着世界经济总量的不断攀升，经济不断增长，全球人均 GDP（国内生产总值）也出现了显著增长。相应人均 GDP 指标下的人口数量在不断增加，处于峰值的人均 GDP 水平是图形的中轴，这个轴也出现了显著右移，同样也能表现出人均 GDP 的显著增长。因此，我们可以得出结论，在世界经济总量不断增长的情况下，经济增长引发的一个重要结果，就是整体收入水平提高了。这是经济增长和经济发展带来的可观察到的较普遍的福利。

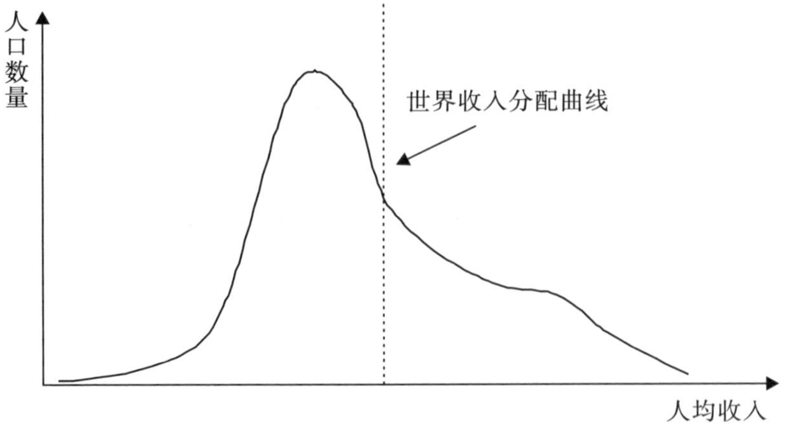

图1－1　1970年的世界收入分配分布

资料来源：Xavier Sala－i－Martin（2003），*The World Distribuion of Income 1970－2000*，Unpublished，Columbia University。

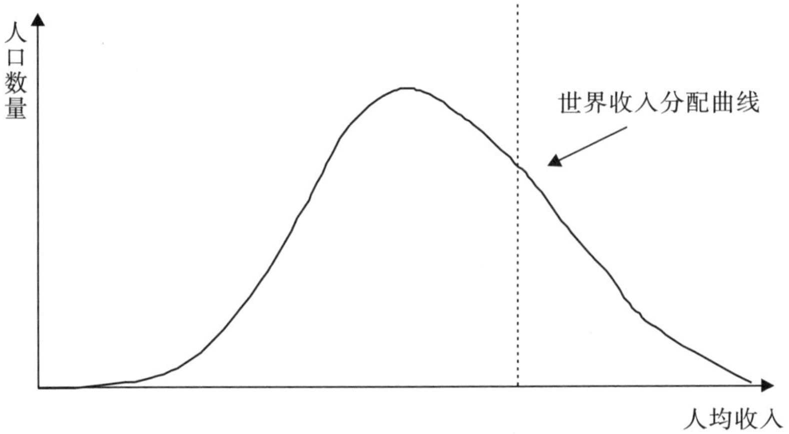

图1－2　1998年的世界收入分配分布

资料来源：Xavier Sala－i－Martin（2003），*The World Distribuion of Income 1970－2000*，Unpublished，Columbia University。

世界范围内的经济增长实践引发的第二个结果，就是贫困显著减少了（见图1－3）。无论是以每天少于2美元为临界值标准，还是以每天少于1美元为临界值标准，都可以看到，自1970年以来，世界贫困率都呈现出不断下降的趋势，这意味着随着经济增长，世界范围内的贫困显著减少了。

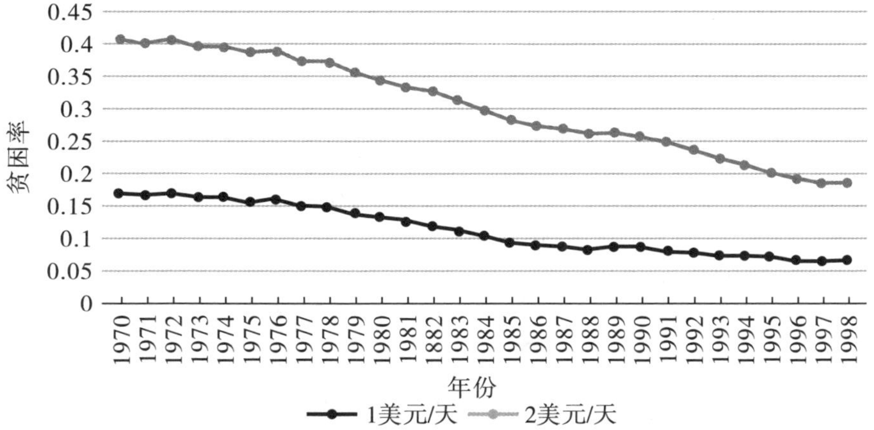

图 1－3　世界贫困率变化趋势（1970—1998 年）

资料来源：Xavier Sala－i－Martin（2003），*The World Distribution of Income 1970－2000*，Unpublished，Columbia University。

世界范围内的经济增长实践引发的第三个结果，就是贫富差距显著扩大。虽然世界范围内的人均 GDP 水平分布曲线呈现出了整体右移，而且世界范围内位于峰值的人均 GDP 数值也出现了显著右移，但是世界范围内的收入分配分布却发生了重大变化。1970 年世界收入分配分布显示世界收入分配的曲线相对是更加收敛的，而发展至 1998 年的时候，世界收入分配的曲线相对比而言变得更加离散了，这显然意味着世界范围内随着经济增长，出现了贫富差距显著扩大的现象。

中国的经济增长过程，也符合世界范围内其他经济体经济增长所引发结果的一般特征，但是还带有属于自己的特点，主要表现在三个方面：①随着经济增长，中国的整体收入水平实现了不断提高（见图 1－4）。如果从数据上来观察，可以看到中国 1970 年的收入分配曲线整体最靠左，而 1998 年的收入分配曲线整体最靠右，即作整体观察，1970 年、1980 年、1990 年、1998 年中国四条收入分配曲线呈现出从左向右的排列，体现为整体收入水平不断提高。②随着经济增长，贫困人口在不断减少。如果从曲线上来观察，可以看到 1970 年的曲线基本呈现出标准正态分布的形状，而 1998 年的曲线则更多呈现出接近于梯形的形状，绝大多数人口呈现出右倾的状态，而代表贫困人口的左边缘则向横轴靠近，呈现出越来越窄的状态，这表明贫困人口显著减少了。③随着经济增长，中国的整体收入水平在呈现不断提高的同时，还呈现出不断离散的特点。通过 1970 年、1980 年、1990 年和 1998 年四条中国收入分配分布曲线的对比分析，我们不难发现，中国的收入分配分布曲线在 1970 年最为收敛；发展到 1980 年，中国的收入分配分布曲线已经开始呈现逐步离散的特点；发展到 1990 年，中国的收入分配分布曲线离散水平更高，曲线在横轴上的跨度也更大；再发展到 1998 年，中国的收入分配分布曲线已经出现非常显著的离散特征。在这个动态过程中，中国的收入分配分布不断趋于离散，也就是说，收入差距在不断扩大。而 1970—1998 年，中国的经济发展经历了高速发展时期，结合收入分配的特点，不难得出中国的收入分配随着经济增长呈现收入差距显著扩大的相关结论。

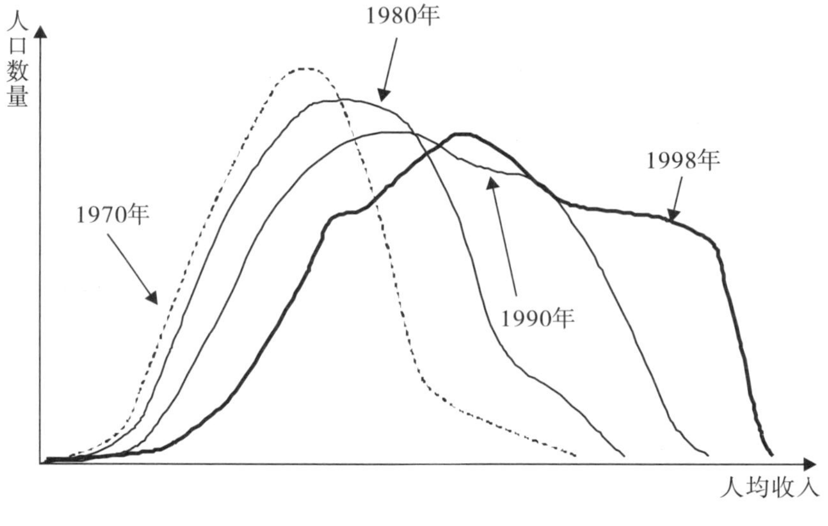

图 1-4　中国的收入分配分布曲线（1970 年、1980 年、1990 年、1998 年）

资料来源：Xavier Sala-i-Martin（2003），*The World Distribution of Income 1970-2000*，Unpublished，Columbia University。

四、中国由“先富”向“共富”的阶段转换

马克思主义基于对人类社会发展规律的认知，提出未来社会应是生产力高度发达状态所支持的“自由人的联合体”，其中每个人的自由发展成为一切人自由发展的前提条件。不言而喻，与此种追求相匹配的，一定是共同富裕的分配状态（“各尽所能，按需分配”）。这一共同富裕的科学社会主义的理想愿景，在社会主义初级阶段中国改革开放后之中国特色社会主义的伟大实践中，已由邓小平明确地表述为为实现现代化而奋斗的战略目标和社会主义的本质。邓小平所高屋建瓴而简洁概括的走向共同富裕认识，上合中国古代早已树立的大同理想，下合现时亿万民众对美好生活的向往，可说是代表着人类文明发展与社会进步过程中的总纲，是今后优化我国收入分配明确的目标导向。

改革开放之初，我国的经济发展水平还相当落后，社会生产力极为低下，社会基本矛盾，即人民日益增长的物质文化生活需要同落后的社会生产之间的矛盾尖锐。为尽快摆脱贫困落后的状况，我国及时制定了以经济增长为核心的发展战略，确定了“效率优先、兼顾公平”的分配机制和原则，以发展经济为第一要务，鼓励一部分人先富起来，以先富带后富，以求最终走上共同富裕之路。

邓小平在改革开放之初就指出，“贫穷不是社会主义”，“一部分地区，一部分人可以先富起来，带动和帮助其他地区、其他的人逐步达到共同富裕”，“我的一贯主张是，让一部分人、一部分地区先富起来，大原则是共同富裕”。这一发展思路，也被人们简称为“先富共富论”。在共同富裕的目标下，其实现路径是鼓励一部分地区、一部分人通过诚实劳动和合法经营先富起来。1984 年，党的十二届三中全会提出，“共同富裕决不等于也不可能是完全平

均，决不等于也不可能是所有社会成员在同一时间以同等速度富裕起来……只有允许和鼓励一部分地区、一部分企业和一部分人依靠勤奋劳动先富起来，才能对大多数人产生强烈的吸引和鼓舞作用，并带动越来越多的人一浪接一浪地走向富裕”。1992 年，邓小平在南方谈话中进而强调，“走社会主义道路，就是要逐步实现共同富裕”，提出深圳等首先发达起来的地区，要回过头来支持欠发达的地区。党的十四大也提出，“运用包括市场在内的各种调节手段，既鼓励先进，促进效率，合理拉开收入差距，又防止两极分化，逐步实现共同富裕”。1987 年，党的十三大提出了允许合法的非劳动收入，在促进效率的前提下体现社会公平等观点。1993 年，党的十四届三中全会提出，个人收入分配要“体现效率优先、兼顾公平的原则”，1997 年党的十五大重申了这一原则。

“效率优先、兼顾公平”的分配机制崇尚效率，从而有效地刺激了经济增长，国家的经济实力显著增强，人民的生活水平得到了明显改善。1979—2006 年，国内生产总值从 3624.1 亿元增长到 209407 亿元，年均增长率高达 9.66%，而同期世界平均 GDP 增长速度仅在 3%～4%。近年来，受全球金融危机的影响，我国经济增长速度虽然有所回落，但仍远远高于世界平均水平。与此同时，随着国民经济的快速发展，以收入分配失衡为核心的社会公平问题也在不断加剧，经济增长与社会公平之间的矛盾日益尖锐，并已成为当前经济社会发展中不容忽视的重大问题和突出矛盾。2002 年，世界银行指出：“大范围的贫困人口减少是中国 1979 年改革之后所取得的最大成就之一。……此后的深化改革并没有像之前那样让贫困人口受益。在没有解决其他国内市场扭曲问题的情况下进行这些改革反而使得中国的收入差距扩大。”①

改革开放初期，正是针对社会生产力低下、经济社会发展水平落后的国情特点，我国及时制定了以经济增长为核心，鼓励一部分人、一部分地区先富起来的“先富”战略。事实证明，这一决策是正确的选择，使我国尽快摆脱了贫困落后状况。然而，这一不平衡发展战略也是有代价的，随着经济社

① 世界银行：《中国：推动公平的经济增长》，清华大学出版社，2004。

会的发展，以收入差距扩大为代表的后果日益凸显，不同程度的危害产生，经济发展战略实现由“先富”向“共富”的阶段性转换显得愈发迫切，并且转换时机和条件也已趋于成熟。一方面，改革开放以来所取得的经济成就，为调节收入分配和构建和谐社会创造了必要的物质基础，公有制为主体、多种所有制经济共同发展的基本经济制度为此提供了强有力的制度基础；另一方面，缩小贫富差距，避免陷入“中等收入陷阱”的客观要求，已十分迫切。这些标志着我国发展战略重心由“先富”转向更多注重“共富”的时机已经成熟，既具备必要的物质条件，也具有很强的现实紧迫性。

选择恰当的时机将经济工作的重心由“先富”转向“共富”，是改革初期便确立的一项既定发展战略，也是社会主义共同富裕本质的必然要求。根据世界各国经济发展规律和经验的启示，同时鉴于收入差距过大所带来的越来越多的负面影响和各种危害，在“问题导向”之下，我国当前已迎来了由“先富”到“共富”阶段转变的全局性契机，特别是基于20世纪末以来陆续制定和实施的西部大开发战略、农村税费改革、东北振兴和中部崛起战略效果的逐步显现，我国地区居民之间、城乡居民之间的生活、收入水平差距在近几年已开始逐渐缩小，为共同富裕发展战略的实施奠定了初步的基础。下一阶段，我国还应以党的十九大精神和2021年中央“8·17”会议精神为指导，针对“人民日益增长的美好生活需要和不平衡不充分的发展之间”的社会主要矛盾，把“问题导向”结合于“目标导向”，将“先富带后富，最终实现共同富裕”确立为未来经济发展的工作重心之一，持续推进收入分配制度改革，从而使全社会的努力，更加合理地集中到推进共同富裕这一社会主义根本目标上来。

马克思主义政治经济学的原理，在揭示社会再生产基本规律的层面，阐发了人类社会物质资料再生产与生产关系再生产的内在关联，刻画了其运行过程中生产、分配、交换、消费四大环节的依次继起、互动和周而复始的循环。根据历史唯物主义原理，在肯定生产的关键意义和根本性决定作用的同时，也以辩证唯物主义的思维逻辑，深刻地指出了分配、交换和消费对生产的能动的反作用。

在物质资料生产的总过程中，分配、交换和消费不只是消极地被生产所决定，还对生产起着重要的反作用。分配对生产的反作用表现在产品分配得是否合理会加速或阻碍生产的发展。交换对生产的反作用表现在产品交换得快与慢对生产的发展起着促进或阻碍作用。消费对生产的反作用表现在：①消费是生产的最终目的；②消费使产品的生产行为得到真正完成，使产品成为真正意义上的产品；③消费作为原生动力引导生产的发展；④消费为再生产创造出劳动力。

党的十八大报告指出，“实现发展成果由人民共享，必须深化收入分配制度改革”，这是解决好人民最关心的利益问题、提高人民物质文化生活水平的一个重大的、足以影响全局的基础性制度建设。改革开放以来，我国收入分配制度改革逐步推进，按劳分配为主体、多种分配方式并存的分配制度框架基本确立，以税收、社会保障、转移支付为主要手段的再分配调节机制框架初步形成，配合和促进了社会主义市场经济体制的建立和国民经济发展、人民生活水平显著提高。同时，收入分配领域仍存在不少亟待解决的突出问题，城乡区域发展差距和居民收入分配差距依然较大，收入分配秩序不规范，隐性（灰色）收入、非法（黑色）收入问题不容忽视，部分底层群众生活比较困难，收入分配不公令颇多社会成员焦虑，与宏观收入分配格局和社会成员获得感、幸福感相关的一系列基础性制度建设的改革任务难度很大，推进迟缓。这些问题的存在，关联于我国转轨与发展全局的矛盾凸显隐患叠加，迫切需要我们加强深化收入分配制度改革研究，以求形成合理思路和全套要领设计，有效地优化收入分配机制与结构，促进经济发展方式转变，维护社会公平正义与和谐稳定，实现发展成果由人民共享，为实现中华民族伟大复兴的现代化中国梦奠定扎实基础。

收入分配及其制度安排的研究，也是社会科学和经济学领域持续的热点。在马克思、恩格斯的论著中，关于社会扣除与社会保障的理论（《哥达纲领批判》）和运用累进税实施调节的主张（《共产党宣言》）都包含了深刻的人文内容与学术内涵。在国外研究成果中，库兹涅茨基于实证考察形成的收入分配差距演变趋势的认识，形成了广泛的影响；近年托马斯·皮凯蒂的《21世纪资本论》关于资本收益增长率长期范围内高于劳动收入增长率而导致收入分配两极分化的分析认识，又带来了全球性的关于收入分配及相关问题的热议与观点交锋。

中国进入改革开放新时期的经济社会转轨中，邓小平很早就高瞻远瞩地提出了允许一部分人、一部分地区先富起来，最终实现共同富裕的全局性、战略性思路，尤其在邓小平晚年，更是把共同富裕问题提高到改革发展成功与否的高度加以强调，具有长久深远的启示与警醒、指导意义。针对现实生活中收入分配、财产配置格局的变化和社会生活中伴随矛盾凸显的高度关注和不满，不少学者从学术研究的角度探讨了相关的一些重大问题，如白重恩等关于国家、企业、个人三者分配比重的深度考察分析；李实、赵人伟等关于收入分配的一系列数据分析和政策考评；王小鲁关于中国居民灰色收入、黑色收入的测算；贾康、华生、蔡昉、徐滇庆、卢迈等牵头组织课题研究，系列文章或专著写作形成的多视角分析认识和政策主张；等等。

五、两大主流认识间的悖论与问题的关键

在指出中国学者的研究取得值得肯定的成果的同时，还有必要指出在收入分配重大认识判断上的不到位与紊乱：在社会上同时存在两种堪称主流的认识判断。一种认识认为，收入分配格局中政府、企业所得的部分明显偏高了，换句话说，居民所得份额是明显偏低的。这种认识多年来多次被人们强调，白重恩教授等对具体数据也有细致考察，大概念是居民收入份额在千年之交后10余年间下降了约10个百分点，消费率明显偏低——当然，这种认识还会与社会成员进入中等收入阶段后社会上新的不满情绪联系在一起，因此很多人就提出，扩大内需的同时要努力提高居民收入占比，使消费成为以后主要的动力源，或者说，将来要从投资推动转到以消费为主推动的新状态上去。但与这个观点有关的何为优化量值的依据，在讨论中几乎看不到。另外还有一种认识，有学者作了研究论证和几轮测算之后提出，中国收入分配

存在灰色收入、黑色收入规模巨大的特征（虽然官方统计上并不提供数据），这些灰色收入、黑色收入是被社会的一部分成员掌握的。代表性研究者王小鲁教授最新一轮测算结果认为，进入21世纪第二个10年后，我国整个GDP里面，实际上有6万多亿元的部分是灰色收入、黑色收入。

由此可引出一个判断：如果认可存在后一观点涉及的6万亿元的居民隐性收入和非法收入，那么前一观点提到的那个主流认识便不成立：因为中国当期的GDP是在70万亿元左右，如果有接近于10个点实际上是未统计的个人所得，那么前面所指责的偏低的居民收入份额就要加上这10个点，或其中的很大一部分，至少50%以上。所以要问，这两个带有主流特征、广泛被人们认同的认识，到底哪个对？现在还没有看到任何一个相关学者在这方面正式作出回应。我们也并不认为学术界可以迅速在这方面取得共识，但两个相互矛盾、如同冰炭难容一器的认识，却在社会上同时得到了广泛的认同，这非常值得我们思考：真正的问题在哪里？现在尚未有研究者可以确切无疑地说清楚到底中国政府、企业、居民三者收入份额和真实的投资率、消费率是怎样的数量值（这样的研究工作当然很有价值，笔者相关的研究努力及其引出的初步认识将在后文展开——即使有了一些特定研究结论，也还会争论不休），但我们应当更深刻地切入中国收入分配中居民收入的内部结构问题，就是在看到通盘收入分配的情况下，在对政府、企业、居民三者比重和投资、消费两大块加以考虑之外，还需要进一步地探讨：是不是我们居民内部收入分配的差距过大、规则紊乱、激励偏差、不公正和巨量隐匿等问题，在严重地影响着中国的现代化提升进程。我们认为这才是问题的关键，或者说是研究者应该更加注重的中国收入分配的关键性真问题之所在。

收入差距大，已有关于收入基尼系数的统计测算结果证明（官方给出的数据是2009年为0.49，2014年降为0.465，2020年略上升为0.468，总体而言仍属明显偏高状态）。更为关键的是，这种收入差距在与财产配置如影随形互动的同时（有研究表明，中国财产配置基尼系数远远高于收入分配的基尼系数），在不小程度上包含了种种不公正的机制、不合理的规则、不到位的制度问题。因此，有效推进制度化的公平正义、反腐倡廉和着力实施再分配制度机制优化建设（如逐步提高直接税比重、合理构建收入分配规则与秩序），确立符合科研创新规律的科研、技术开发激励机制等，就成为我们建设现代化国家所必须经受的历史性考验。

本书研究考察分析，将运用马克思主义基本原理，并基于已有的多项中外具有积极意义的研究成果，紧密结合中国实际，分析、洞悉中国收入分配的真问题，同时力求全面、深入、系统地认识和把握收入分配的整个流程和相关的各个主要因素，特别是相关要素，对初次分配、再分配和第三次分配进行透彻的考察，并借鉴福利国家的经验与教训，结合中国问题导向对代表性案例作出深刻剖析和总体性的基本诊断，在深入剖析问题之后以“对症下药”而“综合施治”为导向，提出中国深化收入分配制度改革、优化收入分配机制和结构、推进共同富裕的基本思路、原则和体系化政策主张。

第二章

现代化中国梦
也是共同富裕之梦

一、从民不聊生到走向“富起来”

自英国首先爆发工业革命以后，中国便开始在世界范围内迅速落伍，只是在清朝封建帝制封闭锁国的统治之下，对此浑然不觉，甚至还陶醉于所谓康雍乾盛世的景象之中，殊不知与世界上先进经济体相比已然日落西山。1840 年鸦片战争之后，中国颓态毕现，一路积贫积弱，下滑在被欺凌、被瓜分的危局中，陷入列强环伺、内忧外患、哀鸿遍野、满目疮痍的境地。在经甲午海战惨败、戊戌维新速夭、八国联军洗劫之后，转入 20 世纪的百年间，终于有三件大事依次发生：辛亥革命推翻千年帝制，继救亡图存的抗日战争胜利又经解放战争于 1949 年成立中华人民共和国，20 世纪 70 年代末实行改革开放全面展开现代化建设新时期。

正是在推翻帝制而“走向共和”无方、亿民彷徨、振兴无绪时，中国共产党横空出世，决定性地改变了历史进程：一个初建时的弱小政党，却于 28 年间率领人民革命成功而建立开创“站起来”时代的新中国，又经过奋发进取和曲折探索，在党的领导下以改革开放大踏步跟上时代，迎来了“富起来”的超常规发展过程。

正是在改革开放之中，中国人终于得到了一个可以谨慎乐观的前瞻：百年来无数志士仁人追求、期盼和为之献身的中华民族伟大复兴的愿景，已经“从未如此接近”；党领导人民迈入“强起来”的新时代，继续推进的中国改革开放，正在为古老中华更有力地注入新生活力，同时也将强有力地影响构建“人类命运共同体”的整个世界。

二、从“三步走”到“全面小康”，再对接“新的两步走”：从邓小平的“金句”说起

马克思主义经典作家所作出的历史唯物主义理论创新，深刻揭示了生产力决定生产关系、生产关系反作用于生产力的发展规律，指出资本主义生产方式下生产力的继续发展，将从本原层面决定性地引出走向社会主义生产关系的社会变革。依此思想指引，在实践中建立了社会主义生产关系框架的经济体如中国，必然应该顺乎逻辑地运用社会主义的生产关系而大力和卓有成效地解放生产力，也必定应当顺乎逻辑地在解放生产力、发展生产力的进程中推动、鼓励人民群众、社会成员进入收入逐步提高的致富过程。但在中华人民共和国成立之后的几十年间，中国对马克思主义原理所包含的基本逻辑关系的认识和把握，却走过了曲折的探索过程。1978 年，党的十一届三中全会作出了改革开放的伟大历史抉择。基于马克思历史唯物论的基本原理和已有实践中的经验教训，邓小平认定：“贫穷不是社会主义”（这一“金句”针锋相对地否定了“四人帮”违反客观规律的“穷过渡”思路），要通过“生产关系的自我革命”即改革，使生产力得到极大解放，人民群众走上富裕之路，由此真正体现社会主义制度的优越性。而如何实现这一愿景呢？邓小平又明确提出了“允许一部分人、一部分地区先富起来，然后实现共同富裕”的思路（这一“金句”高明、理性地指出了走向共同富裕的现实路径）。邓小平上述思路的重要指导意义，已充分体现和积极落实在改革开放 40 多年来中国令全球瞩目的超常规发展成就中，中国居民收入提升所形成的中等收入群体的绝对规模，一般认为现已有 4 亿人以上，居全球第一。但同时，对于邓小平“先富共富”的思路，近些年社会上、网络上却有一些误解，认为邓小平只知道让一部分人先富，却没有重视共富。

客观地了解、分析邓小平的这一思路，需要如实地摆明如下认识框架和

进一步廓清其中关键性的基本逻辑和战略思维要点。

（1）在总体思路框架中，邓小平追求的战略目标在其归宿上，是确切无疑地与“三步走”实现中华民族伟大复兴一体化的共同富裕。他所指出的“允许一部分人、一部分地区先富起来”，只是整个发展中前半段所“允许”的过程现象。邓小平对“共富”的追求及其认定，是始终如一、坚定不移的，而且把这一点提到了最高的位置：这属于他说过多次要搞清的“社会主义的本质”。他在不同场合反复表示过这种意见：如果我们的改革与发展不能最终走向共同富裕，那就失败了；中国如果出现了严重的两极分化，会发生“要闹革命的问题”。“什么是社会主义，如何发展建设社会主义”这一“邓小平理论”所解决的核心问题，对应的其实就是以允许“部分先富”而必须走向共同富裕的“先富共富”战略设计框架。

（2）在实现战略性目标的路径和演变过程中，邓小平清醒地意识到，“贫穷不是社会主义”，但为摆脱贫穷，不可能让拥有十几亿人口、区域差异悬殊的世界上最大规模的二元经济体——中国，齐头并进地一起脱贫而同时走向富裕。作为务实、高明的改革战略家，他牢牢地抓住发展这个“硬道理”，并说明在发展中必须“允许一部分人、一部分地区先富起来”，这十分鲜明地体现了“拨乱反正”（包括否定平均主义“大锅饭”谬误）后的“实事求是”，也完全符合经济学分析认识中所形成的倒 U 曲线（亦称库兹涅茨曲线）等的学理分析。“允许一部分人、一部分地区先富起来”，直观地看，就是要打破因袭多年的平均主义旧式框架，鼓励和激发人民群众和各个区域争先恐后致富发展。这是深刻洞察经济发展客观规律、以优化分配政策呼应体制机制改革的可操作方案。试想，若无这一简洁明确的“允许”指导，在 20 世纪 80 年代后中国的发展局面中，将会增加多少怀疑、动摇、阻碍的因素？

（3）在由“先富”走向“共富”的政府作为和时段把握方面，邓小平有明确的认识与意见。他的看法其实是：“先富共富”的倒 U 曲线我们并不能坐待其自然而然形成，领导决策和政府“有所作为”能动作用的发挥至关重要。在历史性的南方谈话中，邓小平十分鲜明地强调：先富裕起来的沿海地区，必须回过头来支持欠发达的中西部地区，这事关大局。而且他还具体地把这一个大动作的时点，摆到世纪之交的 2000 年前后（后来，恰是在这一时点到来前，1999 年夏，党中央召开专门会议确立“西部大开发”战略，这成为其后一系列区域发展战略和对欠发达地区加强政策倾斜支持的先声）。邓小平在深圳时曾表示，赞成该市每年按固定比例从财政划出一部分资金作为贫困地区开发“造血”型项目基金的做法。在《邓小平年谱（1975—1997）》中记载的 1993 年 9 月 16 日与其弟邓垦的谈话中，他特别强调，“十二亿人口怎样实现富裕，富裕起来以后财富怎样分配，这都是大问题。”“我们讲要防止两极分化，实际上两极分化自然出现。要利用各种手段、各种方法、各种方案来解决这些问题……少部分人获得那么多财富，大多数人没有，这样发展下去总有一天会出问题。”他态度再鲜明不过地说：“这个问题要解决。”

以上三个方面集中反映了我们应当了解、澄清的邓小平关于“先富共富”的基本思路、核心观点。本来如此清晰，怎么会有不时出现的网上误解？不能不说，这与我国进入中等收入国家后收入分配矛盾的凸显和社会心态的变化、网络时代和“精神快餐”时代人们诉求表达的情绪化等都有关系。而通观现实，虽然有种种不尽如人意之处和不容忽视的矛盾纠结，但是我国这些年作为重大事项着力推进的社会保障体系建设，公共财政对低收入阶层和社会弱势群体的扶助（如涉及数千万套房屋的棚户区改造与保障房建设），中央和省区市对欠发达地区的转移支付，以精准扶贫措施实现农村贫困人口脱贫，实施个人所得税动态优化的改革，等等，都是在做邓小平给予高度重视的“促进共富”而“解决问题”的事情。

三、“先富共富”的基本逻辑

改革开放初期，针对社会生产力低下、经济社会发展水平落后的国情特点，我国实施以经济增长为核心，鼓励一部分人、一部分地区先富起来的“先富”战略。邓小平明确地指出了如下区分阶段，环环相扣而又纳入一体化框架的认识要点：贫穷不是社会主义，所以要鼓励致富；致富不可能所有人齐头并进，所以需要允许一部分人、一部分地区先富；一部分人和一部分地区先富发挥示范、带动效应，是为了追求作为社会主义本质的共同富裕，所以部分先富的内在逻辑是创造条件然后再走向共同富裕。这一决策是正确的选择，有利于我国尽快摆脱贫困落后的状况，在可行路径上推进现代化。当然，这一不平衡发展战略也是有代价的，随着经济社会的发展，以收入差距扩大为代表的负面后果日益凸显，不同程度的种种危害表现已经产生。到如今，我国已具备经济发展战略由“先富”向“共富”转换的条件，改革开放取得的伟大经济成就为收入分配战略的调整奠定了坚实的物质基础；以公有制为主体、多种所有制共同发展的经济制度为收入分配战略的调整匹配了相关的制度保证；同时，我国经济社会矛盾凸显的现实也迫切要求缩小收入分配差距。因此，我国经济发展战略从“先富”向“共富”的转变，已具备了物质条件和现实迫切性。

在恰当的时机实现由“先富”向“共富”的转变，是追求实现社会主义共同富裕本质要求的基本路径。20 世纪末，我国先后启动了西部大开发、中部崛起、振兴东北老工业基地、农村税费改革等发展战略，迈出从“先富”向“共富”转变的步伐。这些战略的实施，已在逐步拉近地区之间、城乡之间收入的距离，有利于缩小收入分配差距，我国的居民收入基尼系数在 2006 年达到顶点后开始在波动中有所下降；城乡差距作为总体收入差距形成的重要因素，在 2003 年达到顶点后则一直保持稳定，到近年也有缩小之势。但这些仅仅是初步的变化，实现共同富裕的目标仍然任重而道远。

当前和今后一个时期，我们需要一方面继续推进地区间均衡发展战略；另一方面继续推进收入分配制度改革，将“先富带后富，最终实现共同富裕”确立为未来经济发展的中心轨道，使经济发展的成果更好地集中体现到逐步实现共同富裕这一根本目标上来。

回到现实生活中，要特别注意在中央所强调的共同富裕导向下，进入更为发力推进的新阶段，相关认识要有进一步的升华：在改革开放已经使我们有了一个“富起来”的发展过程之后，要注意人均国民收入节节上升伴随的是收入差距的悬殊，有基尼系数过高所表现的收入两极分化趋势的问题。

这种现实生活的挑战，使我们有必要进一步认识和更为能动地看待学术界早已探讨的倒U曲线概念，就是在发展过程中，意识到必须有一个调节收入分配差距的机制，这方面合理的政策作用，对应的应是这样一个过程：从客观因素作用来讲，又加上主观的一些因素，有可能经历一部分人、一部分地区先富起来这样一个差异程度曲线上升以后，又使这个曲线所代表的收入悬殊程度往下降低。这在国际上有研究成果，我国这些年实际上也越来越高度关注这方面。2021年8月17日，党中央重要会议所强调的共同富裕，以及勾画的把收入分配中三次分配合在一起的系统工程，内在逻辑上正是当下我们要特别注重应对实际生活中的挑战性问题，既防止平均主义的传统和风潮干扰我们继续创新创业中以创新作为第一动力解放生产力，又要特别注意不能够由于过大的收入分配差异状态而影响社会和谐，影响在改革开放过程中我们所追求的全体社会成员共享改革开放成果这样一个社会主义共同富裕基本宗旨指导之下的进步过程。所以对于倒U曲线转换点（拐点）的到来，不可消极等待，需要有合理的、积极稳妥的主观作为。

现在我们全面领会中央的指导精神，就需要仔细研读2021年8月17日中央财经委员会第十次会议给出的一系列表述。这次会议上，领导人的重要讲话，基本框架逻辑正是从认识到贫穷不是社会主义，要允许一部分人、一部分地区先富起来推动解放和发展生产力说起，然后又特别强调了实际生活中，我们要应对收入分配方面的挑战性问题，在全面小康建成之后，还要更好地适应社会主要矛盾变化，满足人民日益增长的美好生活需要，所以必须把促进全体人民共同富裕作为为人民谋幸福的着力点，不断夯实党的长期执政基础。这就是在肯定原来创新创业的基本认识之后，针对现实问题给予“问题导向”之下的进一步指导。会议强调共同富裕是全体人民的富裕，而且是物质生活和精神生活都富裕，不是少数人的富裕，也不是整齐划一的平均主义；要分阶段促进共同富裕，畅通社会成员向上流动的通道，给更多人创造致富机会；要坚持基本经济制度，坚持两个毫不动摇，多种所有制经济共同发展，允许一部分人、一部分地区先富起来以后，注重先富带后富、帮后富，重点鼓励辛勤劳动、合法经营、敢于创业的致富带头人；要尽力而为，量力而行，建立科学的公共政策体系，形成人人享有的合理分配格局，改善民生。在这个可持续的基础之上，要注意循序渐进，对共同富裕的长期性、艰巨性、复杂性要有充分的评估。对接的框架认识，是很有新意的构建初次分配、再分配、第三次分配协调配套的基础性制度安排，之后则合乎逻辑地引出了具体的税收、社保、转移支付等方面的一系列要求和要领。

一部分人、一部分地区先富，固然产生了可能带动其他人、其他地区也谋求致富的示范效应、辐射效应，但也必然带来一定阶段内随着收入差距扩大、社会矛盾累积而产生的较低收入社会成员的不安与不满。这种矛盾纠结如果处理不当，必然制约经济社会健康发展，甚至出现收入分配领域的经济问题而引致社会化、政治化问题。邓小平在关于“先富共富”的论述中，已敏锐地、前瞻性地指出了防范与克服“必然发生”的两极分化问题，“先富共富”框架中内含着、关联着我们应正确把握的在国民收入分配领域的若干基本原则。

四、“先富共富”之路上应把握好的原则

（1）以合理的收入分配激励创新创业。创新创业所引发的经济发展活力，是从根本上决定社会发展与支撑生产关系走向进步和升级的社会生产力。“发展是硬道理”要求收入分配一定要首先从有利于发展生产力的视角处理好鼓舞、激励“做大蛋糕”“创新发展”的机制功能问题。这一原则是从“生产决定分配”的历史唯物论原理出发来处理根本发展动力和支撑力的问题。总体而言，人民群众的收入只能是在经济增长的基础上实现同步增长，劳动者的报酬只能是在劳动生产率提高的基础上实现同步提高。否则，再美好的分配愿景也将成为无源之水、无本之木。

（2）承认供给侧各要素的贡献，把按劳分配与按其他要素分配相结合。在社会主义初级阶段市场经济运行中，固然需要处理好按劳分配的机制构建，

同时还必须协调处理好按照资本、土地、技术成果等要素贡献而作出分配的机制构建，这样才能有利于解放生产力和实现可持续发展。这一原则主要对应处理的，首先是初次分配环节“把激励搞对”的问题，以求不断地激励社会成员“做大蛋糕”。初次分配层面上，需要更多侧重市场竞争中的规则公平、过程公平，充分激发创新创业者的一切潜能、活力和积极性，而非这一层次上分配结果的平均化。

（3）在倒U曲线前半段适当允许、容忍收入差距扩大的同时，主动地施加调节以求遏制两极分化。倒U曲线所指的收入差距扩大到顶后又会缩小的过程，不应认为也不可能是一个纯自然过程。发达经济体所形成的社会福利政策及税收、社会保障制度等经验，都体现了体制机制设计的可塑性与主动作为空间。在追求共同富裕的中国，这种可塑性更值得被借鉴和进一步强化。这一原则，主要针对再分配领域和第三次分配领域，针对皮凯蒂研究所揭示的资本长期强势问题而形成矫正机制和适当节制效应，来进一步“分好蛋糕”，以服务于可持续地“做大蛋糕”和谐发展的目标诉求。对于再分配领域和第三次分配领域，需要更多侧重对市场竞争所形成结果的适当均平化调整，及与之对接的下一轮各相关主体“起点的公平”。

（4）以“阳光化、鼓干劲、促和谐、扶弱者”为要领，运用系统工程思维构建分配制度体系。解决收入分配问题是一项庞大的系统工程，与经济结构、经济发展方式、经济体制紧密联系，需要以系统工程的思维看待和改进分配制度体系，注重整体设计，综合集成，标本兼治。分配制度体系的不同层次、不同环节，可以有分配功能的不同侧重，但这一原则总体而言是追求以所有分配功能的系统化协调、互补来形成“做大蛋糕”与“分好蛋糕”两者间的良性循环。发展成果“蛋糕”的做大与分好，通盘都需要规则、过程的“阳光化”，因为“阳光是最好的防腐剂”，是公平正义的必要保障。就基本顺序而言，应首先考虑鼓励、激发创新创业主体的干劲把“蛋糕做大”，因为这是“生产决定分配”所揭示的前提条件；到了“分蛋糕”的环节，就要更多注重以权衡促和谐，既反对平均主义，又防止两极分化；种种主客观因素造成的分配结果环节的“弱势群体”，则需要再分配机制（并以从二次分配向三次分配延展）特别予以关怀和扶助。

（5）以改革有效制度供给为龙头，带动分配制度、政策体系动态优化。发展必然具有阶段性特征，制度安排与政策设计需要适应客观发生的阶段转变，作出动态优化。此原则主要处理的是“做蛋糕”与“切蛋糕”互动循环发展过程中的长效机制框架建设与阶段性动态优化的改革攻坚克难问题。处于改革深水区的中国，必然需要处理优化直接税、完善社会保障、政府间转移支付制度等一系列相关重要问题。

五、党的十八大以来的中央指导一脉相承

2021年11月党的十八大形成了党中央新的领导集体，率领全党和全国人民在推进现代化的道路上继续奋勇前进，并高度重视在发展中优化收入分配、促进实现共同富裕的问题。在“先富共富”的路径上追求共同富裕并紧抓相关的制度建设、机制优化，体现着中央指导层面的一脉相承、继往开来。

以中国步履维艰的直接税制度建设为例。借鉴美国等市场经济体构建现代税制的经验，结合中国“富起来”时代已发生的收入分配差距扩大、急需形成规范化再分配调节机制以促进共同富裕的现实，党的十八届三中全会通过的《中共中央关于全面深化改革若干重大问题的决定》明确要求，“逐步提高直接税比重”，这是中国打造现代税制走向现代社会的客观要求。直接税的特色是触动既得利益，其涉及的房地产税（这里实指狭义的住房保有环节税收）“加快立法并适时推进改革”的任务，实际上已讨论多年，我国早已经历了以“物业税”为名的多地“模拟空转”试点，又有在上海、重庆两地以“房产税”为名的差异化改革方案先行试水，却迟迟未能按照“税收法定”原则正式启动其立法过程。这项涉及千家万户实际利益、绝非“帕累托改进（指只有人受益而无人受损的改进）”、难度极高的改革举措，如终能形成相关法律，在各地区分具体情况逐步择机进入实施过程之中，还需要在执法实践

中总结经验，以“全民参与”的法定机制，对这一影响重大的直接税实行多轮动态优化。

以上这些，不正是在中国走向现代化国家取向下，所要追求的法治化、民主化制度机制的形成过程吗？同理，未来还要出现多轮动态优化的个人所得税，以及在具备官员财产报告、公示制度之后，很有可能考虑开征的遗产税和赠与税（此两项都是直接税），从而也会在“税收法定”原则下，引出与房地产税制度建设类似的“规范的公共选择”动态过程。

“不怕慢，就怕站。”中国实现现代化愿景过程中的制度建设，既然有了某种“渐进改革的路径依赖”，那么就特别需要我们坚定地在改革大方向下，从“加强与优化管理”的角度切入，既积极推进摩擦系数相对小的“非帕累托改进”举措，又把握时机冲破利益固化的藩篱，啃硬骨头实施攻坚克难，争取在房地产税等直接税改革任务的前行之中，先建框架，凝聚各阶段的“最大公约数”式的社会共识，以一系列的“最小一揽子”配套方案来实现财税的进步、收入分配机制的优化和国家治理的现代化，“积小胜为大胜”，直至经济社会转轨的最终完成和共同富裕的愿景成真。

六、更加强调对接系统论思维与可操作性

领会和贯彻党中央关于促进共同富裕的指导精神，一大要领是深刻理解中央关于这一重大问题的系统论思维，是把理论与实际、当下与未来、目标与过程、治标与治本、量力与尽力、从初次分配到再分配再到第三次分配等各个维度、各个层面的考虑，纳入优化收入分配而贯彻社会主义本质要求的系统工程。如前所述，追求共同富裕愿景、走通“先富共富”之路的基本原则为：①以合理的收入分配激励创新创业。②承认供给侧各要素的贡献，把按劳分配与按其他要素分配相结合。③在倒 U 曲线前半段适当允许、容忍收

入差距扩大的同时，主动地施加调节以求遏制两极分化。④以"阳光化、鼓干劲、促和谐、扶弱者"为要领，运用系统工程思维构建分配制度体系。⑤以改革有效制度供给为龙头，带动分配制度、政策体系动态优化。我们认为基于这些基本原则，可引出相关分析论述和主要建议：

1. 建立健全规则与过程公平的国民收入初次分配制度

（1）充分发挥要素市场的资源配置作用。

（2）让市场在资源配置中起决定性作用和更好地发挥政府作用相结合。

（3）促进分配规则的公平和机会均等。

（4）加强抑制垄断性行业收入的改革。

（5）通过基本公共服务均等化提升社会成员参与社会竞争的能力。

2. 建立健全结果适当均平的国民收入再分配制度

（1）落实"税收法定"原则，发挥其收入分配调节功能，实现"良法善治"。一是于"税收法定"中立良法，促善治，保证收入调节效用的发挥；二是逐步提高直接税比重，形成有利于结构优化、社会公平的税收制度；三是进一步完善个人所得税制度；四是推进消费税改革；五是加快房地产税立法并适时推进改革；六是研究开征遗产税和赠与税。

（2）完善"全口径"政府预算体系，健全收益分享制度。一是健全完善"全口径"政府预算体系，规范政府收入；二是扩大国有资本收益征缴范围，提高利润上缴比例；三是构建国企上缴利润的全民共享机制。

（3）提高直接用于民生的支出比重，均衡城乡公共品供给。一是改善支出结构，提高民生支出比重；二是明确事权与支出责任划分，均衡城乡公共品供给。

（4）完善转移支付制度，促进基本公共服务均等化。一是优化转移支付结构，增加一般性转移和比例，规范专项转移支付；二是改进完善转移支付的计算公式和方法；三是探索建立中国特色的"对口支援"形式的横向转移支付机制。

（5）健全社会保障体系，合理提高居民转移性收入。一是完善社会保险体系；二是健全社会救助体系。

3. 健全与完善国民收入第三次分配制度

（1）加强对现有慈善资金管理机构的管理。

（2）完善税收政策，鼓励企业、社会团体组织及个人积极捐款。

（3）鼓励和引导公益基金会、志愿者组织的发展。

4. 推进国民收入分配的配套制度改革

（1）积极推进收入分配法律制度体系建设。

（2）改革现行工会组织。一是依照工会章程独立自主地开展工作；二是切实发挥工会组织“稳压器”的作用。

（3）加快投融资体制改革，建立健全基本公共服务多元化供给模式。一是大力推广政府、企业和社会力量合作模式（PPP）；二是进一步推进和完善政府购买公共服务。

（4）深化教育、科研管理体制改革。

（5）探索建立收入分配预警体系。

第三章

什么是财富与富裕？哲理溯源与数量反映

一、马克思主义经典作家关于收入分配的理论要点

1．马克思关于社会再生产四环节的理论及消费需求与分配状况的内在关联

马克思在《〈政治经济学批判〉序言、导言》中阐述了单个资本再生产的四个环节：生产、分配、交换、消费，强调了生产的决定作用，分配与交换的反作用与中介作用，以及消费的最终极的意义①。马克思有关资本循环及其实现理论从这四个基本环节入手，揭示了商品经济社会自我发展的内在机制，以及社会财富实现增殖的方式。资本循环与市场机制中的价格机制、供求机制、竞争机制相互配合，共同发挥作用，构成了市场经济运行的基本理论框架。

在资本循环过程中，有两个关键点：一是在生产资本阶段，资本通过吸收剩余劳动而使自身增殖；二是在商品售卖阶段，商品资本转化为货币资本。假如商品卖不掉，资本循环就无法回到出发点，资本的再生产过程就会中断，所以马克思把这一阶段称为“惊险的跳跃”。在市场经济中，商品的销售能否实现主要取决于两方面的因素：一是商品自身的售价和质量；二是社会的总体需求能力，而社会的总体需求能力又和社会财富的分配有密切的联系。因此，社会管理主体的经济政策对于社会资本的循环、周转、运动会产生重要影响。

同时，资本的循环周转是否顺利也直接关系到经济社会的可持续发展能力。根据马克思的消费理论，满足社会消费能力中的资本增殖是资本运动的

---

① 马克思、恩格斯：《马克思恩格斯全集》（第 12 卷），人民出版社，1974，第 733—762 页。

根本动力，决定了经济社会的可持续发展能力。结合西方经济学的相关理论，富人的边际消费倾向较低，穷人的边际消费倾向较高，如果社会财富的分配倾向于富人，那么增加消费的空间就是比较有限的，整个社会的消费能力不会有很大的提高，消费对于经济增长的拉动作用就会减弱。

当前，中国经济发展中出现的贫富差距扩大及其中的紊乱与不公，影响了经济发展的均衡性及可持续性，对以经济内生动力机制实现“惊险的跳跃”也产生制约。中国的贫富差距主要表现为地区差距、城乡差距、行业差距、行业内部差距等，这些情况一方面说明生产力的分布不均和要素流动的不充分导致了收入差距拉大，另一方面说明收入差距拉大导致了货币边际效用递减，影响整体购买力水平的提高。

因此，加大收入分配优化调节力度，提升其公正性、规范性，努力实现居民收入增长与经济发展同步，劳动报酬的增长与劳动生产率的提高同步，并使低收入者收入适当增加，中低收入群体持续扩大，贫困人口显著减少，人民生活水平不断提高，是使发展成果惠及全体人民和加快转变经济发展方式的有效途径，具有全局意义和战略意义。

2. 马克思社会再生产理论揭示的“按比例”规律

马克思社会再生产理论是马克思主义政治经济学极为重要的组成部分，揭示了为保证社会再生产顺利进行，社会生产两大部类之间，各部类的不变资本、可变资本与剩余价值的配置之间，必须保持适当比例关系的基本经济规律①。根据马克思社会再生产理论，可知国民经济中的各产业要互相促进、协同发展，不能相互割裂，三次产业中，第三产业提供的服务使第一、第二产业的资本循环周转得以顺畅，从而提高了资本的利用效率，支持了社会财富的增殖。这也就是从产业结构的比例及未来发展变化的趋势上，阐明了生产结构及供给结构的变动，是回应需求及其结构的变化，从而，才能从整体上完成社会产品实现过程中的“惊险的跳跃”。

---

① 马克思、恩格斯：《马克思恩格斯全集》（第24卷），人民出版社，1974，第435—592页。

马克思指出，社会再生产是生产消费和生活消费的统一，这个过程既包括生产消费（直接的生产过程）和作为其媒介的形式转化（从物质方面考察，就是交换），也包含个人消费和作为其媒介的形式转化也即交换。社会再生产实现的核心问题在于实现物质补偿与价值补偿，归根到底就是合乎比例问题。社会总产品的价值补偿和物质补偿表现在市场上，是要求所有生产部门的产品要卖得出去，即通过卖掉产品收回价值，实现价值补偿；还要买得进来，即通过购买，把已消耗掉的各种物质资料买回来，实现物质补偿。由于供给结构具有一定程度的刚性，结构调整往往相对滞后，这使得现有的生产体系不能充分提供有效供给，这是造成供求间结构性矛盾的根本原因。因此，必须推进供给侧结构性改革，动态地实现经济总量和结构的均衡。

近些年，在中国市场配置资源能力逐渐增强的转轨过程中，发生了分配格局的变异，除了城乡差距显著以外，还有城乡内部差距拉大的问题与不同行业间贫富差距长期扩大的趋势。收入的两极分化，形成了有消费能力无消费需求和有消费需求无消费能力两个阶层，使经济运行矛盾加剧。以理论与实际相结合，显然政府在宏观调控中需要运用收入政策优化收入的分配与再分配，提高城乡低收入者的收入，使他们潜在的消费意愿转化为现实的消费需求，强化内需与经济发展的动力机制。

3. 马克思的社会扣除理论

马克思在《哥达纲领批判》① 中，提出了社会总产品分配所应遵循的顺序及其分配原则，即社会总产品对社会成员进行分配时，必须根据社会再生产和社会公共消费的需要，依次进行一系列扣除，这就是著名的“社会扣除理论”。具体的扣除包括：①用来补偿消费掉的生产资料的部分。②用来扩大再生产的追加部分。③用来应付不幸事故、自然灾害等的后备基金或保险金。剩下的总产品中的其他部分是用来作为消费资料的。在把这部分进行个人分配之前，还得从里面扣除：①和生产没有直接关系的一般管理费用。和现代社会

① 马克思、恩格斯：《马克思恩格斯全集》（第19卷），人民出版社，1974，第11—35页。

比起来，这一部分将会立即显著地缩减，并将随着新社会的发展而日益减少。②用来满足共同需要的部分，如学校、保健设施等。和现代社会比起来，这一部分将会立即显著地增加，并将随着新社会的发展而日益增加。③为丧失劳动能力的人等设立的基金。总之，就是属于所谓官办济贫事业的部分。

马克思关于社会总产品分配的上述扣除理论，指明了社会总产品分配的顺序和原则，并阐述了社会总产品分配的内部结构，覆盖了初次分配和再分配，要求在社会总产品分配中，对满足社会再生产的需要与保证社会共同消费的需要形成适当的协调，这是整个社会经济进步和发展不可或缺的重要条件。上述“六项扣除”的每一项，都与政府政策和财政分配相关，特别是其中用于教育的部分、用于后备和保险的部分、用于弱势群体社会保障的部分、用于社会管理的部分等，需与其他相关政策和机制构成系统工程的优化状态。

4. 马克思、恩格斯的社会保障理论

社会保障是化解国民生活后顾之忧和调节国民收入分配，决定国家长治久安的制度安排。马克思、恩格斯并未提出过社会保障的概念，他们的社会保障相关思想贯穿于其对资本主义生产方式的解剖之中。马克思对社会保障的必要性表示认可，同时指出资本主义的社会保障措施不过是资本家维护其自身利益的工具，根本目的是更多地榨取工人阶级的剩余价值，实现剥削最大化，以获取更多的利益。在资本主义制度下，工人阶级得到的社会保障基金从表面上看是资本家提供的，实质上来源于工人阶级创造的剩余价值，因此，其本质上带有欺骗性和虚伪性。

马克思主义经典作家也从社会再生产和人类社会发展一般规律的角度论述了建立社会保障的必要性。社会保障制度产生于工业化代表的社会化大生产的进程中，是抵御相关社会风险的重要手段之一。马克思在著名的社会扣除理论中指出，在把社会总产品进行个人分配之前，还得从里面扣除包括学校等满足社会公共需要的设施，以及用来保障社会弱势群体的专门基金等①。

① 马克思、恩格斯：《马克思恩格斯全集》（第19卷），人民出版社，1974，第20—21页。

恩格斯也在《反杜林论》中着重强调社会保障基金对未来社会的稳定发展、政治安定、国民教育的重要作用，指出社会保障基金应在社会主义社会保障制度的建立中发挥应有的作用①。

马克思认为，国家是社会保障的责任主体，恩格斯对此作了进一步阐述，提出以公有制为基础的新社会要求以国家化的形式来推进和实施工人的保险事业，国家当局是保证社会保障制度贯彻实施的最终主体，在未来社会必须由国家或由国家通过立法和行政权威等措施来实施，只有这样才能实现社会保障制度的公平与效率②。

马克思指出，社会公平是社会主义社会保障的价值取向，真正的公平并不是以同样的标准来对待每一个人，而是对每一个人的不同需求都给予同等的关注③。马克思的公平观是以劳动为基础的，劳动是每一个劳动者都拥有的最基本的权利，是生产环节的公平。社会保障是以保障社会公平为目标的再分配领域的公平，是在分配环节对公平的最后保障。

5. 马克思的相对贫困理论

马克思指出，无产阶级或工人阶级可以从增长的社会财富中分一杯羹，在经济繁荣时期扩展其享受范围，这是马克思中后期的著作如《1857—1858年经济学手稿》《工资、价格和利润》（1865 年）中所阐述的工资理论。

马克思理论阐述中，强调无产阶级或工人阶级的相对贫困。相对贫困主要体现为两点：一是工人所得在社会总收入中所占的比例较之前更小；二是相对于被资本主义生产所激发出来的新需求而言，工资的匮乏——也就是说，工人的实际工资也许的确是增加了，但这并不妨碍工人仍然陷于相对的贫困（实指收入分配中的差距扩大）之中。马克思在《资本论》中说，不管工人的报酬高低，工人的状况必然随着资本的积累而日趋恶化，所反映的就是工

① 马克思、恩格斯：《马克思恩格斯全集》（第 3 卷），人民出版社，1974，第 538 页。

② 马克思、恩格斯：《马克思恩格斯全集》（第 5 卷），人民出版社，1974，第 4—5 页。

③ 马克思、恩格斯：《马克思恩格斯全集》（第 19 卷），人民出版社，1974，第 20—21 页。

人阶级的相对贫困。相对贫困所必然带来的是相对社会地位的下降，正如马克思在《工资、价格和利润》中所指出的，虽然工人生活的绝对水平依然照旧，但他的相对工资以及他的相对社会地位，也就是与资本家相比较的地位，却会下降。这意味着虽然工人的生活条件比过去好了，但活得更没尊严了。虽然马克思、恩格斯身后社会实际生活中社会福利制度的发展，淡化了与此相关的矛盾，但马克思的分配思路仍可对我们深化认识收入分配等问题，带来重要的启发。

6. 关于征收高额累进税、遗产税的思路和政策主张

根据马克思主义理论，为顺应生产力和生产关系的发展，首先，无产阶级革命将建立民主的国家制度，从而建立起无产阶级的政治统治。然后，无产阶级要利用自己的政治统治实施各种措施来限制乃至消灭私有制，恩格斯曾列举了 12 条最主要的措施，包括征收高额累进税、高额遗产税，对全体社会成员实行同样的义务劳动制，取消一切私人银行等。马克思、恩格斯与此有关的思路、设想和建议，在《共产党宣言》① 第二章中有明确的意见表述，对于收入分配调节机制优化有重要的启示。

二、财富源泉与要素分配

马克思在其重要著作《哥达纲领批判》中，针对拉萨尔派在哥达纲领中所表述的对财富源泉的认识——“劳动是一切财富和一切文化的源泉”，作了批判与澄清。马克思认为，“劳动不是一切财富的源泉”，因为“自然界同劳

① 马克思、恩格斯：《马克思恩格斯全集》（第 4 卷），人民出版社，1974，第 461—504 页。

动一样也是使用价值的源泉”。马克思进一步指出，“劳动是一切财富和一切文化的源泉”这一观点，只有在“劳动具备相应的对象和资料的前提下是正确的”，并且同时阐明，“只有一个人一开始就以所有者的身份来对待自然界这个一切劳动资料和劳动对象的第一源泉，把自然界当作属于他的东西来处置，他的劳动才成为使用价值的源泉，因而也成为财富的源泉”。

马克思的这些认识判断，十分清楚地告诉我们，需要将生产力构成要素中的劳动对象与劳动资料（工具）同样视为财富的源泉，人们对财富源泉的认识，应当落于劳动和生产资料两个层面，其所涉及的是供给侧的多个要素。在我国改革开放实践和发展马克思主义政治经济学的过程中，1992 年确立具有中国特色的社会主义市场经济体制、1994 年以建立分税分级财政体制呼应构建间接调控体系，使市场在资源配置中充分发挥基础性、决定性作用的时代随之开启，于是顺应马克思对财富源泉的剖析，具有中国特色的社会主义市场经济运行过程中所秉承的分配原则，落在了同时考虑劳动和生产资料两个层面，即按劳分配和按生产要素分配相结合。2020 年 3 月 30 日，《中共中央　国务院关于构建更加完善的要素市场化配置体制机制的意见》出台，将劳动力、土地、资本、科技成果等构成的要素均纳入生产要素的范畴和收入分配的依据之内。而作为财富源泉的这些生产要素，在人类实际生活中究竟哪些对财富分配产生了更大的影响呢？或者说，基于财富源泉，究竟基于哪个要素所派生的财富分配行为，是导致我们认识收入分配差距扩大的主因呢？

从威廉·配第、大卫·李嘉图、卡尔·马克思和马尔萨斯，到后来的亨利·乔治等有影响力的学者，都非常关注贫富分化的问题。到了当代世界，随着经济社会的不断发展，经济增长过程中的收入分配问题成为国民收入分配和国民经济研究中的焦点所在，这一问题对于当下中国而言，更是具有特殊意义。针对这一课题，曾有著名经济学家西蒙·库兹涅茨在对美国数据分析的基础上提出了著名的库兹涅茨曲线，在经济学界引发热议。60 年后，法国经济学家托马斯·皮凯蒂在库兹涅茨原有研究的基础上拉长了时间截距，进行推进分析，认为自己完全颠覆了库兹涅茨曲线。这些相关系列研究，为深化认识中国经济增长中的收入分配，提供了宝贵的理论参考和思想启发。

三、分配格局演变长期趋势之辩

收入分配问题虽然一直以来都是经济学家关注的重点领域，然而，这些关注通常都落于时间横断面，主要原因之一就在于在相当长的历史时期里，经济增长都处于非常缓慢的上升期。而随着工业革命和一次又一次产业革命的到来，全球主要国家都开始经历经济黄金增长期，而后随着发达国家率先完成从中等收入阶段到高收入阶段的转型之后，经济增速又开始逐步放缓，这样纵观整个经济增长过程，收入分配已呈现出仅基于时间横断面而无法观察到的特点。这时，一个“真问题”就跃然而出，那就是收入分配格局究竟会何去何从。

1954 年，美籍俄裔经济学家西蒙·库兹涅茨在美国经济学年会上发表了著名的《高收入阶层在收入和储蓄中占有的份额》。正是基于这篇论文所阐述的“库兹涅茨事实”提出了“库兹涅茨曲线”，即在 1913—1948 年美国数据的基础上，观察到美国收入不平等随着经济增长出现下降趋势，收入最高的 10% 的人口的总收入占国民收入的比例从 45%～50% 下降到了 30%～35%，从而提出了收入分配不平等随着人均国民生产总值的增加将呈现出先增后降的假说，在图形上表现为倒 U 曲线。经济学研究中有许多条倒 U 曲线，但都比不上库兹涅茨所提出的这条绝非简单的倒 U 曲线影响广泛，主要原因就是，这条曲线引发了对一个重要问题的反思，那就是经济增长究竟能否自行解决收入分配不公平的问题。当然，按照库兹涅茨的结论，收入分配不公平虽然一开始会随着经济增长而恶化，但是随着经济继续增长，这种不公平会逐渐改善，而且这种改善是自动的，即经济增长会自行解决收入分配不公平的问题。

对于经济增长会自行解决收入分配不公平问题这一结论，学界已陆续有许多相关研究得出见仁见智的看法，其中就包括笔者认为颇具说服力的夏威尔·

萨拉－伊－马丁的《全球收入分配》（2002）。其结论是从国际视角观察世界范围内的经济增长实践，明显伴随着收入分配差距逐步扩大的现象。或者我们可以据此直接地说，经济增长不会自行解决收入分配悬殊的问题。此外，从世界范围内的经济增长实践来看，高速经济增长更容易导致贫富差距急剧扩大。

然而，对结论的否定并不意味着对整个库兹涅茨曲线研究的否定。在经济学界对其一波接一波的讨论中，主要线索有两条：其一就是沿着库兹涅茨的研究方向继续探讨和验证是否真的存在这样一条倒 U 曲线，其二就是何时实现以及如何实现这样一条倒 U 曲线。关于其一的讨论，显然建立在不承认也不否认库兹涅茨观点的基础上试求澄清现实真相；而关于其二的讨论，则是建立在否认库兹涅茨曲线会自动实现的基础上。蔡昉在此方面认为，“是否真的存在这样一条倒 U 曲线”是一个并不恰当的命题，对此命题的过多探讨缺乏积极意义，重点应当放在何时实现以及如何实现这样一条倒 U 曲线的基础性探究之上。首先，对于库兹涅茨曲线不会自动实现的论证已经得到广泛认同，这是建立在学界以对此曲线进行热烈回应的研究成果，勾画出历史继续发展的客观事实的基础之上。随着 1948 年以后数据的产生，以及数据获得和处理水平等的提高，许多学者都利用模型得出了更加准确的、与库兹涅茨曲线相悖的结论，而库兹涅茨曲线也因此一度遭到学界摒弃，认为其错误的结论不具有被关注的意义。但客观地说，库兹涅茨曲线所提出的问题引发的关注是具有重大意义的，且如何实现库兹涅茨曲线的相关深入探讨也是具有重大意义的。在首先承认库兹涅茨曲线不会自动实现，即收入分配公平程度的改善不会随着经济增长而自动发生的基础上，学界对库兹涅茨曲线如何实现的探讨，主要集中在库兹涅茨转折点相伴刘易斯转折点而生、政府缩小差距的意愿和政策力度至关重要、产业和技术结构以及全球化影响收入分配、单纯“分蛋糕”的民粹主义政策适得其反等四个方面，是颇具参考意义的“新库兹涅茨事实”①。

经济学界于 2014 年出现了一部产生广泛影响的关于收入分配的著作，那就是托马斯·皮凯蒂的《21 世纪资本论》。其中最引人注目的地方，就在于

① 蔡昉：《收入分配的新库兹涅茨事实》，《上海证券报》2015 年 9 月 10 日第 A01 版。

皮凯蒂将库兹涅茨当年所作的研究作了推进，进一步证实，虽然1913—1948年美国的收入分配不公平程度的确有显著下降，但是进入20世纪50—70年代后，这一程度开始趋于稳定，并没有继续下降，而进入20世纪80年代之后，收入分配不公平程度重新开始提高，以至于截至2000年，这一程度又重新回到了1913年的水平。这一研究可以说是对库兹涅茨曲线最直接的颠覆。换言之，皮凯蒂的一个重要结论，就是基于实证视角的库兹涅茨曲线在美国经济实践中以近90年的时段来看并不存在，或者我们转而从规范视角去理解，就是库兹涅茨曲线不会自动地稳定生成，至少基于美国的实践可以得到这样的结论。虽然在诸多媒体评论当中，颠覆库兹涅茨曲线这一点都被当作皮凯蒂这一著作的大亮点，但是笔者认为，这一点还是应当排在关于“资本与收入比”这一指标演变的后面。

《21世纪资本论》的一个最大亮点，可说是在于使用资本（财富）与国民收入的比例这一指标来研究分析收入不平等问题。皮凯蒂认为，基尼系数将所有的不平等因素都囊括在一起进行反映，不尽科学，因为由于努力工作而导致的不平等是应当得到鼓励的，而由于继承财富以及财富的膨胀所带来的不平等扩大则是应当抑制的。基于此，与大多数情况下总是简单关注流量有所不同，皮凯蒂基于资本（财富）这样一个存量概念，构造了资本与收入比（即社会总资本与国民总收入之比）这样一个融合了存量与流量的指标，这个指标的高低能够反映资本所带来的收入究竟是不是越来越多地集中在了少部分富人的手中。按照皮凯蒂的分析逻辑，这一比例越高，就说明拥有相对更高的储蓄率、更多的投资机会和更高回报率的富人，更多地拥有了该国由资本带来的收入。经过对一个相当长历史时期翔实数据的分析，得出了随着经济增长，收入分配不公平会加剧的结论。具体而言，皮凯蒂计算出19世纪和20世纪初，欧洲的资本与收入比为6～7，美国为4～5，也就是说，欧洲的资本总量相当于6～7年创造出来的国民收入，而美国是4～5年；到20世纪50年代，欧洲的资本与收入比降至2～3，美国也降至4以下；而后又开始一路飙升，截至2000年，欧洲的资本与收入比上升至5～6，皮凯蒂估计这一数值会在未来进一步上升至6.5。

《21世纪资本论》的另一个亮点，就在于与上述认识相关联地提出，资本的收益率虽然在经济学理论上是存在边际递减规律的，但是在现实运行中由于条件总是在变化，资本总是相对于劳动而言有更多的收益机会，并且随着技术的不断进步，越来越多的市场主体都在为了吸引资本而相互竞争，能够得到资本支持的市场主体往往能够将技术再向前继续推进，所以在经济实践当中，资本收益率呈现逐步上升的趋势。这一点认识用公式表达为 $r>g$，即资本收益率高于经济增长率。皮凯蒂认为这个不等式反映的是资本主义社会的常态。再结合资本与收入比不断提高的事实，皮凯蒂得出了资本在国民收入中所占比例将会越来越高的判断。自 19 世纪以来，尽管贫富差距有过不继续恶化的时期，也有过降低而改善的时期，总体来讲却是在恶化的，而且唯一一个改善的时期，出现在两次世界大战爆发时期，并非市场经济自发形成的结果。鉴于此，皮凯蒂主张对资本征收累进税，以扭转 21 世纪贫富差距恶化的趋势。

皮凯蒂的论述在全球范围内产生了广泛影响，在其引发的热烈讨论中，一些经济学家对其论述表示支持。保罗·克鲁格曼认为《21 世纪资本论》是“本年度最重要的经济学著作，甚至将是 21 世纪在 10 年代最重要的一本书”，也认为富人的巨额财富的获得，在现阶段已经不能看得那样理所当然，因为越来越多的富人的财富来自继承，而非创业和工作。罗伯特·索洛也认为皮凯蒂“总体来看是对的”，甚至认为其以资本在国民收入中所占份额这一指标作为衡量标准的“富者越富的动态学”，填补了经济学分析的重要空白。与此同时，皮凯蒂的论述也受到一些经济学家的批评。劳伦斯·萨默斯首先对皮凯蒂的论述条件提出了质疑。针对皮凯蒂所认为的资本收益率下降缓慢，萨默斯指出这一前提条件没有考虑资本贬值，认为如果将其考虑进去，资本收益率显然下降得更快，而针对资本收益全部用于再投资这一前提条件，萨默斯则以美国为例，以每增长 1 单位财富居民就会增加 0.5 单位的消费的观点进行了反驳。此外，对于不平等问题的日益加剧，萨默斯认为主要是技术创新和全球化所导致的，这种以天赋为重要条件的不平等是具有合理性的。再有，萨默斯还对皮凯蒂所提出的对资本征收累进税的政策建议提出了质疑，认为存在特殊资产定价难题，可能引发非理性消费等。曼昆认为，皮凯蒂所论述的收入最高的 1% 的人的收入在国民总收入的占比高达 20% 这一结论不科学，因为没有考虑个人税收支付和非现金收入，而如果将所有因素都综合考虑，那么收入末端 20% 的人的总收入上升了 50%，而中间 20% 的人的总收入也上升了 36%。阿西莫格鲁则认为，收入分配不平等长期看来与资本收入比这个指标关系并不大，主要还是制度在起作用，而且仅用最高的 1% 的人的收入状况作为研究指标有偏颇之嫌。大卫·哈维则认为，虽然被人贴上了“马克思主义者”的标签，但是皮凯蒂这本书与马克思关系不大，甚至认为这是一本以“资本论”为题目但却不是论述资本的专著。

中国学者在讨论中，李稻葵指出皮凯蒂的实证研究没有覆盖近几十年主要发展中经济体如中国的情况，考虑到中国等国减贫等方面的成效，皮凯蒂的舆论恐需作出重大修正（当然，如考虑到 30 余年中国基尼系数的状态，李稻葵的观点又有可商榷之处）。秦晖在肯定皮凯蒂论述涉及的冷战时代全球化造成发达国家内部分配不均平的重新扩大时主要使用“%—倍数”指标（即顶端的 $n\%$ 人群之总收入占比为底端的 $n\%$ 人群的若干倍），同时强调经济高增长时期“资本优势”会上升而相反时期则下降的原因，并非皮凯蒂所说的 $r>g$（资本收益率高于经济增长率规律），而是全球化时代资本、商品双向流动中“低人权优势”经济体与相反的“高人权优势”经济体间的“畸形互动”：外向型发展中的全球市场均衡条件下两类大相径庭的“社会市场经济”的要素配置带来收入不均持续扩大的结果（秦晖的分析确有其深刻之处，但其量化分析还需做更多的工作）。

中外学者对于皮凯蒂研究成果的这些讨论，显然对于我们进一步深化关于国民收入分配与共同富裕问题的认识，具有理论学术基础层面的重要启发。

四、福利赶超与增长陷阱

在经济社会发展案例研究中，收入分配出现不良状态而导致发展出现重大挫折的不良典型之一，是20世纪后半叶拉丁美洲若干国家出现的所谓“民粹主义基础上的福利赶超”所造成的落入“中等收入陷阱”的教训。拉美国家曾经在全球经济增长中独树一帜，20世纪后半叶先是历经30年黄金增长期，而后经济发展却裹足不前，被认定为落入“中等收入陷阱”，其教训亦与收入分配方面出现的问题紧密关联，这也成为中国经济增长中优化收入分配所必须重视的前车之鉴。

拉美国家福利赶超最为直接的原因，是为应对30年黄金增长期带来的社会收入差距扩大的问题。拉美国家曾经历了长期殖民地生活，加之民族和居民种群十分多样化，始终对平等问题非常敏感，加上遗留下来的历史制度等因素，导致国家发展落后，工业化和城镇化进程举步维艰，创造就业和解决城乡一体化发展问题困难重重。但“二战”结束之后，主要的拉美国家曾出现30年左右比较顺利的高速增长状态，其间出现了社会收入差距扩大的问题，这与多语种、多信仰等人口结构问题有一定关联，多元民族间的差异性与相关的歧视因素，容易催化收入差距矛盾。加之其还存在阶段特殊性，主要表现在三方面因素——外部发达国家的榜样效应、当权阶层的贪婪和国内公民对福利的无限渴求——的充分叠加。

外部发达国家的榜样效应本来是推行经济赶超的前提或促进因素，助力落后经济体运用后发优势学习发达经济体的先进技术和进行制度优化而实现赶超，是中等收入经济体在赶超阶段的合理路径。然而，拉美国家后来的赶超路径，并没有沿着学习技术和优化制度持续推进经济赶超的方向来进行，而是扭曲地转向了忽略本土财政约束、机械照搬发达国家福利体制的方向。当时的发达国家已经经历了几轮“经济迅速增长—工资福利上涨—经济继续迅速增长”的过程，在经济发展水平到达一定高位且逐步稳定后，才进入“工资福利上涨—建立福利保障体系”的转变阶段，又经历一定时期的福利覆盖面扩大和福利水平提高，终于逐步建成福利国家体制。拉美国家作为落后的经济体，过早地照搬发达经济体历经多年发展才得以推行的社会福利体制，只能是力不从心、适得其反。

福利本来应是随着中等收入经济赶超阶段的不断发展而以经济基本面的支撑力而逐步提高的，然而，拉美国家的民粹主义社会推力和以民主之名简单化实施一人一票政治选举制度的结合，使当选的政治家将福利赶超作为争取选票而实现连选连任最为重要的功利性目标，不顾量力而行方面的客观约束，在一段时间似乎皆大欢喜的福利主义政策实施中，掏空了经济发展的后劲和持续改进民生福利的基础。待福利提高过程难以为继而使福利水平从云端跌落尘埃，一起跌落的，是整个国家发展和经济增长的基本趋势，代之而起的则是各种矛盾触发而来的乱局。

拉美国家与中国经济发展历程有一定程度的相似性，都经历了30多年的高速增长时期，都存在收入分配不平等、市场体制机制发育不足、法治化建设存在短板等多重问题，因此特别值得我们关注和研究借鉴其经验教训。

这种福利赶超的结果，当然不是单一因素所导致的。拉美国家在经济高速增长30年之后，收入分配不平等问题日渐尖锐，进而使缩小贫富差距的愿望在占人口绝大多数的中下阶层中非常强烈，加之已从较低的收入水平步入了中等收入水平，百姓的生活条件得到了改善，他们尝到了甜头，于是更加关注自身利益，尤其是民众自身福利与发达国家的比较，形成一种“大众情感政治主张”即所谓“民粹主义”倾向。此时从宏观经济运行状态、国家经济发展水平、政府财力水平、国民收入支撑力等与发展可持续相关的理性角度来考虑，上述国民对福利无限的渴望，政府这方不应盲目地、一味地去迎合，但是拉美国家政治上的不稳定，加上迎合选民意愿而推崇民粹主义政策的政治领袖为当权计，功利性结合短期行为，导致选民的这种非理性意愿不断地、简单地、不计后果地被迎合与满足，最终导致拉美国家施行“民粹主义基础上的福利赶超”，使国民收入分配中应当用于继续推动经济赶超的经济发展成果，大都化为了福利提前分配，而没有强大力量用于支撑经济的继续增长。加上当时的“进口替代工业化”战略的错误导向，推动着拉美国家经济进入矛盾凸显而秩序紊乱、发展态势一蹶不振的境地，在短短的时间里耗掉了可贵的经济发展成果而落入“中等收入陷阱”。

五、中国收入分配：阶段性概览

在中国的经济增长过程中，有符合世界范围内其他经济体经济增长所导致的结果的一般特征，但是还带有属于自己的阶段性趋势化特点，主要表现在三个方面：

（1）随着经济增长，中国的整体收入水平实现了不断提高。如果从数据上来观察，可以参考本书图1－4。

（2）随着经济增长，贫困人口在不断减少。

（3）随着经济增长，中国整体收入水平在不断提高的同时，还呈现出不断离散的特点。

以上分析亦为中国经济增长中收入分配的抉择提供了重要启示：①经济增长不会自动解决收入分配问题，收入分配差距先扩大再缩小的库兹涅茨曲线不会在发展过程中自动实现，即民富、国富不会自动归于“共富”；②收入分配不平等的问题可能随着资本（财富）向少数人手中集中而继续扩大，并且随着技术进步和全球化而呈现新的特点，成为实现共同富裕所要面临的挑战乃至威胁；③高速经济增长所带来的贫富分化问题决不能通过简单的福利赶超即盲目地一味提高全民福利来解决，如果吊高了胃口而不可持续、内耗经济发展成果而难以为继，最终将很大可能触发矛盾造成宏观经济运行失速和社会生活动荡，从而落入“中等收入陷阱”。推进共同富裕，既要尽力而为又要量力而行，遵循先“做大蛋糕”才可能“分好蛋糕”而走向共同富裕的客观规律，不能急于求成，欲速则不达。

在本书所述的中国经济增长三种结果的基础上，笔者认为，客观而论，这种发展结果是符合我们在经济赶超战略下的相关预期的，符合改革开放总设计师邓小平所说的“一部分人、一分部地区先富起来”，现阶段的重中之重就落在怎样实现“先富”带动“后富”，从而“最终实现共同富裕”。那么，结合以上认识，学术研究和国际经验总结至少告诉我们这样几个基本结论：

（1）收入分配不平等的问题不会随着经济增长而自行解决，是确实需要政府通过“看得见的手”进行合理干预而力求解决的，这可作为相关政策研究的一个重要方向。

（2）随着中国步入中等收入发展阶段，收入这个流量指标所产生的差距可能不再像改革开放初期那样突出，而资本（财富）这个存量指标所产生的差距可能会更加突显，加之中国现在正大步融入全球化，并且日益接近全球技术创新的引领者前列，资本（财富）所导致的国内收入分配不平等可能会更加明显，并且呈现出复杂化的特点，正如萨默斯所说的那样，这种收入分配不平等可能带有资本结合天赋、资本结合创业、资本结合技术、资本结合机遇等多重特点，绝非像单纯继承大笔财产而导致的收入分配不平等那样容易得到对经济发展具有积极或是消极影响的明确判断。

（3）学术论证表明，财政进行收入分配过程中，存在“三元悖论”，即任一特定时期内，在减少税收、增加公共福利支出和控制政府债务及赤字水平这三个通常看来都“很有道理”的财政政策目标之中，至多只能同时实现其中两个，而不可能使三个目标同时实现，且未能达成的目标会同时制约其他两个目标实现时的水平①。这一结论也在学术成果形式上印证和阐释着拉美国家“民粹主义基础上的福利赶超”而导致的消极发展结果。

1950 年以来，在全球达到世界银行标准口径中等收入经济体水平的 110 多个国家和地区中，仅有 12 个国家和地区成功地实现可持续发展而成为高收入经济体，绝大多数其他的经济体，则是在统计现象上引出和印证了比喻性的“中等收入陷阱”概念，落入增长停滞、徘徊的状态一蹶不振几十年。中国在改革开放后的经济社会发展过程中，先经历了“黄金发展期”后又遭遇了“矛盾凸显期”，在“行百里者半九十”的冲关期，必须在战略高度充分重视“中等收入陷阱”的潜在威胁，正确面对经济增长过程中出现的收入分

① 贾康、苏京春：《财政分配“三元悖论”制约及其缓解路径分析》，《财政研究》2012 年第 10 期。

配差距扩大问题，力求经受历史性的考验而化解矛盾，实现改革深水区和“引领新常态”新阶段上新旧发展动能的转换，以形成高质量可持续发展，一方面避免贫富分化而可能导致的社会动荡，另一方面避免“民粹主义基础上的福利赶超”而可能引出的增长失速，以完成制度创新的突破性进展，打开不断实现管理创新和技术创新的潜力空间，从而达到弥合二元经济，向现代化模式平稳过渡，爬坡上坎如愿步入发达经济体之林和坚韧不拔推进共同富裕，最终使中华民族伟大复兴的现代化中国梦梦想成真。

第四章

促进共同富裕所关联的制度机制建设：三层次分配框架与要领

一、初次分配——市场发挥决定性作用，同时政府介入

总体来看，影响最终分配结果的机制，是在整个国民收入分配过程里先后有三次分配。首先是初次分配，它主要应由市场机制主导，生产经营成果按照要素分配到劳动收入、资本利润、地租、科技成果收入等形式上。于基础理论层面应该澄清：在讨论多年、众说纷纭的“公平与效率的关系”问题视角下，公平体现在规则和过程上，跟效益没有矛盾；但分配结果的公平（准确地说是“均平”）程度如何，却需要和效益之间作出合理的权衡——如果过于平均，那就没有激励，社会相关主体下一轮“做大蛋糕”的动力就不足；如果过于悬殊，会使弱势群体产生不满，甚至影响到社会的和谐，经济问题可能社会化和政治化。所以，必须按照“结果的均平化”这个趋向作适当的调整。初次分配主要体现的是企业部门和居民部门的关系，政府已在此环节上以流转税介入而筹集收入，兼有弱调节。笔者认为，应强调在整个社会再生产中的初次分配环节，在分配导向上注重激励创新创业、“做大蛋糕”，更多地注重坚持规则和过程的公平合理。

二、再分配——政府发挥主导作用

再分配中的政府主导特点非常明显，政府须有更多参与以求“分好蛋

糕”，主要体现为政府和企业、政府和居民关系的调整及社会成员所得“蛋糕”份额的变化。财政分配是非常重要的政府介入国民收入再分配的方式，特别是转移支付和直接税。在处理政府和企业（市场主体）、中央和地方、公权主体和公民（实际就是政府体系和社会成员）这三大关系上，财政是一个交汇点。我国所要建立的现代财政制度，要稳定地、尽量合理地形成支撑这一分配运行过程健康可持续的基础。

三、公益慈善——社会建立可作出积极贡献的机制，政府鼓励和引导

第三次分配，主要是非政府主体基于自愿原则，在道德伦理驱动之下的公益慈善，属于社会治理概念下的“自调节”机制，进一步解决“分好蛋糕”的问题。

一般认为，公益慈善机构和志愿者组织主导的、按自愿原则的第三次分配，主要表现为以伦理道德为驱动力，自治和多样性为特征的进一步均平化调整。其中，政府可适当地通过制度安排和政策设计，进行引导和扶助。

公益慈善古今中外皆有。过去，乡绅的基层治理中就有学田、义仓等；民间自发的像武训等的助学方式，也是一种公益慈善。它们都是社会收入分配体系的组成部分。随着经济社会的发展、文明的进步，第三次分配在调节贫富差距、促进共同富裕方面的作用，总体呈上升趋势，相关社会意识的培养十分值得肯定。中国在改革开放后解放生产力的过程中，已经看到这方面与世界上其他经济体有共性特征，即随着老百姓实现温饱和全面小康，将产生越来越多的中等收入群体和富足人士，其中很多先富起来的人有能力给别人以资助，越来越多的人将更加看重公益慈善这个概念，并参与实践。特别是在明确地把共同富裕认知为“社会主义的本质”，在中国推进现代化的过程

中，第三次分配的作用和意义就更加值得高度重视。

对如何促进公益性机制的发展，美国等发达经济体的一些经验值得借鉴。比如较早确立了遗产税制度。遗产税的存在使富豪们可以进行利益比较：与其交遗产税，不如捐钱建公益性基金会。法治化社会条件下基金会的规范化运作，也让他们觉得比较安全可靠，能够“流芳百世”。而且，伴随着家族的传承，基金会还会带来一些无形的好处，日本的一些财阀就很看重这一点。另外，美国政府对于匹配给慈善机构、公益基金会、非营利组织的引导、扶助政策，如税务优惠等，也是非常清晰的。

在中国经济发展壮大的过程中，第三次分配机制已有一些发展。这些年，助学、救灾、捐献、志愿者组织、基金会等，已经有了较为多样化的实践，也越来越为社会所认知。但毋庸讳言，发展中的问题和挑战也必须正视。我们已见到作秀式的粗暴公益，还有鱼龙混杂的一些欺诈，或者说是做公益，其实抱有强烈的商业动机，等等。如何掌握治理的分寸和进行这方面的制度建设？相关机制的内在逻辑，应该是既不完全否定存在商业动机（如为了提升社会形象和知名度），又能让这样的公益行动走上健康轨道。另外，个人捐助后，个人所得税应享有优惠，但在具体实践中，据体验者反映，手续过于复杂。如何更好地实现对居民个人公益行为的引导和鼓励，是非常具有挑战性的问题。

因此，作为现代国家治理体系的有机组成部分，在构建和培育第三次分配相关体制机制的同时，管理部门应积极优化相关引导支持方案和政策。应做好典型经验的总结和推广，强化重点示范，并积极研究和推进相关的提高直接税比重（涉及房地产税、遗产税和赠与税等）的税制改革，动态优化相关的法律法规。

四、量力而行与尽力而为

面对现实生活全面理解中央精神，就必须谈到，应当对一些认识误区作出矫正。在各方学习 2021 年中央“8·17”会议精神的时候，我们已经注意到，中财办的韩文秀副主任专门在会议上对全社会又给出了进一步的权威性指导，就是强调不能把共同富裕理解为劫富济贫，不能搞运动式、行政手段为主的急遽调整，要遵循客观规律，正确地把尽力而为和量力而行相结合，掌握好系统论与持久战思维。

第五章

“公平与效率关系”问题需正本清源

一、什么是公平

规则、过程、“一条起跑线”的公平（实为公正）与效率没有矛盾或此消彼长的关系，不需作出权衡。

不少研究者在哲理层面上把调节居民收入分配的合理化标准定位于“正确处理公平与效率的关系”。改革开放以来，我国从“注重效率，兼顾公平”的主张，演变到“更多地注重公平”的要求，其间，一些权威性文件的表述也有变化，一度强调初次分配注重效率而第二次分配注重公平，后来又调整为在初次分配环节就要既注重效率又注重公平等，反映了公平与效率关系权衡中侧重点的阶段性变化，但这种种表述的内在逻辑还是把公平与效率看作此消彼长的关系。近些年更深入的探讨指出：公平与效率的关系并非简单的互为消长的对立关系，也有相互促进、互为条件的关系，这是很有道理的。贾康在研究中较早作出明确的强调：如果作细致、严谨的把握，应该把汉语中的公平之内涵再拆分成公正和均平两个指向。通常人们谈到很多的公平问题，汉语听来是一个概念，但如果在英语的语境中，要视情况的不同翻译成两个单词才能较准确地表达原意，这两个单词分别是 fairness 和 equity。比如说现在大家越来越认同规则公平、起点公平、权利公平、过程公平和结果公平这样的划分，规则公平、权利公平和过程公平是 fairness 之意，这三个公平与效率之间是没有矛盾的，并且是保护、促进效率的，主要是指通过公正的人权和公民权待遇、起始条件和过程处理，使大家各自发挥相对优势，都得到一种发展中的公平的环境。这些公平要素越是掌握得好、落实得到位，越有利于促使人们提高效率。但到了结果公平，则主要是 equity 之意，实际是指结果的均平状态，这种均平确实与效率激励反向，同效率之间有一定的此消彼长的关系，同时又与规则公平一道构成起点公平的条件；如果最终分配结果过于均平，会表现为传统体制下平均主义“大锅饭”的弊病丛生，激励不足，无法可持续地“做大蛋糕”，这将使增长乏力，而非均平程度过大即收入分配最终结果差距悬殊，则会使必然存在的社会弱势群体、低中收入阶层产生显著的不满甚至愤怒，从而形成社会不和谐因素使经济问题有可能社会化、政治化，对此，调控者必须作出合理的权衡掌握。我们过去的问题是，人们讨论公平时，语境中往往把公正与均平这两个指向的概念混同而“一锅煮”了，带来的问题就是“捣糨糊”，无助于问题的廓清。

区分汉语中公平在不同情形下实际分别所指的规则、过程公正的“公平”（实为公正）和分配结果相近的“公平”（实为均平）这两个不同对象，对于我们深入讨论问题会很有帮助，有利于消除汉语语境中公平与效率问题的混乱，使大家讨论时有的放矢，不打“三岔口”。

随着经济发展不断推进，还应积极引入行为经济学视角，注重对“公平感”这一概念的认识及了解其与“公平”这一概念的关联。税负相关研究中，早已有学者注意到机械数字与感官会同时对个人的税负感觉产生影响。笔者认为，这种思路同样值得拓展到收入分配研究领域。因此，有必要作如下两个视角的讨论与小结：

1. 如何看待均平、公平与公正

这三个看似相近的概念，若从英文入手，区别就显得清晰起来：“均平”对应着 equity，其词源 equal 强调“相等”，其词义在资本市场上也可特指标准化的绝对等值的“股本”；“公平”对应着 fairness，其词源 fair 强调“符合规则”；而“公正”则对应着 justice，其词源 just 则强调“正义”。基于此，三者之辨一目了然。这三个概念沿着我国经济发展脉络都有迹可循：“均平”这一概念已被学者强调要与“公平”作出严谨辨析而厘清其内涵，并在实践中被准确阐释和定位为对应调节高端的“限高”、托举底端的“抬低”以及合乎逻辑地延伸到培育壮大中产阶层的“扩中”，即分配最终结果的适当均平化；“公平”这一概念则在现实中已随社会主义市场经济体制建立健全而被聚焦于阐释基于公平竞争的“竞争中性”理念与原则，为逐步建成能够保障公平竞争的体制机制，其推进中必然合乎逻辑地对接“所有制中性”理念和各种企业的“一条起跑线”原则；“公正”层面，则随着决策层下决心推动以市场发挥决定性作用及全面依法治国的现代国家治理体系建设，将不断推动政府主体在法治框架下落实社会正义，优化再分配，不断缩减偏私现象的空间。鉴于此，我们一方面应看到学界对这一组基本概念的积极探讨已经颇具实践意义，另一方面也可感受到基于这一组基本概念分析认识我国现阶段收入分配与经济发展的相关实际问题，进而做到收入分配最终结果的均平状态的优化合理把握，必是一个不断面对矛盾纠结和挑战性问题的动态过程。

2. 如何看待公平与公平感

与传统经济学视角不同，行为经济学视角下收入分配公平更注重个体感受，而概念上的重点自然落到“公平”（fairness）与“公平感”（sense of fairness）的辨析和正确把握上。其实，只要在传统经济学基础上引入行为经济学的新视角，公平的概念就会发生一些引人注目的变化。传统视角下对公平的关注往往停留在机械数字上，关注的是一种数据上能够观察到的公平（均平化）。实际上，这种表象公平在经济生活中却往往体现为感受上的不公平，比如某些特定的财政补贴或减贫政策，在数据上可以明显观察到其分量，但落实后，当事人感受上改观不大的不在少数。而某一些在数据上能够观察到的不公平，在经济生活中往往也可能表现为感受上的公平，比如削弱实际累进作用的税收改革。在减税措施实施时，高收入群体得到的实惠往往比低收入群体更多，但这两个群体都感觉减税很公平。这看似一个很难让人准确把握而实际生活中又很容易被忽略的“悖论”，但从行为经济学视角看又有其合理性。市场行为往往最终取决于个体和企业的选择，往往不是更多取决于数字表象上所能观察到的量值高或低，而更多取决于市场主体在主观感受上的变化是宽松还是逼仄。“公平感”这个概念，更直接地源自心理学和现代神经生物学，强调感官上的公平。感觉是物种进化进程中因外在环境的刺激（如光、声、热、气味等）而产生的一种内在适应性回应评价，而物种感觉神经的发育，如辨别、接受、处理等反应，则是与外部环境相适应的作用结果。当人类观察世界时，外部环境在人类作为“观察者”的意识里“坍缩”（collapse）

成确定的实体，带出感觉感受的判断。人类所处的外部环境千变万化、丰富多彩，因此，不同社会阶层的每一个社会成员都是自身所处阶层的“观察者”，其所处的外部环境由自身感官对所处阶层外部环境的感知塑造而成，接着再将外部环境折射为脑中影像和感觉判断。鉴于此，我们认为，在收入分配相关问题研究当中，引入对“公平感”这个概念的思考是颇具意义和有必要的。本书的作者之一贾康，曾对自己有关收入分配政策与改革问题的研究经历，作如下回忆：

有那么十几年间，我每年都到中南海参加座谈会，往往一年有好几次，主要接触的领导人有朱镕基总理、胡锦涛总书记、温家宝总理、李克强总理等，在各位领导人主持的座谈会上，与他们都有交流。在交流过程中涉及一些收入分配问题，很多具体细节我现在已说不上来，但有一个令我印象非常深刻的例子。

我记得，有一次与温家宝总理座谈，说到当时年轻人的生活态度，他们对收入和待遇方面比较不满意。在论及收入、心理状态的时候，我谈到情况在变化，时代不一样了，我们年轻的时候，十几岁就要参加工作，都有一种为革命事业献身的精神力量。而现在年轻人不一样了，他们出现的一些问题，和收入分配有关，也和他们新生代的精神状态、缺乏吃苦精神有关。我们年轻时吃了很多苦，然而大家并不觉得特别苦，但情况确实在发生变化。我记得当时温家宝总理作仰脸沉思状，似乎这件事情及其相关思考对他也有很大触动。

这个我印象中很深的例子，给我的启发是在学术研究上要把收入分配与心理学结合，与时代精神变化以后怎样引导年轻人转变心理状态联系起来。我还没有这样的能力，但已知现在心理咨询之类的事情在中国已在发展，而且肯定还得逐步更专业化地发展起来，目前来说，确实还不够成熟。我也知道像在欧美，这些心理咨询已经变成了非常有影响力的一种专门的社会建设有效工具，美国的大学里都有专门的心理咨询体系化安排，学生都有可指定的心理咨询老师。

对这个回忆现在如果作学术上的一个点评，便是研究收入分配中公平问题的一个前沿概念问题，即“公平感”，这是一个与心理学、行为科学结合在一起的问题，值得我们在考虑推进共同富裕（也包括精神层面的共同富裕）这个命题之下深入思考而推进其研讨。本书后面对此将有专章讨论。

二、公平与效率

正如前述，关于公平与效率的讨论在学术界由来已久，所涉及的现实问题非常重要，而且近年来在中国日益引起了各方面的强烈关注。我们认为，如果从细致、严谨研究的角度来看，应该把公平之内涵再作拆分，通常人们谈到的很多公平问题，要视情况的不同再进行细分定位才能较准确地表达原意。近年来人们越来越认同应作出规则公平、过程公平、结果公平”这样的划分，那么其中规则公平和过程公平所强调的是公正、正义，这两个公平与效率是没有矛盾的，并且是保护、促进效率的，主要是指通过公正的待遇和处理，使大家各尽所能，得到一种发展中的公平的环境，并有利于解放和发展生产力。但论及结果公平，则实际是指结果的均平状态，这种均平确实与效率有一定的此消彼长的关系。过于平均，则激励不足，影响效率；过于不均，则虽有强激励，但弱势、低收入群体的困难与不满又可能使矛盾凸显，危害社会和谐稳定。所以调控者需要作出合理的权衡掌握。遗憾的是，既往人们讨论公平问题时，往往会把公平与均平这两个概念混同。清楚地区分汉语中公平在不同情形下实际分别所指的规则、过程公正的“公平”和分配结果相近的“均平”这两个不同对象，对于正确而深入地讨论问题实属必要，有利于避免“鸡同鸭讲”“拿苹果与橘子比”。近些年，收入分配方面的矛盾凸显之后，人们讨论时往往慷慨激昂，争论激烈，但是却普遍地把应当清楚区分的这两个命题混在一起说，也就出现了在同一个概念下说不同的事情、实际没有共同语言的情况，造成了汉语语境中公平与效率问题的混乱。

三、公平与基本公共服务均等化

如果从起点公平、过程公平（意在公正）的角度来看，政府的应尽之责是制定和维护必要、合理的法律制度和规则，保护合法的产权和公平竞争的环境（刷出“一条起跑线”）。如果从结果公平（意在均平）的角度来说，政府的作用应更多地体现为通过再分配手段抑制、缓解收入悬殊。前期的结果在一定场合又是后期的起点，于是又联系到政府的另一项应尽之责，就是努力实现基本公共产品、基本公共服务的均等化，这个问题的实质是要托一个底，政府应该提供的诸如普及义务教育、实施社会救济与基本社会保障这类公共产品与服务，必须由政府把最低限度的供给水平托起来。同时这并不应理解为政府可以和应当大包大揽、过度着力，把在公平竞争之中和之后必然形成的差异压得十分扁平。应力求清晰地形成政府职责边界和政策理性的要领，促成政策的合理优化调整，以有利于社会矛盾的缓解与多元主体活力的持续释放，保障和支持现代化事业的持续发展。

比如，在住有所居的公共供给方面，政府首先要托的底其实不是经济适用房，应该是公租房（我国过去实际上曾使用的廉租房与公租房概念，因为实际很难划清两者的界限，可合并统称为公租房，且在近年中国的实践中确实已不再提廉租房概念），其入住者是没有产权的，由政府甄别鉴定社会最低收入阶层，让他们入住而住有所居。这是关联整个社会稳定的一种公共产品。同时政府做这件事情的管理成本也会比较可观，必须在众多社会成员中负责任地认清到底谁有资格得到这种公租房待遇。人住进去以后，政府应跟踪观察，如果入住家庭的收入上升到一定的程度，还应劝他们搬出去，把资源腾出来去解决真正的低收入阶层住有所居的问题。这种管理成本是必须付出的，因为这是政府非做不可的事，关系整个社会的稳定。但是如果按这个逻辑不断提升，以类似方式包揽边界不清的经济适用房（现实生活中扩展至十几种具体形式）的供给，说起来会很得民众拥护，实际上做起来却会产生扭曲，不少收入较高的人混在一起钻各种制度与政策的空子，大量不具备资格的较高收入者能够买这种房子，实际上是排挤掉了真正在较低层的社会成员的机会，不当地占据了原来指望发挥政府功能的宝贵的公共资源。从追求公平、公正的理念出发，造成的却是让人啼笑皆非的结果，使五花八门的经济适用房变成了管不了、管不好的事情，政府做了很多却还要挨骂，因为把应当用来“雪中送炭”的钱变成了“锦上添花”和乌烟瘴气的设租寻租、投机取巧，好的动机没带来好的结果。

四、收入差距来自哪里

结果公平（均平）与效率确有一定的负相关关系，在我国的矛盾凸显期正确处理均平与效率的权衡点，既是各方都非常关注的事情，也是非常复杂、很有难度的事情，是把握好政府于再分配领域的政策理性的核心问题之一。毫无疑问，以必要的调节、控制、规范手段介入收入再分配，遏制收入差距悬殊，防止两极分化的固化并促其收敛，是政府的应尽之责，但需要以对收入差距产生的原因作出正确分析为前提来有针对性地实施分类的政策，以及协调、组合配套的方案。概而言之，应鼓励的收入差距还需要有所鼓励，正当的收入差距应尽量容忍，不规范的收入差距要调控抑制，不正当的收入差距则应大力消除，这样才有利于把握好均平与效率的权衡。这样的认识，是从居民收入差距的具体分析而来的。

（1）因诚实劳动中努力程度和辛劳程度不同而形成的收入差距。在传统体制平均主义“大锅饭”环境中，干好干坏一个样，那是养“懒人”的体制机制，收入差距小，但生产力得不到解放，被有识之士深恶痛绝。改革开放之后，总体的勤快程度提高了，但“勤快人”和“懒人”的相对差异仍然存在，新的体制机制使“懒人”和“勤快人”的收入差距明显扩大，这种以公正为前提，努力程度、辛劳程度不同而形成的收入差距，或者说作为收入差距中的一种重要构成因素，在社会生活中必然出现。

（2）因各人禀赋和能力不同而形成的收入差距。社会成员间必然有禀赋和聪明才智方面的差异，在改革开放之后发展起来的竞争环境下，先天禀赋和后天综合发展起来的聪明才智，结合形成各人各不相同的能力、才干。客观存在的这种差异必然带来各人收入水平上的差异。一些特殊的、稀缺的能力与才干，如企业家才能、科技人员创新才能，也包括文体明星的特殊技能等，一旦在市场中具体化为竞争力，则相关收入的差距比努力程度带来的差距往往要大许多倍。只要权利、机会和竞争过程是公正的，这种在竞争中形成的高收入就无可厚非。虽然在推进共同富裕过程中，我们应当积极鼓励提高国民素质和全体社会成员的创新创业能力与致富能力，但是客观规律决定着人们能力的实际提升并不是主观努力一项因素能够决定的，相关的差异在社会成员间将永远存在。

（3）因要素占有的状态、水平不同而形成的收入差距。由于种种客观因素（如继承关系），每一个具体社会成员在资金、不动产乃至家族关联、社会人脉等方面（这些都可归于广义的生产要素范畴）必然是有差异的，而由此带来的收入（如利息、房租，以及经营活动中的重要信息、正确指导与规劝等促成的收益）高低不同，也是客观存在的，并且有可能形成一定的传承和自我叠加的关系。权利、过程和规则是否公正，是我们判断这方面收入正当、合理与否的主要依据。

（4）因机遇不同而形成的收入差距。比较典型的是市场态势变动不居，不同的人做同样的事，可以纯粹由于时点不同（当然实际生活中也会伴随其他方面可能的种种不同）而结果大相径庭，甚至“好运”的可好到一夜暴富，“坏运”的会坏到血本无归，这里面机遇的因素也是不可否认的，在市场经济的某些场合，其作用还十分明显。权利、过程和规则的公正，也是在这方面应掌握的关键之所在。

（5）因现行体制、制度某些不够合理的“明规则”因素而形成的收入差距。有些由体制造成的垄断因素和制度安排因素，在现实生活中可以强烈地影响社会成员收入水平。比如垄断行业职工的收入明显高于非垄断行业，又比如公职人员收入水平与组织安排的具体位置关系极大（一位财政局局长，组织上曾调他去当地银行当行长，收入一下子上升了几十倍，后来又调回来当财政局局长，收入又一下子掉下来几十倍）。这中间的规则即使是“对内一致”的，对社会其他群体也已有不少明显的“不公”问题，需要切实地重视和改进。

（6）因不法行为、腐败行为而形成的收入差距。这种收入相当于一般人们所说的“黑色收入”，往往数额巨大，与偷逃税款、权钱交易、贿赂舞弊、走私贩毒等相关联。这种因素形成的高收入，从起点、过程来看，就已经毫无公正可言，而且是构成罪行的，必须严防严惩。

多个角度、不同层面的收入分配差距形成原因，在现实生活中的某一个具体案例里，到底有多少因素介入，各起多大作用，都需要具体分析，不可一概而论。从政策原则和政策理性来说，应明确对应于各个收入源头的不同针对性政策导向与可选择措施：

（1）对于勤劳致富、才能致富（前述第一、第二项原因），政策上应当大力鼓励，或以鼓励为主加上再分配的适当微调。

（2）对于要素占有和机遇不同而形成的收入差距（前述第三、第四项原因），政策上应当作适当调节，但不宜作抹平处理（否则开放条件下的要素外流将十分严重，市场经济中客观需要的首创、冒险精神也将受极大抑制）。

（3）对于体制性“明规则”不合理造成的收入差距（前述第五项原因），在明确需要有所调节、抑制的同时，关键是以政策和制度建设推动深化改革、机制转变（包括“花钱买机制”），追求制度合理化、规范化，再配之以必要的再分配调节（光讲调节不注重制度建设，必然流于“法不责众”或“扬汤止沸”）。

（4）对于违法乱纪的“黑色收入”（前述第六项原因），必须坚决取缔，打击违法乱纪行为，并注重从源头上加强法治、制度建设以铲除违法乱纪、腐败行径滋生土壤。

(5) 在分类调节的同时，势必还要形成初次分配更多注重规则、过程的公正，再分配更多注重结果适当均平化的分层调节来对高端调低，对低端托底。要特别强调，对于由于特殊因素（如因残疾丧失劳动能力、遭遇天灾人祸等），收入不能维持基本生活的社会成员，一定要以应保尽保的原则提供基本生活保障。

在上述的政策思路和定位具备了正确的方向和针对性要领之后，再作出具体的政策设计（包括政策工具选择、政策组合和有效率的实施方式与程序等，以及不同阶段政策力度的把握），方可落实政府在收入分配中应当具有的政策理性，正确把握公正、均平、效率间的权衡，发挥好政策应有的功能。

五、分配结果的均平与微观效益

前已述及，分配结果的公平（实为均平程度）与成本—效益分析框架下的微观效益有此消彼长的关系，需作理性把握与调节、权衡。如果从权利公平、起点公平、规则公平、过程公平（意在公正）的角度来看，政府的应尽之责是制定和维护必要、合理的法律制度和规则，廓清与保护合法的产权、公民权利和公平竞争的环境。如果从结果公平（意在均平）的角度来说，政府的作用应更多地体现为通过再分配手段抑制、缓解收入悬殊。高收入阶层的收入应通过税收等规范手段适当调低；低收入阶层的收入不足以满足基本生活需要的问题，应通过社会救济、社会保障措施解决。对社会成员的发展而言，前期的结果在一定场合又是后期的起点，于是应当明确政府的另一项应尽之责，就是努力实现基本公共产品、基本公共服务的均等化，这个均等化也就是要托一个底，进而给所有社会成员最基本的发展起点，但是这并不应理解为政府可以和应当大包大揽、过度起作用，把在公平竞争之中和之后必然形成的差异压得十分扁平，政府对所托之"底"的量度和相关实施机制的正确把握十分重要。总之，收入分配方面政府的相关责任可表述为"维护公正、兼顾均平、高端调低、低端托底"。

以这样的认识看待公平和效率关系的处理，可以更有利于清晰地形成一些政府职责边界和政策理性的要点，解开一些关于公平和效率矛盾的困惑，促成收入分配相关政策的正确把握与合理化调整，进而有利于社会矛盾的缓解与多元主体活力的持续释放，保障和支持现代化事业的持续发展。接下来，就有必要讨论促进居民收入分配合理化的宏观绩效（国民经济综合效率）的关系问题。

六、分配结果的宏观效益逻辑

分配结果的适当均平化，实际上与宏观效率（或称宏观效益，指国民经济和社会的综合绩效）是内洽的、一致的。与市场视角的微观效率不同，这种要矫正市场失灵和追求超越市场眼界的国民经济综合绩效的宏观效率，是由收入分配结果的适当均平化促进和提供保障的，两者间并不是此消彼长的权衡关系，但与微观效率相比，宏观效率即国民经济综合绩效却存在量化难度高、具体分析和正确掌握具有挑战性的特点。在我国经济社会黄金发展期与矛盾凸显期交织状态下，正确处理收入分配均平与微观效率的权衡点，既是各方都非常关注的事情，也是服务于提升国民经济综合绩效非常复杂、很有难度的事情，是把握好政府于分配领域的政策理性的核心问题之一。

对任何一种分配状态都可能仁者见仁，智者见智，但从社会公众总体的可接受程度来说，在维护公正即维护公民权利平等、保护产权和以公平竞争为内在逻辑与价值取向的经济活动起点公平、机会公平、规则公平和过程公平的前提下所形成的分配结果，是最接近于合理的状态，政府只需以再分配手段（主要涉及税收调节和转移支付），也包括引导和鼓励第三次分配领域的公益慈善行为等，作适当的均平化处理即可。相反，如果前面起点公平、机会公平和过程公平没有维护好，那么对于结果无论作多大力度的调节，都必然是进退失据和事倍功半。

基于这样一些考察，我们就可以进一步系统化地从初次分配到再分配，再到第三次分配的国民收入分配机制展开更全面的讨论。

第六章

系统工程之
第一阶梯：初次分配

一、宗旨与重心之辨：“做大蛋糕”是大前提

将国民收入分配看作一个系统工程，其过程分为继起的三个阶段：初次分配阶段、再分配阶段和第三次分配阶段。当然，在周而复始的社会再生产流程中，这三个阶段的收入分配机制的运行，在时间上其实又是并存的。

在初次分配阶段，企业作为市场主体创造社会财富，基于效率原则将财富以劳动报酬和生产税的形式分配到居民部门和政府部门，市场机制和市场规则在这一阶段发挥核心作用，资源有效配置和保证市场效率是该阶段的基础条件，建立有序、公平、竞争充分的市场，是保证初次分配阶段国民收入分配按要素合理分配的关键。

按照唯物史观，生产力的发展是在最根本的层面上决定着生产关系的发展和整个社会形态的发展进步的。这一马克思主义基本原理，在我国结束“文革”、开始改革开放之后的伟大实践中，得到了在排除一系列干扰过程中真正有效的坚持和贯彻，并于邓小平南方谈话中，以言简意赅的生动语言表述为“发展才是硬道理”，深入亿万人心，成为坚持以经济建设为中心的党的基本路线核心理念的代表性表述，也应成为我们整体认识和正确把握收入分配系统工程的坚实起点：国民收入分配中作为第一环节的初次分配，需要合乎规律地让市场发挥决定性作用而“把激励搞对”，抓好发展硬道理，使供给侧生产要素的各种潜能充分发挥，表现为生产力不断发展的经济增长活力，从而在源头上解决好如何“做大蛋糕”的问题，为其后的“分好蛋糕”提供初始条件。初次分配内在的基本逻辑，就是使劳动、资本、自然资源、科技成果的相关持有主体各尽所能而后各得其所，以形成物质利益原则对应的多元主体积极性充分发挥的可持续社会再生产过程，并实现其应有的进步和升级。

具体而言，初次分配直观地表现为生产经营过程形成产出之后，劳动者取得薪酬，资本所有者取得投资回报，自然资源使用权和科技成果的持有者也各自取得对应的收入，过程中内在的决定性机制，是诸要素可流动情况下的市场公平竞争机制，形成资源配置中的动力引擎和社会成员获得福祉的物质条件。为达到社会可接受的、符合学者所称良性的初次分配的结构状态，可合乎逻辑得出的关键性基本要领就是要使市场充分起作用，并加入“政府更好发挥作用”的法治化产权保护、公平竞争创新创业环境。市场应发挥的作用是初次分配领域中的主导作用，同时政府应该发挥的作用是辅助性和保障性的。另外，政府在初次分配领域除了应有创新创业环境、规则方面的制度和政策供给（特别是产权保护和劳动者权益保护）之外，也要以征收流转税（我国现阶段第一大税种增值税就是比较典型的流转税）的方式参与初次分配，这种税收介入应以税收中性为导向，解决政府为履行自身职能的收入筹集问题，而仅仅发挥一定的收入分配弱调节作用。

二、初次分配相关问题探析

现阶段，我国中等收入阶段初次分配存在的矛盾问题，主要体现在按劳分配和按生产要素分配两个方面，这些矛盾问题会直接导致我国收入分配差距的扩大。

1. 按生产要素分配

首先，因要素占有的状态、水平不同而形成的收入差距。由于种种客观因素（如继承关系），每一个具体社会成员在资金、不动产、家族关联、社会人脉等方面（这些都可归于广义的生产要素范畴）必然是有差异的，而由此带来的收入（如利息、房租，以及经营活动中的重要信息、正确指导与规劝等促成的收益）高低不同，也是客观存在的，并且有可能形成一定的传承和自我叠加的关系。其次，当下社会，土地（自然资源）要素、资本要素、劳动力要素、技术要素和制度要素等不同要素地位的重要性在供给侧的要素组合中不断切换，其产出品的价格差异表现也非常明显，而基于此所表现出来的不同要素价格所导致的初次收入分配差距也凸显。在按生产要素分配的环节，要理解和承认各种要素持有主体在产权依法受到保护的前提下参与分配的各得其所，是“把激励搞对”以求“做大蛋糕”的必要前提，因而也成为“分好蛋糕”的必要前提，初次分配中，应当特别注重权利平等、过程和规则的公正性，并以此作为我们判断这方面收入是否正当、合理的主要依据。与这一认识视角相关，有如下两点可作概略考察讨论：

（1）以教育不公平为代表的资源不公平配置对收入分配差距的影响。基础教育和基本医疗保障等作为实施基本公共服务均等化的社会性支出项目，实际上联通着初次分配和再分配的两端：一方面，教育和医疗的基本公共服务均等化，能够体现再分配中的“抬低”；另一方面，更为重要的是，它们会同时成为保证初次分配公平（公正）的重要制度条件，是要素市场提升效率的基础，保障着社会再生产中的人力资本供应，以及通过形成社会成员“向上流动”的可能性通道来维护整个社会生活的“公平感”。就现状来看，我国的义务教育和基本医疗保障等联通初次分配和再分配的社会性公共支出，虽然前些年加大了力度，且得到了高度重视，但是由于种种主客观因素制约，均等化程度还远不能令人满意，基本公共服务不均等，与社会成员后天受教育机会不公平而导致的个人能力差异，因病丧失劳动能力而致贫、返贫等导致的收入分配差距关系极大。

（2）制度扭曲导致的收入分配矛盾问题。因现行体制、制度机制中已实际形成而不被追究或暂时不被追究的“潜规则”而造成的收入差距，是一般人们所说的“灰色收入”。这种透明度很低，在规范渠道之外按“心照不宣”方式或“内部掌握”方式实施的分配，在初次分配和再分配领域都有现实的存在，比如公职人员相当大的一部分“工资外收入”，在没有“暗账翻明”而阳光化、规范化之前，很多可归于这种收入，这种收入因不同条件、不同部门等，又往往差异很大。再比如国有企业在法规不明不细或监管松弛环境下，因“打擦边球”不同而形成的职工收入分配水平差异，也可能十分显著，在一些不良案例里可见披露的国企高管“职务消费”“特殊津贴”等，许多是明显地有失公正的。另外，还有因不法行为、腐败行为而形成的收入，属于人们所说的“黑色收入”，往往数额巨大，与偷逃税款、权钱交易、贿赂舞弊、走私贩毒等相关联。这些因素引出的收入差距，当然不属于按劳分配，也不属于应有的按要素分配，实为不当的“按权力分配”或“按权钱交易分配”等，却也成为我国收入分配差距过大的形成原因之一。

2. 按劳分配视角下的收入分配矛盾问题

一是行业与所有制背景下的薪酬差距。国家统计局官方网站的数据显示，近年来我国就业人员工资总额逐年提升，收入普增，但大格局中，无论是不同所有制单位还是相同所有制不同行业，工资收入差距均相当显著。基于2020年数据观察，不同所有制单位收入较高的三种类型分别是外商投资企业112089元、股份有限公司108583元、国有单位108132元，而收入最低的则是城镇集体单位68590元，最高收入水平是最低收入水平的1.63倍。继续观察相同所有制不同行业：首先，从国有单位就业人员平均工资来看，最高的是金融业161584元，为国有单位就业人员平均工资的1.49倍，最低的是农林牧渔业46047元，仅达国有单位就业人员平均工资43%的水平；其次，从城镇集体单位就业人员平均工资来看，最高的是金融业126555元，为城镇集体单位就业人员平均工资的1.85倍，最低的是农林牧渔业42436元，仅达城镇集体单位就业人员平均工资61.9%的水平。总结来看，金融业是在多种所有制下都持有较高收入的行业，而农林牧渔业则总是处于低收入水平的行业，且国有单位的两极差距（最高最低收入比为3.51∶1）要小于城镇集体单位（最高最低收入比为2.89∶1）。二是不同所有制下同工不同酬的差距。我们容易理解和接受不同工不同酬，因为这种因诚实劳动中努力程度和辛劳程度不同以及禀赋和能力不同而形成的收入差距，使劳动者的付出与回报相称，保障了初次分配的基本公平。在传统体制平均主义“大锅饭”环境中，干好干坏一个样，是养“懒人”的机制，收入差距小，生产力却得不到解放。改革开放之后，总体的勤快程度提高了，而且新的体制机制使“懒人”和“勤快人”的收入差距基于不同工不同酬而明显扩大，同时人们各不相同的能力、才干方面客观存在的差异必然带来收入水平上的差异，也都体现为不同工不同酬。另外，我们并没有很好地实现同工同酬。这种情况特别明显地表现在不同所有制企业间的对比上，有些由体制造成的垄断因素和制度安排因素，在现实生活中可以强烈地影响实际收入水平。比如，国有垄断行业职工的收入明显高于非国有的非垄断行业职工的收入。这种情况也往往表现在国有企业内部正式员工与所谓“劳务派遣工”的收入差别上，其隐含的背景类似于不同所有制，即体制内人员和体制外人员同工不同酬。对这些明显的分配不公问题，需要切实地重视和改进。

三、基本关系的考察

实际上，收入初次分配阶段主要体现企业部门与居民部门的关系，政府部门也参与其中；其后的再分配阶段，政府的作用更为突出，主要体现政府部门与企业部门、企业部门与居民部门的关系。

1. 从企业部门与居民部门的关系来看

（1）劳动生产率与劳动报酬的关系。劳动生产率衡量经济产出的能力和效率。理论上，劳动生产率与劳动报酬的同步增长有利于维持合理的劳动力再生产投入，实现劳动生产率与劳动报酬相互促进的良性循环。劳动生产率增速过多地高于劳动者的收入增速，会导致居民收入增长滞后于经济发展，劳动力再生产投入不足而有损劳动者的获得感与社会和谐，反之，劳动生产率增速低于劳动者的收入增速，则导致经济发展丧失后劲，劳动者收入增长也失去可持续性。因此，保持二者的合理关系十分重要。从根本上讲，劳动生产率的提升，意味着单位劳动投入创造出更多的经济产出，使劳动报酬提高成为可能，对于促进经济增长和提高劳动者收入具有基础性意义。数据表明，20 世纪 90 年代到 2009 年，我国劳动生产率年均增速高于劳动者年均实际工资水平增速，形成“剪刀差”。从 2009 年开始，受到劳动力结构性短缺、劳动力成本上升等因素的影响，劳动生产率和人均劳动报酬的增长出现了交替上升的情况，“剪刀差”现象得到缓解，劳动生产率增长低于人均劳动报酬增长的现象也开始出现，劳动生产率和人均劳动报酬增长关系有趋于不明朗的新特点。劳动生产率与劳动报酬是相互促进的。从长期看，提高劳动生产率是实现劳动报酬持续提高的基本条件，但在短期内，工资收入的上涨也可以使企业施行要素替代、形成企业创新技术的“倒逼机制”。改革开放后，我国企业基于劳动力低成本的比较优势参与开放条件下的国际竞争，表现出超常规增长特征，实现了经济起飞，但进入中等收入阶段后，简单地延续这种竞争模式已不利于我国经济结构的转型升级，客观条件的种种变化也不允许继续简单延续此种模式，“使劳动者获益”的内在规律伴随经济发展中工业化进程使我国在达到“刘易斯拐点”后必然出现的“民工荒”“用工贵”和“涨工资”，实可通过更加公平合理地增加劳动报酬，对资源浪费型、环境污染型的企业形成“挤出效应”，促使企业主动创新地积极发掘供给侧其他要素的潜力进行产业转型升级，进而争取形成劳动生产率提高和劳动报酬增加相互促进的良性循环机制。经济新常态下，随着经济增速放缓、新增劳动力数量下降、劳动力成本上升等趋势的出现，提高劳动生产率成为实现劳动报酬持续提高的前提条件。

（2）基于市场、体制分析的劳动报酬失衡。近年来，我国收入分配中劳动报酬（雇员薪酬）差距集中表现为地区差距、行业差距和城乡差距。判断这些差距的存在合理与否，需要进行大量的具体分析。市场作为要素配置的机制，效率是首要的标杆。但从我国的现实情况看，市场机制的作用远非纯粹和充分，除了市场本身发育不足、不够完善的影响，还掺杂了诸多体制性因素的影响，由管理体制和编制、户籍等带来的社会排斥现象屡见不鲜。如体制内外存在的正式工与合同工之间的同工不同酬、城市劳动者与农民工之间的劳动机会和教育机会不平等、行业工资水平相对固化等。这些体制性因素使得基于市场进行的劳动力资源配置功能在某种程度上失效，例如，有研究表明，不同行业职工的工资差异已不再是行业间劳动生产率的差异所致，进而呈现出固化的行业性特色。

（3）基于劳资关系分析的劳动报酬失衡。除了市场、体制等因素，在企业内部，劳资关系缺少规范化调节机制，也是劳动报酬失衡、收入分配差距拉大的原因。目前劳方和资方的力量对比往往严重失衡，劳动者在工资和福利谈判中的话语权偏低，工会与资方的规范化谈判机制远未成形；同时《中华人民共和国劳动法》又存在以无固定期限劳动合同等规制降低劳动力市场弹性和激励机制作用的问题，导致劳动者激励不到位，劳动激励支持的艰苦奋斗的机制与意识往往明显不完善和不足，报酬往往无法随企业效益增长而提高。从国际经验看，建立高效、公平的工资调整机制，主要依靠政府、企业、劳动者三方进行工资集体协商。目前我国的三方协商工资调整机制还仅在探索阶段，过去三方中的劳动者往往易处于实质性弱势，缺乏话语权，而最近几年，随着劳动力资源逐渐转向结构性短缺，劳动者地位有所改善，局面又有可能反向变化，这既形成了新的挑战性问题，又为形成新的劳资关系提供了契机。

2. 从政府部门与企业部门的关系来看

（1）政府补贴的异化与失衡的矛盾问题。理论上认识，政府的财政补贴，依具体对象和内容的不同，可以是运用财政支出手段实施的再分配，也可以是作用于初次分配领域的重要变量。财政补贴以企业为对象，针对的是法人而非自然人，显然直观上与市场竞争的机制是相违背的，政府补贴介入意味着市场机制发生扭曲而无法正常运作，但作为一种政策经济杠杆式引导手段，政府补贴如运用得当又可以用来弥补市场失灵和实现多重政策目标，如稳定市场价格、支持高新科技成果应用、引导产业升级、加快经济增长点建设和优化经济结构等，即政府补贴合理运用有利于经济社会的整体发展。从目前我国的情况看，政府补贴的使用虽比改革开放初期有明显进步，但仍比较容易偏离政策制定的初衷，甚至实际上成为抑制创新、补贴资方的政策工具，与权力寻租相勾连。从披露的信息看，我国的上市公司获得政府补贴的情况具有普遍性和广泛性，而且，地方政府对亏损上市公司的补贴比例逐年上升，金额不断增加，其中有很大一部分公司连续数年获得补贴，这反映出政府补贴既具有明显的针对性，也存在资金效率低下问题。这表明，政府补贴作为政府产业政策的一个重要实现途径，如何充分发挥预期作用还存在诸多问题，特别是地方政府运用财政资金支持本地上市公司所发挥的负面作用，可能已经导致了市场机制的严重失效，并且直接影响收入分配在企业间、劳资间的公平。

除了对上市公司的补贴，政府还通过多种方式鼓励和支持资方，包括免税、零地价、雇佣劳动力等，这反映出财政资金向资本的倾斜，结果是：一方面，劳动者在劳资关系中的地位进一步弱化；另一方面，政府财政资金用于民生的比重相应下降。

（2）企业所有制差别与用资成本等对收入分配的影响。在市场经济条件下，企业作为市场主体，寻求在竞争中的生存与发展是其根本的规定性。但在我国，有些国有企业的垄断性等特点导致了企业的超额利润、职工的高薪酬与显著的内部收入差距。从用资成本的角度看，不同所有制企业的用资成本及贷款的可获得性也存在较大差异，导致利润率不同，影响到市场对资源配置的导向作用①。具体到银企关系，从贷款规模、贷款时间到具体业务，国有企业由于有政府扶持，具有显著的优势，例如并购贷款业务，针对国有企业及民营企业的贷款执行可能有两套标准，国有企业享受贷款利率下浮10%的优惠，而民营企业的利率则上浮10%。企业所有制导致的不公平竞争会直接造成劳动者收入差距不适当地拉大。

---

① 如丁立章等人研究了不同所有制企业的用资成本，结果表明，国有企业的平均贷款利息为6.2%，民营企业的平均贷款利息为7.09%，二者相差0.89个百分点。参见丁立章和步丹璐2013年4月发表在《中国外贸》上的文章《国有企业高利润的融资贷款优势分析》。

四、中国初次分配的实证数据观察

2012—2019 年，我国非金融企业部门、金融机构部门、政府部门和住户部门实物交易资金来源初次分配总收入数据如表 6－1 所示。不难看出，我国非金融企业部门、政府部门、住户部门实物交易资金来源初次分配总收入自 2012 年以来均呈现出不断上涨的趋势，金融机构部门实物交易资金来源初次分配总收入在 2013 年曾出现下滑，接下来几年之内飙升至 2017 年的最高点，而后两年则有所回落。在国民经济所有部门当中，住户部门实物交易资金来源初次分配总收入最高，其次是非金融企业部门，然后是政府部门，最后是金融机构部门。

表 6－1　2012—2019 年各部门实物交易资金来源初次分配总收入数据

单位：亿元

指标	2012 年	2013 年	2014 年	2015 年	2016 年	2017 年	2018 年	2019 年
非金融企业部门实物交易资金来源初次分配总收入	97023.47	120826.03	137142.34	135612.56	142007.61	167271.59	204713.63	220044.02
金融机构部门实物交易资金来源初次分配总收入	20753.02	19865.78	21909.25	30227.35	37624.27	41083.96	33269.03	34833.43
政府部门实物交易资金来源初次分配总收入	85003.24	89261.66	97949.61	100962.71	104442.66	111450.67	116897.97	124632.10
住户部门实物交易资金来源初次分配总收入	315912.63	350595.56	383786.82	416384.96	452563.66	506671.95	559446.47	604241.65

数据来源：国家统计局官方网站，截至本书成稿，数据更新至 2019 年。

其中，住户部门实物交易资金来源初次分配总收入的统计构成为增加值收入、劳动者报酬、财产性收入（加入经常转移收入后构成可支配总收入），具体构成情况如表6－2所示。不难看出，住户部门的初次分配构成当中，主要以劳动者报酬为主，历年来数额最大、占比最高，其次为增加值收入，最后为财产性收入。总体看来，自2012年以来，我国住户部门初次分配总收入在不断攀升，各个构成部分的具体数额也呈现出不断上涨的趋势。

表6－2　2012—2019年住户部门实物交易资金来源初次分配总收入具体构成情况

单位：亿元

资金来源	2012年	2013年	2014年	2015年	2016年	2017年	2018年	2019年
增加值收入	145475.09	144991.52	156800.41	167734.57	180928.64	176879.16	180639.91	197311.55
劳动者报酬	256563.94	298966.09	328347.37	357075.81	386563.58	424279.36	475562.81	513472.07
财产性收入	24336.56	21824.44	24508.76	24908.81	27251.54	30627.82	39900.12	44429.92

数据来源：国家统计局官方网站，截至本书成稿，数据更新至2019年。

我国现阶段城镇居民的平均收入与农村居民相比，收入差距的绝对值呈现出不断攀升的趋势，相对值则呈现出缓缓下降的趋势，但总体看来，城乡二元结构仍然非常突出，城乡收入分配差距较大。自2013年以来，城镇居民和农村居民消费支出占可支配收入比重的差距仍在不断扩大。这种收入分配差距在一定程度上影响了经济增长因素中消费因素对宏观经济增长的拉动，因较低收入农村居民的消费倾向比较高收入城镇居民更加明显。这一结论也与皮凯蒂在《21世纪资本论》当中所强调的研究结论相吻合。

从2013年开始，国家统计局调整了统计标准，对全国居民人均可支配收入、城镇居民人均可支配收入和农村居民人均可支配收入进行了五等分法相关统计。按照20%高收入户、20%中等偏上收入户、20%中等收入户、20%中等偏下收入户和20%低收入户的五等划分。

从绝对值来看，2013—2018年，全国居民人均可支配收入20%高收入户比20%低收入户依次高出43054.12元、46220.70元、49322.37元、53730.76元、

58975.54 元、64199.03 元，城镇居民人均可支配收入 20% 高收入户比 20% 低收入户依次高出 47866.18 元、50395.75 元、52851.35 元、57343.65 元、63374.11 元、70520.26 元，农村居民人均可支配收入 20% 高收入户比 20% 低收入户依次高出 18445.77 元、21179.22 元、22928.35 元、25441.50 元、27997.41 元、30376.41 元，而城镇居民人均可支配收入 20% 高收入户比农村居民人均可支配收入 20% 低收入户更是依次高出了 54884.17 元、58846.89 元、61996.65 元、67341.33 元、73795.31 元、81240.97 元。

从相对值来看，2013—2018 年，全国居民人均可支配收入 20% 高收入户收入值依次为 20% 低收入户收入值的 10.78 倍、10.74 倍、10.45 倍、10.72 倍、10.90 倍、10.97 倍，城镇居民人均可支配收入 20% 高收入户收入值依次为 20% 低收入户收入值的 5.48 倍、5.49 倍、5.32 倍、5.41 倍、5.62 倍、5.90 倍，农村居民人均可支配收入 20% 高收入户收入值依次为 20% 低收入户收入值的 7.41 倍、8.65 倍、8.43 倍、9.46 倍、9.48 倍、9.29 倍，而城镇居民人均可支配收入 20% 高收入户收入值依次为农村居民人均可支配收入 20% 低收入户收入值的 20.07 倍、22.26 倍、21.09 倍、23.40 倍、23.35 倍、23.16 倍。

基于此，可以得出以下几个结论：

第一，我国自 2013 年以来，全国居民人均可支配收入差距、城镇居民人均可支配收入差距以及农村居民人均可支配收入差距均呈现不断扩大的趋势，扩大的速率虽然有过回落，但总体仍然呈现出不断增长的趋势。

第二，我国城镇居民人均可支配收入差距相对较小，最高收入户和最低收入户的收入差距倍数不到 6 倍，且近 5 年以来呈现的速率扩大幅度较小，2013 年与 2018 年相比，提高了仅 0.42 倍；而同期农村居民人均可支配收入差距则相对较大，且近 5 年以来呈现的速率扩大幅度较大，2013 年与 2018 年相比，提高了 1.88 倍。

第三，尽管全国居民人均可支配收入差距绝对值不断走高，可相对值扩大幅度较小，2013 年与 2018 年相比，提高了仅 0.19 倍。特别值得注意的是，虽然全国数据如此呈现，但是城镇居民高收入户与农村居民低收入户的收入差距相对值却呈现出很大的扩大幅度，2013 年与 2018 年相比，提高了 3.09 倍。这在很大程度上反映了我国城乡居民收入差距扩大的事实。

五、按要素分配：如何优化初次分配

优化我国国民收入初次分配格局，可积极地从以下四个方面考虑。

1. 依法优化市场秩序，充分发挥要素市场的资源配置作用

从国民收入初次分配过程看，当年收入流量分配在要素市场上形成，存量资产创造的流量收入也依托市场实现，建立一个公平竞争、公开透明、有序运行、充分发挥作用的市场，是该阶段收入分配机制良性运行的关键。优化国民收入初次分配机制，需要依法维护市场秩序，保障市场竞争的公平性，包括：提供高标准法治化的市场运行环境；建立合理的尽可能从低的市场准入标准；建立市场化的公平用工制度和有弹性的工资分配及增长制度；鼓励按要素分配形成合理的收入差距，以要素流动竞争遏止不合理的行业差距、财产差距、地区差距；提高国土开发中不动产与资源的规划配置水平与效率，为企业实现资金回报创造基础性条件，促进企业实现有效资本积累，提高劳动生产率；理顺劳动收入与财产性收入的关系，充分发挥要素市场资源配置在收入分配方面的基础性作用。

2. 厘清政府主体和市场主体权力与权利作用的边界，激发市场活力

在优化市场机制的过程中，必须厘清政府主体权力（公权）和市场主体权利（私权）作用的边界，减少政府部门对基础性资源配置机制的干预，减少、力求消灭寻租性收入机会。政府应当在尊重市场运行规律、企业家精神和创新创业试错空间的前提下，依法建立统一的、规则清晰的要素市场，消除体制性壁垒，减少对市场主体行为的行政收费，减少交易中间环节，降低交易成本，合理尽责地进行市场监管，保障市场公平、有序运行，引导各主体、各部门对流量收入、存量资产增长的合理预期。同时，政府应当积极鼓励和引导企业加强劳动者保护，形成和谐的劳资关系，提高企业竞争力和运行效率。

3. 在深化改革中重新定位国民收入初次分配格局中的政府部门职能

在国民收入初次分配过程中，政府的基本职能是在尊重市场运行规律的前提下，建立起一整套市场运行规范并进行合理监管，通过政策调节维持国家、企业、居民个人三方面收入分配的动态合理平衡，促进国民经济的持续、健康增长。为正确发挥这一基本职能，必须通过改革进一步解决政府在初次分配领域职责的越位与缺位问题，即减少、取消过度的行政垄断因素和对企业的过多干预与过多关照，也要弥补和补齐法治化环境建设中的缺失与短板，保护产权和纠正侵害正当私权的行为。

政府在引导产业发展的过程中，应当把握好收入分配调节的中性角色，合理确定政府补贴政策的贯彻机制，明确目标，与市场结合，通过清晰、严格的制度规范，把政府补贴和政策性融资支持合理地融入要素流动的竞争性市场。

4. 优化国民收入初次分配格局的具体建议

（1）促进城乡统筹发展，逐步缩小城乡居民收入差距。以多种政策手段拉伸农业生产链条，促进发展农业特色品牌、绿色循环农业，促进农业产业化经营和提高农业产品附加值。稳步推进城市中的农业转移人口市民化。制定公开透明的各类城市农业转移人口的落户政策，探索建立政府、企业、个人共同参与的市民化成本分担机制，把有稳定劳动关系、在城镇居住一定年限并按规定参加社会保险的转移人口积极转为城镇居民。在促进城乡公共资源均衡配置中实现生产要素自由流动。城乡一体化和以市民化为核心的新型城镇化进程中，城市公共资源的供给应考虑到缩小城乡之间的发展差距，让更多的城市公共资源向农村居民开放，更多的城市公共服务向农村延伸。

（2）以最低工资、集体协商制度“提低限高”，缩小收入绝对差距。完善最低工资制度，综合考虑经济发展、物价变动、劳动生产率提升和企业承受能力等因素，形成最低工资标准调整机制；应适时将最低工资标准由月最低工资标准改为小时最低工资标准，防止企业通过延长工时的办法规避管制。建立企业工资集体协商制度，由劳资双方通过集体民主协商来促使本企业工资分配形式和分配水平等方案优化。着力推行区域性、行业性职代会制度，完善私营企业内部利益协调机制和工资集体谈判机制。集体协商制度体系中需要进一步完善工会制度、劳资对话和劳工的利益表达机制。这两项制度的内在取向是总体上使市场环境下企业雇员薪酬水平从“提低”的侧面减少收入绝对差额。另外，还应有适当的“限高”。在建立与企业领导人分类管理相适应、选任方式相匹配的企业高管人员差异化薪酬分配制度时，根据企业经营管理绩效、风险和责任确定薪酬，对行政任命的国有企业高管薪酬水平实行“限高”，同时，市场竞争中从“人才市场”竞聘不任的国有企业高管，应有“随行就市”的弹性机制，并推行薪酬延期支付和追索扣回制度。对非国有金融企业和上市公司高管薪酬，应通过完善公司治理结构，充分发挥董事会、薪酬委员会和股东大会对畸高薪酬的抑制作用。

（3）健全农民工工资支付保障机制。政府应将拖欠工资问题突出的领域和容易发生拖欠行为的行业纳入重点监控范围，完善与企业信用等级挂钩的差别化工资保证金缴纳办法。进一步落实清偿欠薪的工程总承包企业负责制、行政司法联动打击恶意欠薪机制、保障工资支付的属地政府负责制等制度。

（4）缩小收入的体制性差距。完善公务员工资制度。在基层政府推行公务员职务与职级并行制度，逐步完善公务员工资水平调整机制。提高艰苦边远地区津贴标准，制订完善地区附加津贴实施方案。严格规范党政机关津贴补贴和奖金发放，抓紧出台规范实物补贴转货币补贴的实施方案。深化事业单位收入分配制度改革。结合分类推进事业单位改革，实现对事业单位工资分配制度分级分类管理，健全与岗位职责、知识技能、工作绩效挂钩的分配激励制度。全面落实和不断完善事业单位绩效工资制度，结合事业单位用工激励制度，按照“调高、稳中、托低”的思路合理确定事业单位绩效工资。深化国有企业工资制度改革。改革国有企业工资总额管理办法，限制国有企业尤其是垄断行业国有企业员工工资的过快增长，使其与非国有企业的社会劳动工资水平保持较适当的比例关系。规范“劳务派遣工”的薪酬制度。对垄断行业的工资总额和工资水平实行双重调控，逐步缩小行业工资收入差距。

（5）以资本预算为依托建立健全国有资本收益分享机制，逐步弱化垄断性收入影响。在国有资本经营预算制度的框架设计下加大国有资本经营收益收缴力度，促进垄断行业、部门改革。提高国有资本经营收益上缴比例，降低垄断行业和部门的收入，减少过高的垄断利润和特许权收入对市场秩序与收入分配差距的影响。加大收入收缴力度首先在中央本级国有资本经营预算层面执行，一是在促进垄断行业、部门深化改革过程中，对现行的征收比例作出调整，二是扩大征收范围，逐步向金融类以及各特殊部门所属的国有企业扩展。其次在地方层面执行，应尽快建立与完善国有资本经营预算制度，加强对国有资本收益的管理。统筹国有资本经营预算支出。对于国有资本经营预算中集中的资产收益，要坚持“资产全民所有，收益全民所用”的大原则，与社会保障预算、公共财政预算相互联通，依规范的预算程序统筹国有资本收益，将之用于支持公共支出、民生改善。同时，要通过国有资本经营预算信息公开制度，强化问责和绩效管理，增强国有企业红利使用的透明度，提升综合效益。

（6）落实利率市场化改革目标，实现企业用资成本合理化。利率市场化包括利率水平和波动幅度的市场化，还包括利率管理方式的市场化，其实还包括金融机构准入和退出的市场化，只有使各个环节与方面的改革相互匹配，才能保证资金要素在充分竞争中的流动和金融市场的有效运行。管理部门优化和加强货币调控，具体包括运用适应利率市场化的金融监管工具和手段、加强监管协调、培育货币调控的价格型工具等。在利率市场化改革的基础上，推进汇率市场化，进而争取创造条件择机推进资本账户开放，使国际资本的流动为我国经济发展所用，其波动亦能被汇率、利率波动机制和风险消化机制较好地对冲。

（7）推动科技体制改革和科技成果产业化机制创新，鼓励科技创新投入。与科技体制改革有机结合起来，政府应鼓励科技成果产业化，企业应加大研发投入。财政政策引导、支持的重点主要集中在两个方面：一是支持自主创新和科技成果转化，尊重科研规律优化收入分配激励机制，力求加快实现科技成果的产业化。因此，要加大财政对科技创新的政策支持力度，尤其要支持对战略性新兴产业具有重要意义的科技创新项目并优化相关激励规则，争取在关键技术与共性技术上实现重点突破；应引导和协调科技资源的优化配置，集聚资金与人才，提高重点领域的科技创新能力。二是积极培育科技成果应用与交易的市场，借助市场的物质利益驱动原则，制定知识产权保护和入股、期权等制度，加大市场推广应用力度。要合理运用鼓励消费者使用新型环保节能产品的财政补贴、政府采购等政策，积极培育和引导市场需求，为企业创新提供政策助力来加快发展。

第七章

系统工程之
第二阶梯：再分配

一、宗旨与重心之辨：“分好蛋糕”中的政府发力与合理角色

近些年来，收入分配差距的扩大和关于收入分配不公的抱怨现象在中国日趋严重，并已经对社会稳定和经济发展产生了不良影响。根据世界银行发布的报告，近10年来中国贫富分化日趋严重：从2000年开始，基尼系数越过0.4的警戒线，并逐年上升，2006年已高达0.496，后虽有所回落，但2016年仍在0.462左右，其后又略有升高。国家统计局公布的调查数据显示，城镇居民中收入最高和最低10%的家庭人均可支配收入之比，从1985年的2.9倍，上升至2005年的9.2倍，近年这一收入差距已达到惊人的20倍之多。贫富分化加剧已造成中国社会“两头大，中间小”的凹陷。据皮凯蒂团队2017年披露的研究分析结果，2015年最富10%人群占全部收入的比重为41%，最富1%人群占全部收入的比重为14%。至于财产分布，2015年最富10%人群占全部财产的67%，最富1%人群占全部财产的30%，最富1.06万人的人均财产为16.23亿元。

另根据世界银行的报告，中国1%的人口掌握了全国41.4%的财富，美国是5%的人口掌握了60%的财富。从当前中国财富的集中度看，中国财富的集中度已超过美国，成为世界上收入分配两极分化最严重的国家之一。中国不断加剧的贫富差距及收入分配、财产配置中出现的各种矛盾和不公平，不断挑战着人们的心理底线，并成为社会不稳定的因素。因此，加快收入分配制度改革，缩小收入分配差距，形成抑制收入分配不公的社会公信力，已成为中国社会亟须解决的问题。

西方国家居民收入差距的缩小，主要通过再分配环节来实现。但在我国，税收以间接税为主，再分配功能有限，调节乏力，甚至某些再分配政策实施

中存在逆向调节问题，使居民收入差距扩大问题难以有效缓解。

1. 现行财政支出配置对居民收入再分配调节作用有限

（1）财政社会性支出规模有限，缩小居民收入差距的力度不大。我国作为一个发展中国家，长期以来以经济建设为中心，实施赶超战略，GDP 增长成为政府部门的至上目标。与之相对应，政府官员的考核指标也主要是看经济性指标，而非社会性指标。加之政府“大部制”和“扁平化”改革迟迟未能取得较大实质性进展，我国财政支出结构中经济性支出与行政运行支出长期占较大比重，而社会性支出规模比较有限。这种支出配置导致如下局面：经济增长指标全面达到甚至远远超过规划的预期，而环保等一些社会发展指标却没有达到规划的要求，对居民实际收入差距也难以作出较大调节。为推进与民生状况改善直接相关的社会事业发展，政府应该精简机构，调整财政支出结构，增加社会性支出，保证低收入群体的基本生活需要，更充分地优先提供教育、医疗、社会保障等基本公共服务，解决低收入群体在这些公共服务方面的可获得性问题。

（2）城乡之间的公共产品供给严重不均衡，城乡居民收入差距显著。公共产品供给支出的城乡不均衡，在义务教育、公共卫生、公共设施与基础设施等方面的城乡供给差异上有鲜明表现。从义务教育方面看，由于农村义务教育政府财政投入实行县级财政负担的体制，而县级财政普遍困难，因此，农村义务教育经费普遍低于城市。从公共卫生方面看，城乡之间卫生经费投入存在较大差距。再从公共设施和基础设施方面看，城市的公共设施和基础设施不仅比农村齐全和先进，而且在城市是不需要市民直接负担相关投入的，但在农村则往往需要农民负担一部分的投入，这也在一定程度上拉大了城乡居民的实际收入差距（多年来，我国城乡居民人均收入之比在2.5∶1 至3.1∶1 之间演变，如再加上公共设施与服务的供给差别因素，两者的差异将更大）。

（3）政府预算支出中的民生支出偏低。在财力有限性约束条件下，财政分配不可能在某一时期对民生事项面面俱到，只能在认真权衡各种利弊得失后，选择本阶段最需要保障的民生事项予以重点倾斜，即从基本民生的“托底”保障做起。民生支出与居民生活息息相关，有利于保障低收入群体的基本生活需要，减轻低收入群体的生活负担。近年来，我国加大了对民生方面的投入，但总体来看这方面的投入仍然不足。例如，最近几年我国房价暴涨，“买房难”的问题引起民众极大关切，而政府承建保障性住房是实现“居者有其屋”的重要政策措施，但我国政府在这方面的投入严重不足。与人民生活直接相关的民生支出比重偏低，便难以保障低收入群体的基本生活需要，不利于缩小居民收入差距。

2. 政府间事权、财权配置不合理不利于调节收入分配

1994 年分税制改革初步划分了中央与地方政府的事权和财权，但省以下未作统一要求。在具体实施过程中，省以下政府间财政收支的划分颇具随意性。同时，我国财政法制建设比较滞后，分税制有关事宜主要源于行政法规，始终没有通过立法程序，中央与地方政府之间的事权和财权在划分过程中无法可依，在划分之后的运行中更无法得到宪法与相关法律的保障。加之分税制改革没有完全到位，省以下政府间还不是按照划分税基模式，而是依照讨价还价的包干与分成模式处理四个层级的财政分配关系，为高层级政府上提财权、下压事权提供了空间，从而形成了政府间事权与财权的反向移动，直接导致了各级政府事权与财权的严重错位，最可悲的是，基层政府财力需求显著大于财力供给，严重的入不敷出逐步使不少基层财政陷于“揭不开锅”的困境之中。

另外，本应由财政承担的公共服务责任，包括农村义务教育、医疗卫生、社会保障等，过去主要由农民自己承担，近年来为了减轻农民负担，这部分支出责任回归财政，主要由基层财政承担，从而使基层财政的支出责任进一步扩大。财政状况稍好的县、乡也仅仅限于“保工资、保运转”，用于经济建设的财力非常有限，各方面的支出欠账越来越多，形成了巨额的隐性负债。

3. 政府间转移支付制度调节收入分配的功能较弱

我国在构建和发展完善政府间转移支付制度以调节区域差异和社会成员收入差异方面已作了多年努力，取得了值得肯定的成绩，但仍存在一些明显

的问题：

（1）以政府间转移支付调节区域和收入差异的力度和规模还嫌不足，对缓解收入悬殊、促进共同富裕作用有限。

（2）转移支付结构有待进一步优化。尽管“优化转移支付结构，逐步提高一般性转移支付比重，清理整合专项转移支付”的要求已提出若干年，但削减专项牵动和影响其背后的部门行政权力和资金配置权力，难度很大。事实上，近年间一些财力性转移支付也出现“专项化”倾向。

（3）转移支付均等化效应不理想。实施财政转移支付制度的目的是实现财政能力的平衡，从而促进基本公共服务均等化。在我国现行财政转移支付制度中，中央对地方的转移支付包括三大类：税收返还、专项转移支付和一般性转移支付。其中，税收返还重在维护既得利益，不具备均等化效应；专项转移支付重在实现政府特定政策目标，并有配套要求，且规模偏大，均等化效应较弱；一般性转移支付具有均等化效应，但规模不够大。三者的组合，尚未能有效实现财政均等化，从而无法有效促进基本公共服务均等化目标的实现。

（4）已有的区域间横向转移支付以“对口支援”和“生态补偿试点”为主，制度规范性有待提高，需要在继续探索、总结经验的基础上打造可持续的长效机制。

4. 税收调节弱化成为居民收入分配差距大的一个重要因素

（1）个人所得税应发挥的“抽肥补瘦”再分配功能远未到位。我国现行个人所得税在2018年的最新一轮改革主要对工薪等4种劳动所得实行7级超额累进税率的调节，级距设计不够恰当，最高边际税率维持在45%高位，导致税负不够合理。总体而言，中等收入阶层以上的劳动收入成为收入调节的主要对象，负担了较大部分税收。特别是专家型知识分子的薪酬、稿酬、劳动收入与知识产权收入“归堆”后，实际税负大幅上升，在形成对劳动收入的税收歧视的同时，也造成高科技企业为防人才团队成员“用脚投票”而不得不在竞争中提高人才用工成本的困难与压力。由于税制设计的问题和缺陷，原本是调节高收入群体的个人所得税，在我国却主要是调节工薪阶层和专家型知识分子，而且覆盖面仅几千万人，占全国总人口数的不到5%，年度个税收入仅占税收总收入的6%左右，致使个人所得税在调节收入分配差距方面的主体手段作用没有充分发挥，实际上已被边缘化，这在一定程度上加剧了收入差距悬殊的负面影响，导致收入再分配的不力。

（2）财产税在税收收入中的占比很低。房产税（房地产税）还只在上海、重庆两地“柔性切入”，多年来迟迟未能启动国家层面有中央决策明确要求的立法程序。我国现行财产税主要包括车船税、房产税、城镇土地使用税等税种。财产税一般都被作为调节收入分配差距的主要税种，我国尽管近些年随着税制修订和经济社会发展，这项收入增长加快，但总体而言比重仍然较低，尚难以成为收入调节的主要工具。为优化收入再分配，税制改革方向是提高财产税在我国税收收入中的占比。房产税属于财产税，具有支持形成地方税体系取得财政收入、调节收入分配和调控房地产市场等多方面的作用。目前我国住房保有环节的房产税只在上海、重庆两地有试点，而且是“柔性切入”，只涉及增量或以增量为主，远未全面铺开。2011 年 1 月 28 日，国务院批准上海和重庆作为试点进行房产税改革，上海市人民政府和重庆市人民政府分别发布了《上海市开展对部分个人住房征收房产税试点的暂行办法》和《重庆市人民政府关于进行对部分个人住房征收房产税改革试点的暂行办法》，对房产税改革试点的内容作出具体规定。虽由于种种主客观因素调节力度有限，但毕竟是敢为天下先的改革试水，并取得了弥足珍贵的本土试点经验。2013 年党的十八届三中全会在此试点基础上要求“加快房地产税立法并适时推进改革”，但其后相关立法进程始终未能加快，尚未正式启动一审。2021 年 8 月 17 日中央重要会议促进共同富裕指导精神公布后，积极稳妥推进立法和做好改革试点工作，扩大试点覆盖面“双管齐下”的部署已浮出水面，具体进展还需拭目以待。

（3）遗产税和赠与税缺失。遗产税与赠与税直接面向的是不通过自己的努力获得巨额存量资产的高收入阶层，它们的出台既可以缩小代际和偶然因素造成的个人收入差距，同时也倡导个人要通过自己的努力获得收入的正确理念。目前我国遗产税和赠与税尚未进入议事日程，但相关文件已提出要“研究开征”。作为开征遗产税的必要条件，需大力健全财产保护制度、财产实名登记制度等相应的管理制度，并积极考虑首先确立官员财产的报告与公示制度，另外作为其将来出台时的配套事项，亦应一并设计赠与税，并大力加强公益性基金会的规范化制度建设，以引导富裕阶层在交遗产税和做公益的“二选一”中更为自觉地考虑多做公益。

（4）消费税应有的调整居民消费结构的功能有待完善。我国消费税是一种特别消费税，选择了部分消费品征税，主要目的在于引导消费、保护环境、调节收入分配。近年来，消费税的调整更多从调节消费、保护环境方面出发，而对其收入分配功能的关注相对较少。首先，消费税征收范围较窄。消费税对烟、酒、实木地板等十几个税目进行征税，部分高档消费行为还没有纳入征税范围，例如高档卡拉 OK、高档洗浴、高档餐饮、高档会所等。随着“营改增”的全面覆盖，应在增值税的基础上选择部分高档消费行为征收消费税，充分发挥消费税调节收入分配的作用。其次，部分消费品的消费税税率较低。为发挥消费税应有的调整居民消费结构的功能，可以调整部分消费品的消费税税率，时下的重点是：提高高尔夫球及球具、游艇的消费税税率，发挥其调节收入分配的作用；考虑资源环境因素和收入分配作用，应对高档实木地板设置更高的消费税税率；调整乘用车消费税税率，发挥其抑制消费、保护环境、调节收入分配的作用。

（5）社会保障制度的缺陷使其对收入分配的调节作用受限。社会保障是收入再分配的重要工具。我国社会保障制度的发展，使之在调节收入分配中发挥了一定的作用，但仍存在诸多问题，不利于社会保障功能的充分发挥。

社会保障的覆盖面不足。从总体上来看，我国社会保障制度的覆盖面还不足，由于种种因素，相当一部分人还没有参加社会保险，也还有一部分贫困人口没有被纳入最低生活保障范围，不少人没有享受到应得的社会福利。在养老保险方面，与城镇就业人数和全国就业人数相比，养老保险制度的覆盖面仍然有限，还有不少城乡灵活就业人员和城乡居民没有被纳入。在失业保险方面，一些灵活就业人员、乡镇企业员工还没有被纳入失业保险范围，大学生也未被纳入。工伤保险还没有将全部城镇就业人员纳入。生育保险制度的覆盖面也还相当有限。总之，非正规就业人员、灵活就业人员、农民工等群体中，还有大量人员没有被纳入社会保障范围。鉴于此，在逐步解决制度覆盖范围内不合理的待遇差距问题的同时，更要关注制度缺失带来的相当一部分人群无法享受社会保障的问题，积极建立覆盖城乡全体居民的社会保障体系。

社会保障的发展不均衡。我国社会保障的发展不均衡，影响社会保障的收入分配调节效果，主要表现在：①社会保障的项目发展不均衡。从目前来看，社会保险的发展相对较快，在国家投入、覆盖面、保障水平、制度建设等方面都要好于社会福利和社会救助。相比之下，针对部分贫困人口和弱势群体的社会救助、社会福利发展更显不足。②社会保障的城乡发展不均衡。长期以来，我国社会保障制度主要面向城市人口，广大的农村人口曾被排除在范围之外。在城市，建立了包括养老、医疗、失业、工伤、生育等在内的社会保险制度；最低生活保障制度也率先在城市建立，并且保障水平明显高于农村；各项福利服务在长时间内成为城镇人口的专利，农村人口极少享有。教育、医疗、住房保障的城乡差距也比较明显，农村这方面的发展普遍滞后。③不同群体社会保障的不均衡。一些群体由于职业的优越性，更加容易被纳入社会保障的范围，并且享受相对较高的保障待遇。比如：公职人员由于其职业优越性而获得较高水平的社会保障待遇；一些低收入群体、非正规就业人员、灵活就业人员还没有被社会保障覆盖，即使被覆盖，其享受的待遇也比较低。

社会保障制度设计不完善。制度设计的不完善影响社会保障制度的收入分配调节作用，主要表现在：①制度设计碎片化。现行许多社会保障项目表现为为部分人员"量身定做"，相互分割，在工业化、城镇化、劳动力自由流动的背景下，已出现了诸多弊端。制度的碎片化影响了社会保障制度的公平性，也使一些群体被忽略。中低收入群体不仅收入较低，而且获得的社会保障待遇也较差。②筹资机制不合理。主要体现在：筹资责任分担不合理，公职人员几乎无须由个人履行养老缴费义务，低收入者却需要按要求缴费。③筹资水平过高，容易对低收入群体造成压力。筹资水平的差异性导致保障待遇的差异性，主要体现在不同的医疗保险制度方面，城镇职工与城乡居民医疗保险筹资水平的差异性，直接导致了享受医疗保障的差距。此外，缴费上限、下限、基数等制度参数的设计不完善也影响收入分配效果。④待遇补偿机制不够科学合理。目前社会保障的待遇确定模式以缴费确定为主，待遇享受与缴费的关联性较大，这种待遇确定模式不利于贫困人口提高实际收入，虽然有社会统筹的因素，但力度还不大，基本养老金迟迟未能达到国家发展规划要求的全国统筹层面，互助共济的作用不足。⑤财政投入机制不健全，政府在社会保障方面的财政投入总体不足是导致低收入和贫困人口难以获得较好的社会保障的重要原因。⑥社会保障待遇的计算方法不利于调节收入分配，没有形成待遇享受的“累退”机制。如养老保险待遇计算基数的选择不够合理，城镇职工的基础养老金参照上年度职工平均工资计算，而对城镇居民、农村居民，则发给固定、较低的基础养老金；医疗保险往往设定起付线与封顶线，而且门诊大多数不给予报销，不利于中低收入群体减轻医疗负担。最低生活保障标准过低，低保政策对缩小收入差距的作用并不明显。待遇调整机制不完善。目前的待遇调整措施大多数是临时性、随意性的，没有形成规范、稳定的调整机制，不利于低收入群体享受待遇。

二、我国再分配格局的实证考察：转移性因素影响力上升

从宏观层面看，在我国国民经济各部门加入转移性因素之后的可支配总收入，2012—2019 年总体呈现不断上升的趋势，住户部门可支配总收入金额最大、占比最高，其次是政府部门，然后是非金融企业部门，最后是金融机构部门（见表 7 – 1）。

表7-1　2012—2019年各部门实物交易资金来源可支配总收入数据

单位：万元

指标	2012年	2013年	2014年	2015年	2016年	2017年	2018年	2019年
非金融企业部门实物交易资金来源可支配总收入	78875.93	100204.35	116262.29	113178.22	118441.71	138998.67	173908.57	188666.76
金融机构部门实物交易资金来源可支配总收入	16855.35	14963.20	15932.81	22662.29	29616.90	34637.93	25718.69	26706.37
政府部门实物交易资金来源可支配总收入	114900.42	123086.25	135045.86	141642.08	146768.25	162859.47	171265.56	175371.79
住户部门实物交易资金来源可支配总收入	308344.77	341749.71	373626.51	404897.47	441165.52	489176.86	543300.94	593712.75

数据来源：国家统计局官方网站，截至本书成稿，数据更新至2019年。

从统计可得的各部门之间的收入流动情况来看（见表7-2），2012—2019年，我国国民经济宏观表现为，企业部门（包括非金融企业部门和金融机构部门）是收入净流出部门，政府部门和住户部门均为收入净流入部门。从绝对值来观察，自2012年以来，我国政府部门净流入金额最大，占比最高。但从相对值来观察，自2012年以来，我国住户部门净流入增长最快，2016年数值较2012年增长了193.9%，而同期的政府部门净流入则仅增长了24.2%。

表7-2　2012—2019年各部门实物交易资金来源收入流动数据

单位：万元

指标	2012年	2013年	2014年	2015年	2016年	2017年	2018年	2019年
非金融企业部门实物交易资金来源可支配总收入	78875.93	100204.35	116262.29	113178.22	118441.71	138998.67	173908.57	188666.76
非金融企业部门实物交易资金来源初次分配总收入	97023.47	120826.03	137142.34	135612.56	142007.61	167271.59	204713.63	220044.02

（续表）

指标	2012 年	2013 年	2014 年	2015 年	2016 年	2017 年	2018 年	2019 年
非金融企业部门实物交易资金来源净流动	-18147.54	-20621.68	-20880.05	-22434.34	-23565.90	-28272.92	-30805.06	-31377.26
金融机构部门实物交易资金来源可支配总收入	16855.35	14963.20	15932.81	22662.29	29616.90	34637.93	25718.69	26706.37
金融机构部门实物交易资金来源初次分配总收入	20753.02	19865.78	21909.25	30227.35	37624.27	41083.96	33269.03	34833.43
金融机构部门实物交易资金来源净流动	-3897.67	-4902.58	-5976.44	-7565.06	-8007.37	-6446.03	-7550.34	-8127.06
政府部门实物交易资金来源可支配总收入	114900.42	123086.25	135045.86	141642.08	146768.25	162859.47	171265.56	175371.79
政府部门实物交易资金来源初次分配总收入	85003.24	89261.66	97949.61	100962.71	104442.66	111450.67	116897.97	124632.10
政府部门实物交易资金来源净流动	29897.18	33824.59	37096.25	40679.37	42325.59	51408.80	54367.59	50739.69
住户部门实物交易资金来源可支配总收入	308344.77	341749.71	373626.51	404897.47	441165.52	489176.86	543300.94	593712.75
住户部门实物交易资金来源初次分配总收入	315912.63	350595.56	383786.82	416384.96	452563.66	506671.95	559446.47	604241.65
住户部门实物交易资金来源净流动	-7567.86	-8845.85	-10160.31	-11487.49	-11398.14	-17495.09	-16145.53	-10528.90

数据来源：国家统计局官方网站，截至本书成稿，数据更新至2019年。

从微观层面看，按照国家统计局的统计口径，个人收入的构成有四项，分别为工资性收入、经营性收入、财产性收入和转移性收入。不难看出，转移性收入是联通初次分配与再分配的重要一项，势必会影响到整个社会各个收入阶层之间的收入对比关系，客观上起着均衡、协调不同收入水平，缩小收入差距的作用。

自2013年以来，我国居民人均可支配收入构成中，转移性收入占比始终是最低的，但这一比重却呈现出不断上升的趋势，这标志着我国转移性因素在居民收入分配调节方面发挥着越来越重要的作用，调节力度在逐年加大。改革开放以来，我国居民拥有的财产总规模快速增长，已跃居全球第二位①，在此过程中，财产分布差距正日趋扩大，财产因素对收入分配格局的影响日益显著。住户部门是财产收入最大的净流入部门，企业部门（包括非金融企业部门和金融机构部门）是财产收入最大的净流出部门。

自2012年以来，金融机构部门尽管也曾出现过净流入的局面，但总体上来看，与非金融企业部门共同承担着净流出部门的角色。而政府部门则是财产收入的净流入部门。住户部门与政府部门相同，也是财产收入的净流入部门，绝对值呈现不断上涨的趋势，且净流入绝对值在几大部门当中是最高的，但相对值没有政府部门高（见表7－3）。总体看来，住户部门是财产收入净流入绝对值最大的，但是政府部门是财产收入净流入增长最快的。

表7－3　2012—2019年各部门实物交易资金来源财产收入流动数据

单位：万元

指标	2012年	2013年	2014年	2015年	2016年	2017年	2018年	2019年
非金融企业部门实物交易资金运用财产收入	51673.61	48864.32	50388.73	56503.94	62002.81	64811.43	60907.32	67270.06
非金融企业部门实物交易资金来源财产收入	24761.54	23497.63	26991.19	24602.69	24849.68	27913.02	27679.17	30341.91

① 数据来自瑞士信贷发布的《2018年全球财富报告》。

（续表）

指标	2012 年	2013 年	2014 年	2015 年	2016 年	2017 年	2018 年	2019 年
非金融企业部门实物交易资金财产收入净流动	-26912.07	-25366.69	-23397.54	-31901.25	-37153.13	-36898.41	-33228.15	-36928.15
金融机构部门实物交易资金运用财产收入	49928.00	47283.99	54602.86	54735.86	50834.71	54482.55	72401.87	82159.68
金融机构部门实物交易资金来源财产收入	54612.40	42647.80	48901.27	51947.32	53599.13	57784.52	59909.72	69159.95
金融机构部门实物交易资金财产收入净流动	4684.40	-4636.19	-5701.59	-2788.54	2764.42	3301.97	-12492.15	-12999.73
政府部门实物交易资金运用财产收入	7697.53	5760.19	6313.07	7758.53	9498.06	9756.34	10485.07	12026.91
政府部门实物交易资金来源财产收入	14622.25	15777.15	19498.08	23450.73	22236.23	22180.83	21597.94	27491.67
政府部门实物交易资金财产收入净流动	6924.72	10016.96	13185.01	15692.20	12738.17	12424.49	11112.87	15464.76
住户部门实物交易资金运用财产收入	11253.37	7656.33	9360.08	10216.20	9959.71	11121.95	10782.10	12944.55
住户部门实物交易资金来源财产收入	24336.56	21824.44	24508.76	24908.81	27251.54	30627.82	39900.12	44429.92
住户部门实物交易资金财产收入净流动	13083.19	14168.11	15148.68	14692.61	17291.83	19505.87	29118.02	31485.37

数据来源：国家统计局官方网站，截至本书成稿，数据更新至 2019 年。

三、居民财产性收入差距扩大

统计数据显示，我国现阶段城乡居民之间的财产性收入差距明显扩大。1990年，城乡居民财产性收入之比为0.44∶1，2002年则攀升至2.85∶1。1990—2000年，正是金融市场迅速成长时期，也是城镇住房制度改革的推进时期，这些新生市场推动了城镇居民财产性收入的显著上升，而农民则相对缺乏有关金融投资和房产投资的市场机会和专业知识，在取得财产性收入方面处于弱势。2007年以来，随着新农村建设等，城乡居民财产性收入的差距已出现小幅缩小的趋势，2009年下降到2.58∶1，但2011年又开始回升，在2012年达到2.84∶1（见表7－4）。

2012年，国家统计局对居民财产性收入的统计口径作出了调整，将财产性收入定义为住户或住户成员将其所拥有的金融资产、住房等非金融资产和自然资源交由机构单位、其他住户或个人支配而获得的回报并扣除相关的费用之后得到的净收入，并明确地将转让承包土地经营权租金净收入、出租房屋净收入、出租其他资产净收入和自有住房折算净租金等收入纳入居民财产性收入统计中。这使得统计数据中财产性收入在2013年以后大幅度地高于之前。

2013年，城乡居民财产性收入差距迅速扩大至13.10∶1，此后虽一路下降至2017年的11.09∶1，但差距依旧十分明显（见表7－5）。

此外，从人均年收入的构成情况来看，2012年及以前，无论是城镇居民还是农村居民，财产性收入所占全部年收入的份额一般都没有超过3%。2013年开始，由于财产性收入统计口径的调整，城镇居民财产性收入占全部年收入的比重逼近10%，但农村居民财产性收入比重仍低于3%。这说明了房地产相关净收入对城镇居民的收入贡献巨大，但对农村居民的收入影响较小。

表7－4　城乡居民人均年收入构成情况（1990—2012年）

指标	1990年	1995年	2000年	2007年	2008年	2009年	2010年	2011年	2012年
城镇平均每人全部年收入/元	1516. 21	4279. 02	6295. 91	14908. 61	17067. 78	18858. 09	21033. 42	23979. 20	26958. 99
工薪收入/元	1149. 70	3390. 21	4480. 50	10234. 76	11298. 96	12382. 11	13707. 68	15411. 91	17335. 62
经营净收入/元	22. 50	72. 62	246. 24	940. 72	1453. 57	1528. 68	1713. 51	2209. 74	2548. 29
财产性收入/元	15. 60	90. 43	128. 38	348. 53	387. 02	431. 84	520. 33	648. 97	706. 96
转移性收入/元	328. 41	725. 76	1440. 78	3384. 60	3928. 23	4515. 45	5091. 90	5708. 58	6368. 12
可支配收入/元	1510. 16	4282. 95	6279. 98	13785. 81	15780. 76	17174. 65	19109. 44	21809. 78	24564. 72
农村平均每人全部年收入/元	990. 38	2337. 87	3146. 21	5791. 11	6700. 68	7115. 58	8119. 54	9833. 14	10990. 66
工资性收入/元	138. 80	353. 70	702. 30	1596. 22	1853. 73	2061. 25	2431. 05	2963. 43	3447. 46
家庭经营收入/元	815. 79	1877. 42	2251. 28	3776. 70	4302. 08	4404. 01	4937. 48	5939. 79	6460. 97
财产性收入/元	35. 79	40. 98	45. 04	128. 22	148. 08	167. 20	202. 25	228. 57	249. 05
转移性收入/元		65. 77	147. 59	289. 97	396. 79	483. 12	548. 76	701. 35	833. 18
城镇与农村财产性收入之比	0. 44：1	2. 21：1	2. 85：1	2. 72：1	2. 61：1	2. 58：1	2. 57：1	2. 84：1	2. 84：1

数据来源：国家统计局官方网站。

表7－5　城乡居民人均年收入构成情况（2013—2017年）

指标	2013年	2014年	2015年	2016年	2017年
城镇平均每人全部年收入/元	26467. 00	28852. 80	31254. 80	33616. 20	36396. 10
工薪收入/元	16617. 40	17936. 80	19337. 10	20665. 00	22200. 90
经营净收入/元	2975. 30	3279. 00	3476. 10	3770. 10	4064. 70

（续表）

指标	2013 年	2014 年	2015 年	2016 年	2017 年
财产性收入/元	2551. 50	2821. 10	3041. 90	3271. 30	3606. 90
转移性收入/元	4322. 80	4815. 90	5399. 70	5909. 80	6523. 60
可支配收入/元	24799. 00	26860. 20	29042. 00	31270. 00	33757. 30
农村平均每人全部年收入/元	9429. 60	10488. 90	11421. 70	12363. 40	13432. 40
工资性收入/元	3652. 50	4152. 20	4600. 30	5021. 80	5498. 40
家庭经营收入/元	3934. 90	4237. 40	4503. 60	4741. 30	5027. 80
财产性收入/元	194. 70	222. 10	251. 50	272. 10	303. 00
转移性收入/元	1647. 50	1877. 20	2066. 30	2328. 20	2603. 20
城镇与农村财产性收入之比	13. 10 : 1	12. 70 : 1	12. 10 : 1	12. 02 : 1	11. 09 : 1

数据来源：国家统计局官方网站。

我国居民财产分布和财产性收入变迁的上述特征，基本符合新兴市场经济国家的共同规律，居民走向共同富裕之路还有很大的发展进步空间。当前，需要高度重视两大突出问题：

一是财产分布总体状态未脱“发展中”特征，财产性收入比例低。财产以及财产性收入对于居民和家庭具有重要意义，“有恒产者有恒心”，增加居民财产和财产性收入有利于提高居民的消费和投资能力，在增强获得感、尊严感的同时助益社会和谐稳定，从而有利于支撑国家经济发展和社会进步。

二是中等收入群体仍相对薄弱，城乡居民财产差距呈显著扩大趋势，房产差距突出。财产分配及与之伴随的收入分配往往具有一种马太效应，容易导致富者越富、穷者越穷，财产分布不均等造成的差距还可以代际相传，加剧收入分配的不平等。收入分配的差距与财产分布的差距又互为因果，如影随形，且很容易形成所谓“正反馈”而不断自我加剧。对财产分布差距在短期内迅速扩大的现象应保持警惕，并制定适宜的应对措施和前瞻性对策。

从国家统计局公布的数据看，2013—2017 年，我国城镇居民工资性收入年均增长 8. 4%，财产性收入年均增长率达到 10. 35%。更有统计数据表明，美国公民的财产性收入占国民可支配收入的比例为 40%，而我国财产性收入占可支配收入的比例仅约为12.17%（2017年数据），可见我国财产性收入未来还有很大的增长空间。10%最高最低家庭收入比的现状，加之财产性收入极易引发马太效应的性质，可知由于财产性收入而导致的财富快速积累和高度分化是可以预见的发展趋势。鉴于此，若对我国现行税收体制进行观察，不难发现有关收入分配的以下问题：现行消费税的调节范围较窄，许多高档消费仍在征税范围之外；个人所得税累进调节的重点其实并不在高收入群体，以综合所得为基础的超额累进调节机制并不能调节到厂主型的富豪，主要调节了专家型知识分子的劳动收入；专门针对财产收入的典型财产税，如保有环节的房地产税、遗产税、赠与税等税收尚未推出，针对财产性收入的税收制度建设总体来看呈现明显滞后的特点。

四、“取之于民，用之于民”的政府税收和支出

中国公共产品供给问题是公共财政体系建设和发展的核心问题，也成为平抑社会成员实际收入差距、提升社会幸福感的关键举措。公共产品的供给问题在分配流程中表现为“取之于民，用之于民”的安排问题。

宏观税负是衡量一国政府为提供公共产品和服务而占用的资源的多少时常用的指标，一国宏观税负水平的高低受许多因素的影响，如国情、经济发展阶段、政府执政理念以及政治体制等因素的影响。中国2003年人均GDP超1000美元，2008年人均GDP超3000美元，2010年人均GDP在4500美元左右，到2018年人均GDP已达9770.85美元（世界银行数据）。按当年价格计算，中国目前发展阶段与欧美主要发达国家20世纪60年代末到80年代初相类似。按照可比口径计算，中国政府收入应包括扣除国有土地使用权出让收入之后的四个预算收入之和。我们选取该时期OECD（经济合作与发展组织）国家的政府收入占GDP的比重与中国2010—2018年情况进行对比，具体如

表7－6所示。从中可以看出，中国目前宏观税负水平，与除美国、日本以外的其他五国水平相当，并低于七国均值。考虑到中国城镇化水平低于同阶段其他各国，笔者认为，中国宏观税负水平不高，基本与经济发展阶段相适应。

表7－6　中国与OECD国家同阶段政府收入占GDP比重对比

国别	年份	人均GDP/美元	政府收入占GDP比重年均值/%
美国	1968—1978	4696～10587	24.84
日本	1974—1981	4354～10361	22.62
德国	1973—1978	5028～9446	35.47
法国	1973—1979	4970～11180	35.85
意大利	1977—1986	4588～11278	30.11
英国	1977—1986	4681～10611	34.12
加拿大	1971—1979	4520～10044	30.29
平均值	/		30.47
中国	2010—2018	4550～9770	30.86（2018）

数据来源：国家统计局、OECD官方网站。

在现代政府收入制度体系中，税收、规费、公权收入以及债务是政府筹集收入的四种形式，其中税收又因其收入规模大、无偿、强制、稳定性和非对应等特点而成为各国最重要的收入形式。在目前中国的四种形式中，税收收入占公共预算收入的比重在85%左右，占全口径政府收入的比重在60%左右。因此，以税收为重点，可分析认识中国“取之于民”的政府收入来源结构。

在“用之于民”的各项支出中，可通过考察民生支出现状和发展趋势，重点评判中国公共财政“用之于民”的情况。笔者对2012—2018年一般公共预算中的教育支出、科学技术支出、文化体育与传媒支出、社会保障和就业支出、医疗卫生支出、城乡社区事务支出（简称“社会性支出”）规模以及增速情况进行分析。如图7－1所示，自2012年以来，我国社会性支出占整个财政支出的比重呈现出不断攀升的趋势，而与之相对应的经济建设支出则呈现出不断下降的趋势。

从具体数值上来看，自 2012 年以来，我国社会性支出占全部财政支出的比重稳步上升，占比从 2012 年的 45. 15% 上升至 2018 年的 49. 60%（见图 7 - 1）。从各项社会性支出占全部财政支出的比重来看，也呈现出类似增长的态势。

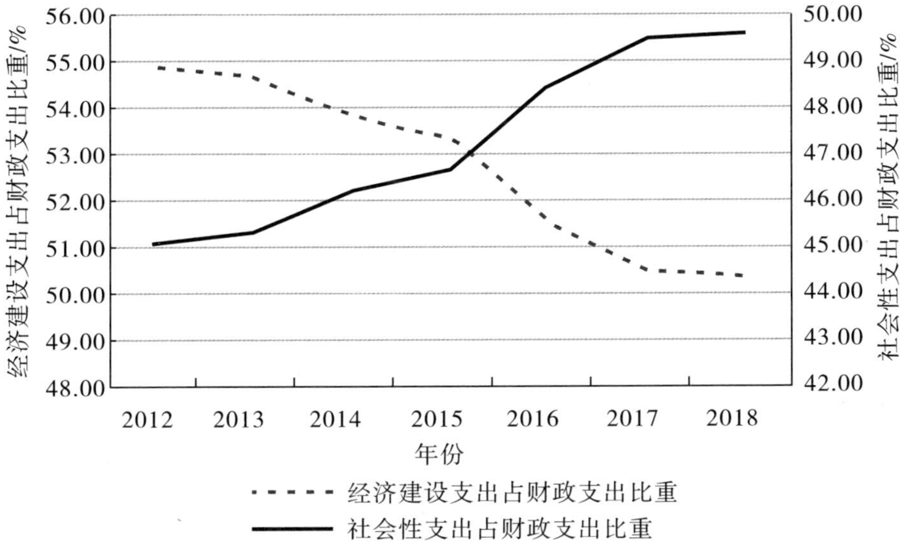

图 7 - 1　2012—2018 年社会性支出与经济建设支出占财政支出比重趋势

数据来源：国家统计局官方网站。

表 7 - 7　2012—2018 年社会性支出分项数据

指标	2012 年	2013 年	2014 年	2015 年	2016 年	2017 年	2018 年
国家财政支出/万元	125952. 97	140212. 10	151785. 56	175877. 77	187755. 21	203085. 49	220906. 07
国家财政教育支出/万元	21242. 10	22001. 76	23041. 70	26271. 88	28072. 80	30153. 18	32222. 35
国家财政科学技术支出/万元	4452. 63	5084. 30	5314. 50	5862. 57	6564. 00	7266. 98	8321. 74
国家财政文化体育与传媒支出/万元	2268. 35	2544. 39	2691. 48	3076. 64	3163. 08	3391. 93	3537. 86

（续表）

指标	2012 年	2013 年	2014 年	2015 年	2016 年	2017 年	2018 年
国家财政社会保障和就业支出/万元	12585. 52	14490. 54	15968. 90	19018. 69	21591. 50	24611. 68	27084. 07
国家财政医疗卫生支出/万元	7245. 11	8279. 90	10176. 80	11953. 18	13158. 80	14450. 63	15699. 74
国家财政城乡社区事务支出/万元	9079. 12	11165. 57	12959. 50	15886. 36	18394. 60	20585. 00	22700. 10
社会性支出总额/万元	56872. 83	63566. 46	70152. 88	82069. 32	90944. 78	100459. 40	109565. 90
社会性支出占财政支出比重/%	45. 15	45. 34	46. 22	46. 66	48. 44	49. 47	49. 60

数据来源：国家统计局官方网站。

在国际比较上，以经济发展阶段为标准，可参照考察美国 20 世纪类似支出占全部支出的比重变化情况。中国 2018 年全部基本民生支出占财政总支出的比重为 49. 60%，高于美国 1968 年的水平（39. 73%），略低于其 1978 年的水平（50. 85%）。从前文分析中可知，1968—1978 年，恰为美国人均 GDP 为 4696～10587 美元的时期，与中国目前发展阶段数值接近。

五、转移支付和社会政策托底——"抬低"

在经济增长中，效率激励与分配结果的适当均平化必须兼顾，国民收入的再分配尤其要注重防抑贫富差距过大甚至趋向两极分化。因此，就需要优化政府的再分配调控职能，通过财政的支出安排、税收、转移支付和社会保障等手段调节收入分配，为实现经济社会的协调、可持续发展服务。转移支付在政府发挥为弱势群体、低收入群体托底的再分配调节作用方面，表现为抚恤、救济、补助和对欠发达地区的拨款等。与之相关，需讨论如下四大方面的政策与机制优化问题：

1. 优化财政支出结构，进一步加大基本公共服务投入力度

政府制定并实施合理的公共支出政策，促进基本公共服务均等化，既有助于抑止居民实际收入差距过大，又有助于实现社会成员的起点公平。事实上，诸多民生问题以及日显突出的城乡差距、区域差距和社会阶层间的差距，无不与基本公共服务供给的不足与不均等密切相关。优化财政支出结构，健全民生财政，需要将更多的财政资金投向公共服务领域，满足人们不断增长的公共需求，特别是要在推行基本公共服务均等化的同时，突出重点，各级政府的财政支出以全口径预算为收入方的基础，通盘安排应结合国家和地方的具体情况，重点向以下四个方面倾斜：

（1）财政支出要向民生领域倾斜。民生涉及的领域十分广泛，其中最重要的教育、社保、医疗卫生等问题，实际就是社会的基本公共服务。公共财政建设要求通过加强民生领域的资金分配来增加城乡基本公共服务供给，逐步实现基本公共服务均等化。近年来，虽然各级政府不断增加对民生事业的投入，但与发达市场经济国家相比还有很大差距，还难以满足我国居民日益增长的进入中等收入阶段被进一步激活的基本民生需求。今后需要进一步优化调整财政支出结构，加大对教育、医疗、社会保障等基本公共服务的支出力度。

（2）财政支出要向农村、农业、农民倾斜。近年来，农村公共服务供给水平虽不断提高，但仍然相对滞后于城镇，“三农”需要得到工业、城镇和市民群体的反哺。因此，需要努力做好以下几方面的工作：一是进一步完善农村义务教育经费长效保障机制，尤其把提高农村义务教育公共经费标准、维修改造农村中小学校舍以及提高农村中小学教师待遇等问题作为支持重点。具体而言，提高教师的地位和待遇，对长期在基层和艰苦边远地区工作的教

师实行一定的政策倾斜扶助；完善教师培训体系建设，提高教师专业水平和教学能力，推进师范生免费教育，实施农村义务教育学校教师特设岗位计划，鼓励高校毕业生到艰苦边远地区当教师。二是切实加大对农村医疗卫生的投入，完善村与乡镇、县的三级医疗卫生网络，花大力气改变农村医疗卫生落后的局面。首先，加强县级医疗机构的医疗卫生能力建设，提高其服务水平，引导县乡大病患者在县级医院治疗；其次，建设乡镇医院，使之在承担农村公共卫生防疫等职责的同时，能够治疗常见病、多发病、慢性病，能够承担小型手术，能够进行急救处理；最后，对乡村卫生室进行必要的补贴，提供足够的场所，购置必要的小型医疗设备，以及对村医进行技术培训，提高其服务水平。三是提高农村社会保障水平。要逐步提高农村最低生活保障补助标准，缩小城乡低保水平之间的差距；要建立规范有效的社会补助和医疗补助制度，加快新农合和城市居民医疗保险制度的并轨，加快农民医疗保险基金异地转移和报销制度的落实。

（3）财政支出要向欠发达地区倾斜。近年来，国家通过实行地区间差别化政策，促进欠发达地区基本公共服务的发展，但仍然存在着地区间基本公共服务的巨大差距。今后一个时期，需要在继续加大各项民生投入时进一步向欠发达地区倾斜，提高补助标准，尤其对普遍关注的农村医疗卫生经费补贴、新农合和新农保的补助标准、农村中小学公用经费补助等项目予以更多关注和支持，缩小地区间基本公共服务差距。

（4）财政支出要向社会成员中的弱势群体倾斜。要完善扶助弱势群体的财政投入机制，在医疗、教育等方面增加补助，帮助他们逐渐向上流动。为缩小居民收入差距，尤其要重视提高低收入群体的收入水平，使他们实际收入的增长幅度高于社会平均水平。在农村，要提高低收入群体的收入水平，需要抓住对此产生决定性作用的因素，即提高劳动者的受教育水平和增加低收入群体的就业机会，增加非农就业者占全部劳动力的比重，这样也利于缩小收入差距，并促进经济良性发展。

2. 调整政府间财政分配关系，使政府间公共服务的事权与支出责任基本适应

理顺政府间事权与财权配置关系的总体思路是：一方面，中央在认真履

行好自身职责的基础上，适度收一部分事权，减轻地方政府的负担；另一方面，在下放部分财权的基础上，加快构建地方税体系，提高地方政府特别是基层政府履行公共服务职能的供给能力，为实现基本公共服务均等化奠定财力基础。

（1）合理划分中央和地方政府的事权与支出责任，尽可能由粗到细形成从中央到地方政府的支出责任明细单。中央与地方政府之间的事权和支出责任划分，关键是中央要适度收一部分事权，并认真履行好自身职责。在此基础上，真正实现中央和地方政府间事权与支出责任的详细划分，尽可能由粗到细形成从中央到地方政府的支出责任明细单。那些需要中央和地方政府共同承担的事项也要尽量细化。具体改革要点是：

中央要认真履行好自身职责。按照公共产品的层次性和受益范围，国防、外交、海关、空间开发和海域海洋使用管理等国家主权性和安全性公共产品的提供，属于中央政府事权，应由中央政府全权负责，并力争做到自己完成。在执行方式上，中央政府可考虑按照区域或者行政级次建立垂直派出机构履行上述职责，尽量少用共担方式。

部分基本公共服务兜底类事权应上收中央。在以 GDP 为导向的政绩考核机制下，地方政府通常对经济增长有天然的冲动，而在基本公共服务提供方面，往往缺乏充分的内在激励，从而造成基本公共服务供给不足、质量低下。基本公共服务事关社会公平正义和人的权利平等，也直接关系劳动力的自由流动，因此，可考虑将部分基本公共服务兜底类事权上收中央，包括基本养老保险、失业保险、最低生活保障、社会抚恤、保障型公租房租金补贴等，由中央以垂直机制保障下限标准，下限之上的改善型服务由地方政府负责，通过“锦上添花”改善本地区的公共服务条件和水平，增强本地区对人力资本、先进技术等生产要素的吸引力。

部分资源环境类事权应上收中央。一般来说，资源环境保护在短期内往往会影响地方经济发展，而我国资源环境保护事权当前主要由地方政府负责。在以 GDP 为导向的政绩考核机制下，地方政府通常会以牺牲资源环境来换取较高的 GDP 增速，从而导致问题重重，例如环境污染严重、资源利用上“竭泽而渔”、生态退化加剧等。因此，应考虑将资源环境保护事权上收中央，如全国性环境保护、跨地区污染防治、跨流域大江大河治理等具有全国性和跨区域影响的资源环境事务，应由中央负责，以增强资源环境事权管理的统筹性和一体化效应。

基本生存条件类事权应由中央负责。众所周知，人类要生存就必须吃饭、喝水、呼吸，有病就需要吃药，保证饮水、大气、食品和药品的安全，是人类最基本的生存条件，属于跨地区外部性公共产品，对民众身体安全、社会和谐、政府信誉至关重要。近年来，关于饮水、食品、药品安全的事件频出、屡禁不止，在民众中造成极坏的影响。究其根源，主要是由于相关产业与地方政府的经济增长、财政收入、GDP 指标紧密相关，在以 GDP 为导向的政绩考核机制下，地方官员为了谋取政绩，往往会对相关问题企业睁一只眼、闭一只眼，甚至提供“保护伞”。在这样的利益关系链条下，农产品、食品和药品等难以保证安全。相关产品的监督和管理，包括农产品检测、食品药品监督和卫生监督等职责应该上划中央，由中央相关部门直接管理，提高政府的信誉，保障人类的基本生存条件。

跨区域司法管理事权应由中央负责。司法是国家的执法机构，代表着国家治理的正义和公平。我国的司法事务主要集中在地方，形成了中央一套体系和地方一套体系，造成地方与中央的博弈，并容易导致在案例审理中与地方利益相勾连的司法不公。随着经济社会的发展，利益关系上跨地区的社会案件、经济纠纷越来越多，某一特定地区的司法部门往往难以排除本地“关系”制约去公正审理办案，切实需要跨区域司法管理。因此，部分地方司法事权，特别是跨区域司法事权，如铁路法院、海事法院、环境法院、知识产权法院等应上划中央，由最高人民法院垂直领导，并进一步扩展中央巡回法庭和跨区域法庭的相关制度建设，提升和保障司法权的公正性和统一性。

（2）赋予地方政府相应的财权，加快构建地方税体系。在上收部分事权的同时，中央应按照事权与财权相呼应的原则适度向地方政府下放部分财权，使地方政府享有必要的税收政策制定权和税种选择权。未来在可能的条件下，经过审批，中央可考虑允许地方政府依照法定程序自主开辟地方税种和税源，以便地方政府因地制宜地筹集适量的用于履行事权的资金，实现责与权的统一。同时，中央结合“营改增”后增值税的全面覆盖，调整完善中央与地方政府之间的收入划分办法，关键是培植地方政府的主体税种，建立健全地方税体系，使地方政府有财力实现分级预算、自求平衡。第一大税增值税的中央与地方政府间“五五分成”（对半分成）共享办法，并不是长久之计，有可能使地方层面政府职能向“多办企业”方面扭曲。具体而言，在保持现有中央和地方财力格局总体稳定的前提下，可考虑通过深化资源税、房地产税、环境保护税、遗产税和赠与税等税制改革，培植地方税主体税种，健全和完善地方税体系。

3. 改革和完善转移支付制度，促进基本公共服务均等化

（1）精简项目，优化结构。一是严格规范专项转移支付和专项资金的设置，清理整合归并中央对地方各种补助项目。专项转移支付应进一步突出重点，仅对涉及重大国计民生的事项设立，取消零星专项，改变项目分散繁杂的现状。二是着力优化转移支付框架结构，扩大一般性转移支付的规模，归并现行具有特定政策目标的工资性转移支付等财力性转移支付项目，对年度之间变化不大且将永久存在的项目则列入体制补助，冲减地方上解。三是将现有地方专项按政府收支分类科目的款级进行归类，与部门预算的编制协调统一起来，使地方专项分类更加合理、规范、有序，也有利于人大和审计监督。执行中再进一步细化到科目的项级，并根据项目需要，对项目资金按支出用途分别进行管理，如农村义务教育经费保障机制改革经费等。四是对现有地方专项进行整合、压缩。专项整合有自上而下和自下而上两种路径，在目前条件下，地方自下而上整合比较困难，基层财政承受压力较大。因此，必须注重自上而下的整合：对使用方向一致、可以进行归并的项目予以整合；对到期项目、一次性项目以及根据宏观调控需要不必设立的项目予以取消。

（2）改进转移支付的分配方法。应不断提高转移支付的透明度，动态规范和完善基于因素法的一般性转移支付的计算公式和模型，力求设计科学的指标体系来评定各地的财政能力和基本公共需要，尽量消除讨价还价的余地。遵循公正、公开、透明的程序，科学合理地分配转移支付资金，避免不规范的人为调整和主观随意性。在因素选择上，可以借鉴国际经验，并结合我国现阶段的国情和地区间均衡发展的目标，除人均 GDP、人均基本公共服务可获得量等指标外，应重点突出三个因素：人口密度因素，地区间自然禀赋差异因素（如国土地表起伏度、海拔高度，更好地反映基本公共服务供给成本的地区差异，利于维护民族地区、边疆地区、高寒地区的社会稳定和民族团结），“三农”和重点区域援助因素。将这三个因素合理纳入分配公式中，使其保有必要的权重。

（3）切实加强转移支付资金和专项拨款的管理。凡是适用因素法分配的转移支付资金都要采用因素法，避免分人情钱、“撒胡椒面”和“跑部钱进”的现象；适合采用项目管理的应加强制度建设，规范操作，形成科学合理的分配依据和制度规范；对专项转移支付资金要制定明确的资金使用绩效目标，对资金使用效果作跟踪检查。

（4）积极探索横向转移支付的合理机制与路径。从国际实践来看，德国和斯堪的纳维亚半岛国家的横向财政平衡提供了成功的经验，特别是德国的横向财政平衡制度在东西德合并统一的进程中发挥了重大作用，值得借鉴。目前，我国和世界上大多数国家采用的都是以纵向转移支付为主的模式，但对口支援、生态补偿等横向转移支付也已在实践中取得了一些初步经验，在权衡中央政府的财力状况和明确实现基本公共服务均等化的目标后，还应进一步引入和开拓横向模式，发展纵横交错、相得益彰的转移支付体系，进而扩展均等化资金渠道，增强均等化能力。

（5）完善保障农民工基本公共服务的转移支付制度。城乡基本公共服务一体化要求将农民工应享受的基本公共服务纳入城镇居民的公共服务体系中，而我国长期存在的城乡二元结构造成了农村及进城务工人员的公共服务水准明显低于城镇。将农民工完全纳入城镇居民公共服务体系，必然要求所在地政府增加公共支出。考虑到农民工的流动性具有不确定性，则应该由高端层级来承担较多责任，重点应由中央财政和省级财政通过转移支付解决问题。将农民工纳入城镇公共服务体系需要制度的保障与改革。一是建立相关的指标体系。一般性转移支付资金是通过因素法按照既定公式的计算得出的结果进行分配的，如对原一年一拨的农民工基本公共服务专项资金借鉴一般性转移支付的方法来加以精确化，就必须完成像人口数、服务标准、特殊影响因素等信息的搜集与整理，依靠科学有效的统计工作，逐步形成科学规范、具有可比性的数据库，做好相关转移支付的基础工作。二是形成正向激励机制。财政体制的优化需要引导与激励，做得好的地方不仅能够获得转移支付资金，还可以获得适当的奖励。在对农民工的基本公共服务转移制度的改革中，可将总的转移支付金额与农民工的基本公共服务质量挂钩，并规定其中可用以给政府管理人员发放奖金的比重，激励地方政府提供更好的基本公共服务。

4. 进一步健全社会保障体系，合理提高居民转移性收入

社保体系需按照系统工程来全面把握其制度建设，基本思路是坚持全民覆盖、保障适度、权责清晰、运行高效，稳步提高社会保障统筹层次和水平，建立健全更加公平、更可持续的社会保障制度。①完善社会保险体系，实施全民参保计划，基本实现法定人员全覆盖。大幅提升灵活就业人员、农民工等群体参加社会保险的比例。②坚持精算平衡，完善筹资机制，分清政府、企业、个人等的责任，适当降低社会保险费率。③完善统账结合的城镇职工基本养老保险制度，构建包括职业年金、企业年金和商业保险的多支柱、多层次养老保险体系，推出税收递延型养老保险。④实现职工基础养老金全国统筹，完善职工养老保险个人账户制度，健全参保缴费激励约束机制，建立基本养老金合理调整机制。⑤更好地发挥失业、工伤保险作用，增强费率确定的灵活性，优化调整适用范围。建立更加便捷的社会保险转移接续机制。⑥持续做好划转部分国有资本充实社保基金工作，拓宽社会保险基金投资渠道，加强风险管理，提高投资回报率。⑦加强公共服务设施和信息化平台建设，实施社会保障卡工程，使持卡人口覆盖率逐步达到全社会。

社会救助体系是社会保障体系的重要组成部分，统筹推进城乡社会救助体系建设，应完善最低生活保障制度，强化政策衔接，推进制度整合，确保困难群众基本生活。加强社会救助制度与其他社会保障制度、专项救助与低保救助统筹衔接。构建综合救助工作格局，丰富救助服务内容，合理提高救助标准，实现社会救助“一门受理、协同办理”。建立健全社会救助家庭经济状况核对机制，努力做到应救尽救、应退尽退。开展“救急难”综合试点，加强基层流浪乞讨人员救助服务设施建设。

六、直接税：适当“抽肥”以“补瘦”——“限高”

现代市场经济所要求的税制体系，总体来说是一种“多种税、多环节、多次征”的复合税制，不可能简单地依靠一两种税就解决好征税问题。必须着眼于整个税制体系的建设，构建一个包括增值税、消费税、资源税、环境税、企业所得税、个人所得税、房产税、遗产税和赠与税、社会保障税等在内的税收调节体系，对接预算体系，从消费支出、税负因子、收入流量和收入存量“抽肥补瘦”地调控社会各收入阶层的收入，以期多渠道缓解和减少社会收入差距形成的矛盾。这些税种在调节范围、调节力度和广度上是相互补充、相互协调、综合权衡的关系，按照市场经济的国际经验及学理分析，应形成一个以直接税为主，以所得税调节即期收入分配，以消费税和财产税、遗产税调节个人财富积累水平，以社会保障税作为社会保障制度支撑性收入来源，具有连续性和整体协调性的税收调节机制。

在复合税制组合中，直接税的作用更多体现为在筹集政府收入的同时调节收入分配，调节经济和社会生活。直接税的这种调节作用，是按照支付能力原则“区别对待”，在社会成员收入必然有高低差异的情况下，直接税使有支付能力的、更为富裕的社会成员对公共金库作出更多的贡献。进入公共金库的资源，再通过规范的预算安排，以财政分配形式转为扶助弱势群体的支出去倾斜式增进低端社会成员的福利。直接税这种遏制两极分化趋向的功效，使其在社会分配全流程中有着不可或缺的地位。党的十八届三中全会明确提出了逐步提高直接税比重的方针。相关的税制建设要点应包括：

1. 进一步改革和完善个人所得税制度

（1）要优化个人所得税的征收模式，改革综合和分类相结合的个人所得税制，制定更合理的税率和费用扣除标准。在把工薪所得与其他收入综合的基础上，简化超额累进的税率档次，拉大低档间距，降低低档税率和最高边际税率，纳入部分非劳动收入，更好地体现量能负担原则。坚持实行全国统一的个人所得税费用扣除标准，把按照家庭年度收入适当考虑纳税人赡养家庭人口数、住房按揭贷款月供的利息负担等因素所作的专项费用扣除进一步优化。

（2）要加强个人所得税征管，改善征管手段。在完善以个人自行申报为主的申报制度、统一个人纳税编码、建立覆盖全国的税务网络系统和全国共享个人税务信息资料的基础上，堵住征收漏洞，加大对偷逃税款等违法行为的监管查处力度，增加纳税人偷逃税款的成本和风险约束。

2. 加快推进消费税改革

（1）应根据经济形势的变化，及时调整征税范围。在扩大消费税征收范围时，不仅要增加一些奢侈消费项目，如私人飞机、私人游艇、高档娱乐活动等，还可以包括一些高端消费行为，如洗浴桑拿、夜总会等。

（2）要调整消费税的征收环节。目前我国消费税主要实行生产环节单环节征收，容易导致偷逃税。如有些企业通过设立独立核算的销售公司，先以低价把产品销售给销售公司，然后由销售公司按正常价格对外销售来规避消费税，形成偷逃税。可通盘考虑把一些消费税推到销售、消费环节征收。

3. 房地产税以房产税名义的试点扩围，可在一线城市和中心城市率先实施

近期，由于经济持续下行，出于去房地产库存和稳增长等方面的考虑，房地产税改革未能加快进程。2016 年之后，在北上广深等一线城市的带动下，一大批中心城市出现房价暴涨之势。在这种背景下，应全面总结房地产调控经验，以改革试点扩围为先导，积极稳妥推进房地产税立法进程，把这一税

制改革任务纳入打造房地产业健康发展长效机制所需的“基础性制度建设”范围。如得到立法机关审批通过，住房保有环节的房地产税可率先在房价上升压力大的城市实施。这样既有利于抑制一线城市的房价和房地产泡沫，也有利于打造地方税主体税种、构建地方税体系，又可为中央与地方优化收入划分创造条件，进而推动央地财政关系改革的实施与深化。

4. 研究开征赠与税和遗产税

遗产税和赠与税属于直接税，纳税人与负税人相统一，征税对象可精准定位，是社会财富“抽肥补瘦”式再分配的重要手段。遗产税和赠与税直接面对高收入阶层，可以抑制居民通过非个人努力取得继承的财富而暴富，有利于缩小代与代之间的收入差距。我国应该在“共同富裕”导向下及早研究如何推出遗产税和赠与税，以积极发挥其调节收入分配、财产配置的作用，并促进公益性基金会等的形成与成长，在社会文化建设方面倡导个人通过自身努力增加收入的“勤劳致富”精神。

另外，征收遗产税还能从完善税制的角度阻止收入分配差距扩大。由于我国尚处于经济体制转型时期，部分收入处于“灰色”或“黑色”状态。个人所得税只能作用于透明收入，对不透明收入难以发挥调节作用。为了促进分配公平，防止收入差距过大，对不透明收入的调节可以更多依靠遗产税在财富继承环节实现。根据世界各国的经验，结合各税种特点来看，开征遗产税可以把财产所有人生前的不透明收入也纳入其中，从而弥补个人所得税调节功能的不足。

七、注重缓解财政分配“三元悖论”制约

美国经济学家保罗·克鲁格曼在蒙代尔－弗莱明模型（Mundell－fleming

Model）和蒙代尔“不可能三角”的基础上提出了著名的“三元悖论”（The Impossible Trinity，亦可译为“不可能的三位一体”）原则：一国不可能同时实现本国货币政策的独立性、汇率的稳定性、资本的完全流动性三大金融目标，而至多只能同时选择其中两个。若以这种简明、直观的“三元悖论”形式，比照考察财政分配相关基本导向的内在制约关系，我们也可以得到“减少税收”“增加公共福利支出”和“控制政府债务及赤字水平”为目标的财政分配的“不可能三角”，进而引出（限定条件下）财政分配的“三元悖论”制约。本书作者首先提出并阐述了财政分配的“三元悖论”，并在此基础上着重探寻“中等收入阶段”财政分配“三元悖论”的特点及缓解其制约的路径选择，以期循此逻辑路径更清晰地洞悉和揭示财政分配中的规律与制约关系，从而提出合理可行的缓解制约的思路与方略。

比照蒙代尔·克鲁格曼的“不可能三角”与“三元悖论”形式，考察财政分配的内在制约，可以于常规限定条件下得出财政分配的“三元悖论”，即在财政经常性支出的管理水平、政府的行政成本水平和政府举债资金融资乘数既定情况下，财政分配中减少税收、增加公共福利支出和控制政府债务及赤字水平三大目标，至多只能同时实现其中两项，而不可能全部实现。

财政分配的“不可能三角”是指，任一特定时期，在减少税收、增加公共福利支出和控制政府债务及赤字水平这三个通常看来都“很有道理”的目标之中，其实只能进行三种选择：第一，若在财政分配中“减少税收”和“控制政府债务及赤字水平”，那么必须以减少（而不可能是增加）公共福利支出为前提。第二，若在财政分配中“减少税收”和“增加公共福利支出”，那么必须通过提升（而不可能是控制）政府债务及赤字水平来实现。第三，若在财政分配中“控制政府债务及赤字水平”和“增加公共福利支出”，那么必须通过增加（而不可能是减少）以税收为代表的政府非债收入来实现。由此可用图 7 -2 表示财政分配“三元悖论”：三角形每一顶角上所标目标的实现，必然要求相连两条侧腰线上标出的事项配合，而必然在另外两个顶角上各自标出的目标中违反至少一项。

其实，这里面的数量关系是十分清晰的，因而相关的公众关切与取向的内在悖谬这层“窗户纸”也是很容易捅破的，即：A. 减税可减少企业、

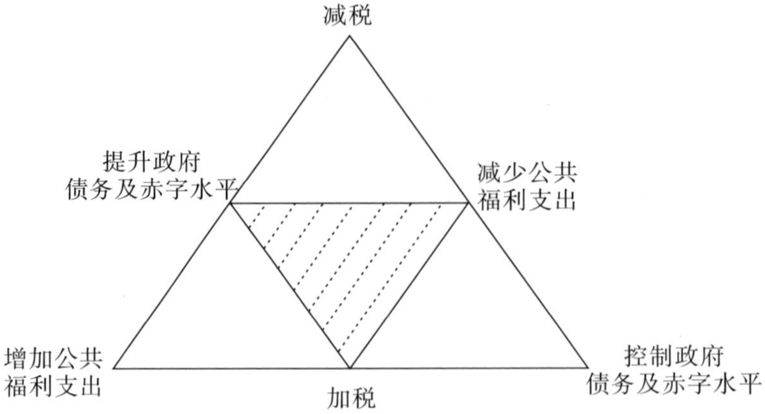

图 7－2　财政分配“三元悖论”

说明：此图由作者自行绘制。

居民负担，因而会受到广泛欢迎；B. 增加公共服务方面的福利性支出会增加社会成员的实惠，因而也会受到广泛欢迎，但这两者并行恰会扩大政府收支缺口；C. 增加赤字，从而提升为弥补赤字而必须举借的政府债务的总水平——这便涉及“安全问题”——其实公众对这个问题也并不缺少“常识”：因为一说到政府债台高筑，公众往往会有忧虑与不满。所以可知，“巧妇难为无米之炊”，“鱼与熊掌不可兼得”的常识，在财政分配中不过是说：税为收入，福利为支出，两者必须是顺向匹配的，一般情况下，加则同加，减则同减，如果一定要顺向增加福利而逆向削减税收，那就必须找到另一个收入项——举债，来顺向地提高它以支撑原来的匹配关系。前述 A、B、C 三者中，要同时保 A、B，就必须放弃对 C 项的控制，但这又会遇到公共风险的客观制约。若想“三全其美”，则绝没有可能。这里体现的约束是客观规律，并一定会引伸、联通到整个经济社会生活“可持续”概念下的终极约束。

以上分析可归结出一个基本认识：虽然公众福利的增进是经济社会发展的出发点与归宿，但在某一经济体发展的任一特定阶段、具体条件下，公众福利的水平（可以用公共福利支出规模为代表）却并非越高越好，高过了一定点，对于经济发展的支撑作用会迅速降低，甚至导致经济增长过程不可持续。公共福利支出水平带来的福利增进对于经济发展的正面效应及其转变，在直角坐标系上可简明表示为图 7－3：

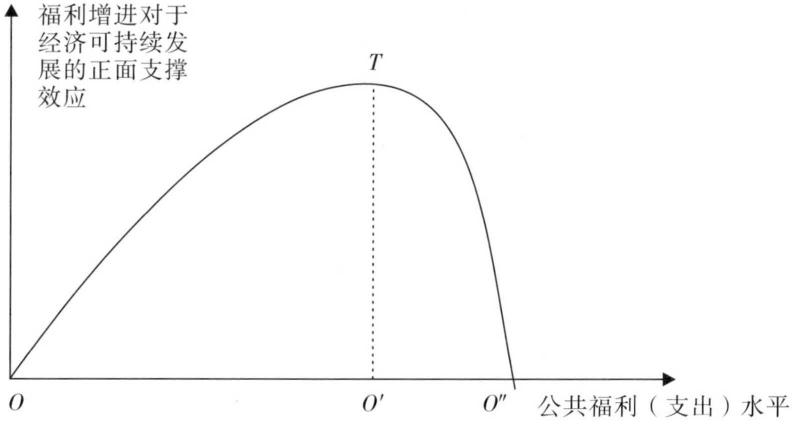

图 7－3　福利增进效应转变曲线

说明：此图由作者自行绘制。

图中横轴表示公共福利水平（以公共福利支出水平为代表），纵轴表示福利增进对于经济可持续发展的正面效应或支撑作用（亦可按一定数值单位量化），在原点 O，假设无福利，其正面效应当然无从谈起，其右方一旦有一定的公共福利，便会随其水平上升迅速表现为对经济成长的正面支撑效应的上升（现实生活中，常被称为人民群众的积极性因为基于物质利益原则的激发与调动等措施而促成经济活力的上升），一直可上升到横轴上 O'点对应的曲线上 T 这一最高点（最佳值）。但若还一味继续增进福利，其正面效应的下滑（现实生活中表现为经济体成长活力的迅速滑落）将迅速导致 O''点上正面效应丧失殆尽而进入负值区间（可与拉美式“中等收入陷阱”案例比照），而 $O'O''$的距离是相当短的。也就是说，公共福利水平一旦超出最佳值，其对一国经济可持续发展的正面支撑作用会很快转变为迅速下滑后的负面效应，所以对调控当局而言，必须精心、审慎地把状态控制在接近或达到峰值，但不超过临界点的区间内。

近年，世界经济最为重大的事件是“百年一遇”、由美国次贷危机引发的全球金融危机，其在重创美国经济后，更触发了严重的欧债危机。

从财政分配“三元悖论”制约关系的内在逻辑来看，缓解欧元区债务危机的基本要素在于减少税收以刺激经济、削减赤字及控制政府债务规模以降低违约风险——这两大财政分配目标，需要以牺牲公共福利来实现，而这又必然与民众的直接利益、短期实惠相抵牾，处理起来十分棘手，极易“经济问题政治化”，曾引发了希腊等地屡见不鲜的多轮罢工风潮与社会震荡。欧债危机爆发后，除法国、德国等欧元区强势经济体外，希腊、意大利等受挫国家、执政层合乎逻辑地分别提出削减赤字及控制债务规模，却在“福利国家”的刚性框架制约之下久久不能达成尽量减税、尽量多保福利支出的有效权衡点，鲜明地体现着财政分配“三元悖论”的内在逻辑。这一案例可小结为：欧元区在应对危机不得不减少税收、削减赤字及控制政府债务规模的财政分配目标组合下，需要以牺牲公共福利的手段来实现；如果现阶段欧元区一边需要减少税收来刺激经济，一边需要削减赤字及控制政府债务规模来保持财政可持续，与此同时还想顺应民意保持原有的工作舒适闲暇程度和较高的公共福利水平，这显然是不现实的。有时不现实的东西在政治家那里需要着意淡化或掩饰以抚慰民意，争取选票，但对于理论分析，不现实就是不现实，因为这是对应于我们业已勾画阐明的财政分配“三元悖论”原理。

直观上看，似乎有别于财政分配“三元悖论”的逻辑，美国独一无二所掌控的世界货币霸权，给予其一定阶段上与形式上选择其他逻辑路径的条件，即通过全球全体持有美元资产的主体一并为危机埋单的方式缓解其自身财政分配所受的制约。自美国次贷危机引发的全球金融危机爆发以来，美国选择了一方面减少税收，另一方面保持原有公共福利来维持社会稳定性的目标组合，实现路径是既减税，又放宽债务及赤字控制水平，却不下调美国公众的基本公共福利标准，而是通过迄今已有几轮的“量化宽松”（Quality Engineer，QE）政策将危机产生的风险（通货膨胀压力和金融债务风险等）分散化，以其全球经济中硬通货霸主的地位，“经济地”，实为强制地输送到全球各大经济体系当中，让全世界共同为其埋单。美国已经出台的多轮量化宽松政策，正是因此有悖而无恐。回到财政分配“三元悖论”的逻辑路径上来分析，实质性的奥秘在于：由于美国的财政分配主体得到了实为同一主体的“世界货币霸权”的支撑，有条件在“量化宽松”的方略下制造出美国税收、举债之外的第三项巨额收入，即货币发行收入而不中断其财政运行的可持续性，所以美国所受财政分配之无悖论制约的空间是比其他任何经济体都大为宽松的。这也是当今世界上其他任何经济体都学不来的。这就是美国案例的特殊性。

但是，美国的“宽松”并不否定“三元悖论”原理及其揭示的终极制约，因为这种“宽松”也并非无限的。其客观制约边界，在于以美国“财政悬崖”概念和形式隐含的美元进入“掺水”过程后其“国际性安全资产”地位能保持在其上的那个客观临界线。

财政分配的“不可能三角”与“三元悖论”的相关分析论述建立在若干限定条件基础上，这些限定条件具体包括：财政经常性支出管理水平既定；政府行政成本既定；政府举债资金融资乘数既定。这些限定条件都是短期难以实现较大改观的“慢变量”，但又是可以变化的。它们的变化，对于财政分配“三元悖论”中的各项目标均会产生影响，具体分析如下：

1. 财政经常性支出管理水平

财政经常性支出主要包括人员经费支出、公用经费支出及社会保障支出。财政经常性支出管理水平与“不可能三角”中各项目标的逻辑关系如下：①财政经常性支出管理水平越高，财政支出中人员经费、公用经费及社会保障支出的资金使用效率越高，资金流失越少，即“少花钱，多办事”的能力越强，显然这有利于减少税收和控制政府债务及赤字水平。②财政经常性支出管理水平越高，社会保障支出的绩效水平就越高，显然有利于增加公共福利支出。总之，财政经常性支出管理水平与财政分配“不可能三角”中各项目标是正相关的关系：管理水平越高，则越有利于减少税收、增加公共福利支出和控制政府债务及赤字水平；反之，则相反。

2. 政府行政成本水平

政府行政成本主要包括国家管理机关、行政事业单位、公检法系统及各种驻外机构等运行的相关费用，此类费用既不似经济建设类支出那样能够直接推动经济发展，也不似社会性支出那样能够直接提高社会公共福利水平，而是政府在履行职能过程中产生的，从性质上可以看作是一种任何运行系统都无法避免的运行成本或“沉没成本”，但这种成本与制度安排、管理机制构建等因素密切相关，又有高低之别。政府行政成本水平的变化与“不可能三角”中各项目标的逻辑关系如下：①政府行政成本水平越高，政府在履行职能过程中产生的“自耗”费用就越大，这些费用全部来源于财政收入，那么显然不利于减少税收和控制政府债务及赤字水平。②政府行政成本水平越高，同等财力水平下，对财政社会性支出的挤出效应就越大，那么显然不利于增加公共福利支出。总之，政府行政成本水平与财政分配“不可能三角”中各项目标是负相关的关系：行政成本水平越高，越不利于减少税收、增加公共福利支出和控制政府债务及赤字水平；反之，则相反。

3. **政府举债资金融资乘数**

凯恩斯乘数理论所指的是一种宏观经济效应，即某一变量的增减所引起的经济总量变化的连锁反应程度。参照乘数效应的定义，笔者认为“政府举债资金融资乘数”可以定义为：政府举债资金的变化所引起的政府融资总量变化的连锁反应程度。政府举债资金融资乘数与“不可能三角”中各项目标的逻辑关系如下：①政府举债资金融资乘数越大，通过政府举债资金融资得到的支持资金总规模就越大，即用较少量的政府举债资金就能够融资得到较多的可用财力；在政府筹集直接举债资金方面的压力就越小，或曰政府举债资金带来的可支配性支出就越多，显然这有利于减少税收和控制政府债务及赤字水平。②政府举债资金融资乘数越大，在同等政府举债资金数量下，融资得到的可支配资金越多，财政可支配性支出中为非融资事项所腾出的财力也随之增多，财政社会性支出力度便可以加大，显然更利于增加公共福利支出。总之，政府举债资金融资乘数与财政分配“不可能三角”中的各项目标成正比：融资乘数越大，越有利于减少税收、增加公共福利支出和控制政府债务及赤字水平；反之，则相反。

由此，按照财政分配“三元悖论”中阐述的限定条件与权变逻辑，可得到如下结论：①财政经常性支出管理水平与财政分配“不可能三角”中各项目标是正相关的关系：管理水平越高，则越有利于减少税收、增加公共福利支出和控制政府债务及赤字水平。②行政成本水平越高，越不利于减少税收、增加公共福利支出和控制政府债务及赤字水平。③融资乘数越大，越有利于减少税收、增加公共福利支出和控制政府债务及赤字水平。由此可得，在两两要素的等效用曲线分析中，限定条件与财力约束的逻辑关系有如下结论：财政经常性支出管理水平越高、行政成本水平越低、融资乘数越大，则财力约束越小。

（1）财政经常性支出管理水平越高，财力约束越小。财政经常性支出管理水平越高，同等财力条件下越有利于减少税收、增加公共福利支出和控制政府债务及赤字水平，即同等财力条件下受到的财力约束就越小，相应地，财力约束线就越远离原点，从而与更加远离原点的等效用曲线相切，实现更高的总效用。

（2）行政成本水平越低，财力约束越小。行政成本水平越低，则同等财力条件下越有利于减少税收、增加公共福利支出和控制政府债务及赤字水平，即同等财力条件下受到的财力约束就越小，相应地，财力约束线就越远离原点，从而与更加远离原点的等效用曲线相切，实现更高的总效用。行政成本水平提高，则财力约束线内移；行政成本水平降低，则财力约束线外移。

（3）融资乘数越大，财力约束越小。融资乘数越大，则同等财力条件下越有利于减少税收、增加公共福利支出和控制政府债务及赤字水平，即同等财力条件下受到的财力约束就越小，相应地，财力约束线就越远离原点，从而与更加远离原点的等效用曲线相切，实现更高的总效用。融资乘数增大，则财力约束线外移；融资乘数减小，则财力约束线内移。

关于缓解财政分配“三元悖论”制约的可能途径，我们提出：

财政分配的“三元悖论”制约具有广泛存在的共性，并在我国中等收入阶段的经济社会发展进程中，与矛盾凸显过程相伴随而愈显其不容忽视。为长远计，欲尽可能以较平稳、社会代价较小的方式和过程实现造福于中国人民和全人类的中华民族“三步走”现代化战略目标，决策上在进入中等收入阶段之后需特别注重避免民粹主义基础上的福利赶超倾向，增加公共福利支出而造成税收减少与政府债务及赤字水平防止一味提高的过度状态，规避经济社会发展的“中等收入陷阱”。现阶段，我国应当在全面、协调、可持续的科学发展观指导下，精心、审慎、合理地权衡把握财政政策目标组合，沿合理逻辑路径处理财政分配服务于可持续发展的一系列棘手问题，既正视财政分配“三元悖论”的限定条件制约，又积极、能动地通过提高财政支出管理水平、有效降低政府行政成本、扩大政府举债资金融资乘数、实质性转变政府职能类型和优化社会管理，以改革和创新中的活力与潜力释放缓解“三元悖论”制约，坚定而有序地走向现代化国家。

关于具体的可选择途径，有四个方面的机制创新[①]：①切实提高财政支出管理水平：“少花钱，多办事”；②有效降低政府行政成本：“用好钱，办实事”；③扩大政府举债资金乘数效应：“少借钱，多办事”；④实质性优化转变政府职能：“扩财源，优事权”。

八、借鉴国际经验跨越“中等收入陷阱”

财政分配的“三元悖论”原则在不同的经济发展和居民收入阶段，可以呈现出制约特征上的差异，将其内在逻辑与制约特征相结合，有助于引出该经济发展和收入阶段的合理调控路径选择。我国经过改革开放新时期40余年的发展，目前已位于“中等收入阶段”，具体而言已是中等收入阶段向高收入阶段的转轨冲关期，从人均GNI（国民总收入）的增长趋势看，将较快实现中等收入阶段向高收入阶段的跨越，相关的“中等收入陷阱”的讨论已引起广泛关注。鉴于拉美地区由于实行民粹主义基础上的福利赶超等而落入“中等收入陷阱”的前车之鉴，我国应当高度注重中等收入阶段发展战略的正确把握。本书财政分配“三元悖论”的制约特征，应结合其内在逻辑作出正确

① 贾康、苏京春：《财政分配“三元悖论”制约及其缓解路径分析》，《财政研究》2012年第10期。

的调控与路径选择。

居民福利本是发展的出发点与归宿，但其应是随后进经济体的经济赶超阶段的不断升级而逐步增加的，然而，拉美代表性国家20世纪由多种因素造成的“民粹主义基础上的福利赶超”却因其不可持续性而半途夭折，并把国民经济的赶超拖入了“中等收入陷阱”。

拉美代表性国家福利赶超的主要表现，是民粹主义的劳工保护和社会性支出的盲目扩大。第一，随着经济高速增长，拉美地区城乡收入差距逐步扩大，农民工不断由乡村涌向城市，致使城市劳动力市场供过于求从而工资不断降低，进而导致收入差距问题日趋严重。在失业率高风险与发达国家福利体制的“榜样效应”的双重作用下，简单照搬美国式“选举”民主政治，民粹主义情愫愈发凸显，多方促成拉美地区盲目设立了高就业保护与高福利保障，成为宏观经济发展的沉重负担。第二，拉美地区为迎合民粹主义取向，在70年代以后将财政支出主要着力于增加社会性支出方面，整个拉美地区1990—2000年社会性支出占GDP的比重不断上升，个别国家社会性支出占公共支出的比重高达60%～70%，甚至在财力严重不足的情况下仍然继续盲目扩大赤字来满足社会性支出，从而彻底拖垮了宏观经济。

由民粹主义基础上的福利赶超导致经济赶超失败从而落入“中等收入陷阱”的逻辑规律可以被纳入“民粹主义宏观经济学”（Dornbusch和Edwards于1989年提出了此概念）。其逻辑路径大致为：宏观政策初战告捷—经济增长遇到瓶颈—经济发展全面短缺—民粹主义政府破产。

第一阶段的主要表现是：民粹主义社会基础所支持的政府在经济赶超中实施福利赶超，经济产出水平和实际工资水平在一开始得到普遍提高，同时由于出台了劳工立法，能够保持合意就业率，并迎合民众意愿提高社会保障水平，经济呈现一片欣欣向荣的景象。但由于第一阶段属于纯消耗阶段，没有什么积累，所以进一步的发展就遇到了瓶颈制约。第二阶段使第一阶段存在的隐形问题显性化：一方面，以扩大财政赤字为主的财政支出规模增加造成对国内商品的巨大需求，而这种巨大需求与生产供给不足严重对立，因此，要依赖外汇购买更多的进口商品，与此同时，已经非常吃力的财政还要维持“高福利”，简单机械照搬欧美福利制度并要赶超欧美，更让财政雪上加霜；

另一方面，大笔外汇用于进口，导致外汇越来越短缺，致使所需要的更多商品没有更多的外汇去支持进口来满足需求。这种典型的供给矛盾在第三阶段上导致政府控制物价的行为无法继续，只能施行价格调整、本币贬值、外汇管制、产业保护。这一阶段，民众的工资增长很快，但是通货膨胀增长更快，导致实际购买力开始下降。经历了前三个阶段的发展后，前一任民粹主义社会基础所支持的政府在种种矛盾激化的局面下必然破产倒台，新一任政府出面主持大局，不得不实施正统宏观政策下的稳定计划，或借助 IMF（国际货币基金组织）等国际机构的援助，以求继续维持本国经济发展。此时，国内民众实际工资已出现大幅下降，低于民粹主义政府当政之前的水平，并将在很长时期内处于这样的低水平，经济增长停滞不前，甚至出现倒退，即落入所谓的“中等收入陷阱”。这样的民粹主义基础上实施福利赶超所带来的严重后果，使拉美多国经济落入“中等收入陷阱”难以自拔。可知福利赶超虽然是归宿，但是若没有强有力、可持续的经济赶超作为可持续的支持手段，则无法最终达到所追求的福利目标。

“拉美化”问题作为前车之鉴向世人表明，位于中等收入阶段的经济体，应当着力避免民粹主义基础上的福利赶超以及由其引致的社会矛盾激化后果。按照本书前述的财政分配“三元悖论”认识框架，拉美地区在中等收入阶段的财政分配中显然选择了“减少税收”和“增加公共福利支出”这一目标组合，按照“三元悖论”揭示的逻辑，该目标组合需要通过扩大债务规模及提高财政赤字水平的方式来实现。从拉美民粹主义基础上的福利赶超导致其经济落入“中等收入陷阱”的实践来看，该地区确实是通过扩大债务及提高财政赤字水平的方法来试图实现其对减税和增加公共福利的追求，却最终由于越过了“安全区”临界点而触发社会矛盾，破坏了发展后劲，拖垮了国民经济而落入陷阱。

对于同样处于中等收入发展阶段的中国而言，在财政分配的“三元悖论”中如何掌握“可持续”上的权衡和缓解制约，是非常值得深入思考的。一般而言，中等收入阶段财政分配的“三元悖论”制约的特征突出地表现在以下两个方面：

首先，“三元悖论”反映的制约关系通常更强烈地与民意取向相抵触。发展经济学的理论分析和实证考察可以表明：一国收入水平进入中等阶段，通常带来民众关于收入提高、福利改善预期的更高水平，这种预期极易超前于实际收入增长的可达速率和政府改善公共服务、提高公众福利水平的供给能力，于是便有了老百姓的不满和与之相互激发的种种矛盾凸显。以“民众永远有理”为内在逻辑的民粹主义倾向在此阶段极易抬头乃至大行其道成为潮流。尤其在与西方发达国家经济发展与福利体制的横向比较下，这种民粹主义情愫更易迅速升温，更倾向于对福利的追逐与渴求。如果对应于财政分配“三元悖论”中的逻辑路径，倾向上显然是拉美地区已作出过的选择：对减少税收和增加公共福利的强烈追求。然而，这种诉求需要以扩大债务规模、提高财政赤字水平来实现，并且绝非无边界的。在民粹主义情愫催化下，很容易导致福利赶超超前于经济赶超，债务规模过度扩大。而当有人为强调“三元悖论”所内含的制约关系发出理性声音时，便会强烈地与民意取向相抵触而遭遇“群起而攻之”的压力，两方力量的悬殊又很容易导致福利赶超继续高歌猛进，债务和赤字规模走向失控，最终可能将国民经济拖入陷阱，福利赶超从高空跌落尘埃——一起跌下来的，还有经济赶超的可能性与整个国家发展的后劲。因此，在中等收入阶段，正是经济赶超发力的时期，应当坚定地、合理地贯彻经济赶超战略，与此同时，稳步匹配国民的福利赶超，而不能让其与民粹主义情愫相互激发、升温形成只侧重眼前利益却伤害长远利益的失衡，成为经济可持续发展的隐患。因此，有理由认为，在中等收入阶段，在财政分配“三元悖论”制约下，选择适当“减少税收”和“控制政府债务及赤字水平”的目标组合是更为科学的，但这一目标组合需要以控制公共福利增量为代价来实现，因而在民意层面是“不讨好”的。为了在中等收入阶段避免民粹主义基础上的福利赶超而最终实现跨越“中等收入陷阱”的经济赶超战略，决策层需要有远见、有定力、有策略地在与民意的互动中引导理性思维发挥充分的影响，协调好短期利益与长期利益、根本利益的权衡与衔接。

其次，“经济问题政治化”压力上升与“缓冲”社会矛盾的弹性空间收窄有极大可能同时发生。鉴于“三元悖论”反映的制约关系，在中等收入阶段通常会更强烈地与民意取向相抵触，所以在财政分配“三元悖论”制约下，选择和坚持统筹兼顾、瞻前顾后，既顺应民意又引导民意的科学发展路径是根本性的、首要的选择。无可否认，民粹主义情愫对政府的政策选择会产生显著的影响，政府政策从某种意义上看，经常会为处理好相关的复杂问题而疲于奔命，步入中等收入阶段后，一系列敏感的经济问题如物价、税收、公用事业供给等，很容易与收入分配、政府管理等方面的矛盾凸显形成密切关联，使“经济问题政治化”的临界点降低、社会问题的“维稳”压力上升，为缓解压力、平息不满作出妥协和调停的可用“缓冲”弹性空间收窄。

按照财政分配“三元悖论”制约关系，减少税收、控制政府债务及赤字水平与增进公共福利支出的目标组合，合乎逻辑地决定了三者不能同时兼得，“缓冲的弹性空间”实质上是在顺应社会心态而最集中、最便捷地尽可能减税和增加公共福利支出的同时，以那种相对不直观的逐渐扩大公共债务规模的方式提升这些即期利益总水平所对应的安全操作空间。从财政分配“不可能三角”中的逻辑来看，所增加的公共福利支出的程度加上所减少的税收水平和控制政府债务及赤字的水平成反比，决策层必须特别关注为缓解社会矛盾而扩大公共负债规模的安全区问题，一系列局部的防止“经济问题政治化”的操作，恰恰会归结为放松公共债务控制，而连年赤字使债务不断积累，一旦越过了已收窄的缓冲弹性空间的边界，便可能形成隐性问题显性化的矛盾爆发和危机局面，甚至造成全局发展态势的改变、“黄金发展”过程的中断。这种教训值得我们高度警惕。

九、怎样看待和回应美国的减税

美国特朗普政府公布减税方案后，曾有媒体称这将掀起世界范围的减税潮，人们也在关注这一举措对中国可能形成的“竞争”影响乃至“冲击”，一时众说纷纭。结合上述财政分配“三元悖论”认识框架和中美两国相关情况，我们的基本看法可以简述如下：

1. 减税是美国、中国的共同选项，并都有原已积累的理性认识和经验

美国早在20世纪80年代，即有所称“里根经济学”指导的减税实践；中国也是从改革开放开始，就在力行“减税让利，搞活企业”的方略——均已积累了相关经验，取得了积极的成果。在世界金融危机的负面影响需要继续加以消除的背景下，美国前总统特朗普在赢得大选后要兑现其“让美国重归伟大”与“大规模减税”的竞选承诺，中国则要“认识、适应和引领新常态”而深化供给侧结构性改革，进一步简政放权减税，这是两大经济体在税收取向上的共性表现。作为共同的选项，其内含的学理支撑因素也是一致的：需要以减税进一步降低市场主体的实际负担，在供给侧激发微观层面创业、创新的潜力与活力。“拉弗曲线”运用定量研究的曲线方式，至少在原理上定性地表明了一个最佳（宏观）税负点（或税负区间）的存在，如果越过了这一合理界限，虽然税率可设计得更高，但实际上政府的收入却会趋于下降，同时经济活动将明显趋于低迷。所以，现实生活中的政策制定者，就一定要把可能越过这一点的税负因素明智地调减下来，以优化经济运行——从中长期看，这也将会优化政府收入。在政策设计层面，美国已有当年供给学派政策主张之下的减税方案的经验可资借鉴，中国则已有30余年减税让利与税制改革基础上近年以“营改增”为代表的“结构性减税”经验及其继续贯彻实施的安排。

2. 美国方面以减税取得一定成效，是大概率事件

特朗普上任被称为“黑天鹅事件”，是表示其胜选颇为出乎意料，他的减税承诺及上任百天即明确宣布的兑现方案，体现了他作为原长期居于市场竞争一线的企业家基于亲身感受而发的政策设计取向，以及他作为总统回应广大市场主体诉求的鲜明态度。虽然这一力度较大的减税方案在依照美国决策程序推进到具体实施的过程中还会受到国会等方面的制约，不排除其方案会有某些调整，但以减税为特征而得到适当“打磨”之后的通过，并在实施后取得成效，是大概率事件，并且其后明显地表现为特朗普在任前半期的经济景气水平上升。

但减税作为一柄“双刃剑”，也将会加大美国的赤字与公共部门债务压

力，如果再配上已明确表态要推行的大规模基础设施升级建设，这种压力就会更为突出。客观地说，由于有财政分配“三元悖论”原理揭示的“减税、增加公共福利支出和控制政府债务与赤字水平三大目标至多只能同时实现两项”的现实制约，美国政府必然还需认真捉摸和权衡，把握减税、增加基础设施开支与控制赤字、举债风险的临界点。估计 PPP（公私合作伙伴关系，即我国现称的“政府与社会资本合作”）会由此在美国引起更高程度的重视和更为有声有色的推行，以助益于其权衡中临界点的外移而力求“少花钱，多办事，办好事”。另外，还要特别指出，由于美国在全球有其所掌握的独一无二的“美元霸权”即世界硬通货的头号主导权，也可以为特朗普在上述“新政”匹配上缓解其自身所受财政分配“三元悖论”约束的有利条件，因为其由此抬得较高的赤字和债务水平所带来的风险因素，可以在很大程度上分散到全球各经济体（包括中国）美元资产持有者身上来共同消化、共同承担——当然，这种共担机制只是扩大了“可容忍”的边界，并不能否定“三元悖论”的终极制约。

3. 中国方面自应“顺势而为”进一步减税，但最为关键的其实是“全景图”概念下的减负

在全球化时代，国际合作与竞争中的互动影响是客观存在、必然发生的。特朗普减税，也会以吸引包括中国在内的市场主体选择“要素流动”方向而调整预期的“机制竞争”压力，使中国有关部门更加注重把减税做实、做好、做充分——如把这种互动称为“减税竞争”，似乎也未尝不可。但中国并不应惧怕这种国际合作与竞争中的“税收竞争”，因为中国从自身发展战略出发，确实也有进一步减税的必要和相对应的一定弹性空间，特别是中美之间“要素流动”的竞争绝不会仅仅由一个税收因素决定，还广泛涉及“高标准法治化营商环境”概念下众多的其他因素和由于国情发展阶段等而客观决定的其他“比较优势”因素。美国降低税负，客观上对于中国降税也会形成外部促进因素，但更为重要的是，中国的“降税”与“降负”的关系，比美国要复杂得多，因此必须确立“全景图”的视野。

以中国“正税”负担而言（即狭义的宏观税负而言），中国现在不到

GDP的20%，并不比美国高，但说到“税外负担”中的政府行政性收费、社保“五险一金”缴纳等负担（合成广义的宏观税负），中国已接近35%，不算低了，特别是这些众多的税外负担给市场主体实际造成的负担还涉及和包括了未统计的时间成本、讨价还价“处关系”中的精力耗费、“打点开支”等隐性成本与综合成本——这是双方明显不可比的中方弱项。中国应由此痛下决心以深化配套改革来减负——我们认为必须指明，“减税”在中国决不代表减轻企业负担的全部问题，甚至已不是企业减负的最主要的问题，关键是在中国“全景图”之下如何能够“啃硬骨头”，把减轻企业负担中正税之外的负担做实做好。

4. 中美税制结构迥然不同，切忌东施效颦、邯郸学步

美国的减税主要是大幅削减企业所得税和个人所得税，中国“照猫画虎”是学不来的，因为中国的企业所得税标准税率早已下调到大企业的25%、上市企业和高新科技企业的15%，以及小企业普遍的“减半征收”，还有地方政府广泛提供的“三免五减”等，哪里有美国从35%水平向下调为15%（初定，可能达不到）的那个空间？至于中国的个人所得税，更是与美国完全不可同日而语，美国那边是占到美国联邦政府税收收入的47%左右（同时也对州与地方政府作出10%左右的贡献），而在中国早已边缘化地只占全部税收收入的6%左右，还有减少此税的多大空间呢？中国的税收制度结构是个以间接税（增值税、消费税等）为主体的框架，要学习美国的减税，在这个领域里其实不必再强调“学”，我们已把应当做的“营改增”做到了全覆盖，真正的学习任务，倒是如何借鉴美国经验（也是一般市场经济体的共性经验），把党的十八届三中全会指明的“逐渐提高直接税比重”的税制改革任务真正贯彻落实——虽然难度极大，需要“冲破利益固化的藩篱”，但中国若要走向一个现代社会而构建现代税制，这是别无选择的路径。如能真正构建、培育起具有“自动稳定器”和“抽肥补瘦”优化全社会再分配功能的直接税体系，中国也就具备了进一步考虑削减间接税负担的“本钱”与可能。这样一来，具体到中国对美国减税与税制应有的借鉴学习，哪里只是“减税”二字所能概括的？在中国，实为减税、减负（税外负担）和适当增税（增直接税）的

配套改革任务。

我国早有“东施效颦”“邯郸学步”的典故，就是先人早已总结了“画虎不成反类犬”的教训，强调应结合自己的实际情况和“比较优势”、可能空间，制订合理正确的借鉴学习方案。当代中国的不少问题特别是税制改革方案，考虑美国减税举措所应带来的中国的“学习”反应，当如是观！

5. 中国除减税、减负、税改外，还应该做好两件大事

中国税制与美国有极大不同，中国必须“量体裁衣”来应对美国减税的“冲击”。除必要的继续减税、税外的企业降负和积极的税改之外，中国至少还应抓住两件大事不放：一是以政府精简机构压低行政成本开支；二是大力推进 PPP 创新以融资合作提升绩效。

由财政分配“三元悖论”可知，减税会衍生一个新问题——在保证政府财政赤字可控的前提下使公共服务供给支出受限。如何在实现降低企业综合负担、不扩大政府债务规模及赤字的同时，尽可能保证公共服务的供给数量和质量，是政策制定者需要深入思考的关键所在。这就需要抓住在中国使既有财政分配“三元悖论”式制约边界外推扩围或内部松动的创新方式：努力缩小政府规模为其一、充分发展 PPP（政府与社会资本合作）为其二的必要性，由此便更加凸显了。

（1）以“大部制”“扁平化”改革缩小政府规模。中国推行“大部制”（以归并和减少政府机构为代表）与“扁平化”（以省直管县为代表）的改革方向早已确立，但 10 余年的实质性推进还十分有限。政府机构、部门设置过多，以及政府层级过多，引出的问题是行政成本高昂，而且企业要拜的“香火”过多。部门权力派生的，是过多的明的“收费权”和暗的“设租权”，使企业实际负担增加，苦不堪言，也使政府开支中的行政成本（自身运转的维持费用）居高不下。显然，行政收费减免等已涉及大部制改革这种“拆香火”式的实质性问题，一方面要对企业降费，另一方面要精简政府机构，从而进一步降低行政开支来保障公共开支。由此看来，改革中缩小政府规模是降费、降行政成本并服务于改善民生的不二选择。所以，必须这样理解：中国式减税降负绝不是单纯靠税务部门就能够独立完成的任务，需要各部门、整个体系的配套改革联动。即便我们在减降正税上空间已有限，未来动作不会太大（直接税逐步替代间接税则需要税制改革的大决心、大动作），但通过缩小政府规模，依然可以取得削减企业实际负担的效果，获得对冲美国方面“税收洼地”的吸引力。由于缩小政府规模的改革是一场“啃硬骨头”的硬仗，更需要各方凝聚共识，积极研讨可行操作方案，力求付诸实施。只有这样，才能达到更少税外负担、更少行政开支的境界，也就在财政分配“三元悖论”于中国实际制约的边界之内，形成了减少税收、控制政府债务及赤字水平和增加公共福利支出的新的组合空间，优化了公共资源配置。

（2）以积极推进 PPP 这一制度供给创新，扩大融资规模，提升绩效。众所周知，政府发挥职能是现代国家治理不可缺少的组成要素，由此看来，政府规模不可能无限小，这使得我们必须在供给机制上关注除缩小政府规模之外的一项另辟蹊径的创新，即在传统公共服务供给方面别开生面、定将有所建树的 PPP。

以公共福利支出形成基础设施等公共服务供给是政府的责任之一，需要持续稳定的资金支撑。传统上，我国的公共服务供给由政府独家提供，然而，许多不尽如人意的地方不容忽视：一是以税收方式筹资往往导致供给不足，而以赤字方式支付往往导致公共债务膨胀和代际负担不公。二是上下级政府之间信息不对称、权责不清晰，上级政府无法准确判断下级政府的真实需求，地方政府之间为了争夺财政资金而“创造必需”的竞争现象会加剧区域差异和苦乐不均。三是政府支出用于公共工程等项目建设，往往引发超概算、拖工期、低质量以及竣工使用后服务水平差等多年来为人所诟病的问题。千年之交后，我国进入中等收入阶段，民众的公共服务需求被进一步激活。在多方压力之下，财政赤字率已于近年升高至 3% 以上，地方财政也持续增压，截至 2015 年末，我国地方政府的债务余额已达 16 万亿元，2020 年后又上升到接近 30 万亿元。可以预见，在减税降负的过程中，至少短期内财政收入趋紧，如果其他条件不变，在不扩大政府财政赤字与举债规模的情况下，可用于公共服务供给的资金就会进一步减少。如果单纯靠财政资金支持公共服务供给，不但很难应对美国减税的压力，而且供给能力不足与绩效难达意愿将是显而易见的，财政分配“三元悖论”制约之下的捉襟见肘无法得到改善，还会使矛盾凸显。现阶段，面对经济社会发展对国家治理提出的更高要求，以 PPP 创新拉动政府体外业已十分雄厚的民间资本、社会资金，来与政府合作伙伴式形成有效供给来适应公共服务的多元需求，以种种公共工程相关的“托底”事项和发展事项来改善民生、增进公共福利满足民众诉求，是公共服务供给机制的有效升级，特别是这还将使政府、企业、专业机构在伙伴关系中形成“1 +1 +1 >3”的绩效提升机制，不仅使政府少花钱、多办事，而且能办好事、获好评。凭借 PPP 这一制度供给创新，实际上可把财政分配“三元悖论”在中国的制约边界形成安全的外推。这当然是在“特朗普减税”冲击下，我们更应该做得有声有色的一件大事。其多种正面效应，还将使政府、民众、企业受益，此外，会促进混合所有制改革、引领新常态下对冲经济下行压力和倒逼、催化法治化等。作一粗线条匡算，在今后 3 ～4 年间，如果中国把公共部门负债率同口径提高到 55% 左右（仍在安全区内），可增加的公共工程投资资金规模至少将在 10 万亿元以上，结合 PPP，有望较好地拉动民间资本跟进，以发挥乘数效应。PPP 作为制度供给的伟大创新，在我国供给侧结构性改革当中，能够在保证减税降负以及适当控制财政赤字的同时，开启我国更多更好增加公共服务供给的新篇章。

第八章

系统工程之
第三阶梯：第三次分配

一、宗旨与重心之辨：“蛋糕多轮优化分配”中的社会渠道建设

若从概念层面的严格意义上来讲，国外并没有特别对“第三次分配”进行过多强调，主要注重的还是初次分配和再分配两个层次，但中国著名经济学家厉以宁教授在《股份制与现代市场经济》一书中明确提出，“市场经济条件下的收入分配包括三次分配。第一次分配是由市场按照效率原则进行的分配。第二次分配是由政府按照兼顾效率和公平原则，侧重公平原则，通过税收、社会保障支出等这一收一支所进行的再分配。第三次是在道德力量的作用下，通过个人资源捐赠而进行的分配”“在第一次分配和第二次分配之后，社会发展方面依旧会留下一些空白，需要第三次分配来填补”。

基于第三次分配在我国产生的渊源，结合国内学者开展的相关分析，对第三次分配概念的认识，主要分为两个方面：一是认为第三次分配是社会收入的转移支付，是富人多出钱来弥补财政转移支付的不足。二是认为第三次分配是一种公益慈善行为，持这种观点的专家学者占大多数。厉以宁认为，第三次分配是个人和企业出于自愿，在习惯与道德的影响下把可支配收入的一部分捐赠出去；辜胜阻（2006）认为，第三次分配是通过个人收入转移和个人自愿缴纳和捐献等自觉自愿的方式再进行一次分配，主要内容是慈善捐赠，包括扶贫、助学、救灾、济困、解危、安老等形式。我们认为，上述两个方面的认识只是视角上的不同，一个是从第三次分配的功能和资金流向的角度来看，另一个则是从施行主体的角度来看。因此，可以结合这两个方面，将“第三次分配”的概念定位为：所谓第三次分配，就是个人和企业出于自愿，在习惯、道德、伦理、教化以及机制的驱动与影响下，把可支配收入的

一部分捐赠出去，主要内容是公益慈善，形式可以呈现出满足社会所需的多样化，但最终结果是通过收入阶层中的较富裕人群的资金流向相对贫困人群而实现社会收入转移，以此来对初次分配和再分配形成补充。需要明确，在国民收入分配“全景图”式的系统工程眼界内，促使分配最终结果适当均平化的主力机制，既不是初次分配，也不是第三次分配，而只能是再分配。但是，再分配又不能被理解为可以在促进共同富裕的功用上“包打天下”，初次分配是为共同富裕提供“做大蛋糕”的大前提，第三次分配是为共同富裕提供“分好蛋糕”的必要补充——它既是辅助性的，又和前面两次分配一样，是不可缺少的。

国外对第三次分配的研究集中体现在两个方面：一是对公益性非营利组织的立法研究；二是对公益性非营利组织和对慈善捐赠税收优惠政策方面的相关研究。国际非营利法规中心编著的《非政府组织的立法原则》专著中特别提出，对非营利组织立法的宗旨，首先是让公益性非营利组织能够在一定范围内独立运行，鼓励其能够实现自我规范，反对政府对公益性非营利组织的过多介入和控制，从而确保相关组织能够对该国家的发展作出应有贡献。维利（Whalley，1974）认为，规避遗产税等相关税收是个人选择赠与的重要原因之一，并通过研究证明在当时的条件下，英国的财富赠与有10%左右都实现了避税，而这其中的7%都承认自己是为了规避遗产税。里斯（Reece，1979）认为，慈善捐赠的税收优惠与规避是公益性非营利组织等获得捐赠额的决定性变量，并通过单一价格弹性的相关研究证明了税收与捐赠之间存在着替代甚至是完全替代的关系，而其中的一个特例就是宗教组织，其税收与捐赠存在一定程度上的不完全替代关系，即税收对于宗教组织所获得的捐赠额影响相对较小。雷蒙多（Raimondo，1986）通过研究得到四个方面的重要结论：一是是否施行慈善性支出扣除条款，会明显影响捐赠水平，扣除越多，捐赠水平越高；二是税收变动之后，慈善捐赠额并不会马上出现调整，而是呈现某种程度上的时滞；三是不仅直接影响慈善捐赠额的相关条款会影响公益性非营利组织的运行，而且对这些组织内部的志愿者劳动施行的相关税收优惠，也是影响其运行的重要因素之一；四是不同捐赠种类对税收的敏感程度不一样，对税收最敏感的捐赠种类是遗赠，并通过20世纪美国实证研究，指出其中的大额遗赠的税收弹性会更大。伦道夫（Randolph，1995）则在此基础上继续深入研究了短期和长期的不同，得到结论：在长期中，捐赠额的税收弹性更小、收入弹性更大，也就是说，对收入的变化更为敏感；在短期中，捐赠额的税收弹性更大、收入弹性更小，也就是说，对税收政策的变化更为敏感。巴基亚、葛尔、莱姆罗德（Bakija，Gale，Slemrod，2003）通过对20世纪美国数据进行实证研究，得出遗产税对慈善捐赠数额有显著影响的结论。

国内学者对如何促进第三次分配的研究，主要集中在公益性组织的立法原则、遗产税和赠与税的开征以及所得税优惠政策等方面。关于公益性非营利组织的政府支持，许崇源（2000）认为不应当选择直接支持，而是应当更多选择免税支持，这样更符合公益性非营利组织的立法原则，使其免受政府干预以及避免用于游说政府的资源浪费。贾康（2008）主张积极考虑开征遗产税和赠与税，以此来促进大额遗赠等主要捐赠行为，从而促进我国第三次分配的长足发展。靳东升（2004）认为在国际上四种通行做法（包括减免、抵免、受益方案和制订方案）中，我国所采用的税收抵免方法能够在一定程度上促进企业和个人的捐赠积极性，但是抵免额度低又在一定程度上抑制了这种积极性。朱为群（2002）也认为我国在慈善捐赠的所得税政策方面存在抵扣比例过低和不允许跨期抵扣的问题，且优惠方式单一，在很大程度上影响了捐赠的积极性。黄桂香、黄华清（2008）认为完全税收优惠更能够激励纳税人进行更多捐赠，而部分税收优惠则在很大程度上抑制了纳税人的捐赠动机。

如本书前文所述，中国在中等收入发展阶段已经出现了收入分配差距不断扩大的现象，贫富差距不断拉大。中情局（Central Intelligence Agency，CIA）：《世界概况》近年的数据显示，中国与发达国家相比，基尼系数远超美国的0.45、英国的0.34、加拿大的0.32和韩国的0.35，达到0.47的水平。此外，若从最穷10%的人口和最富10%的人口所占社会财富的比重来看，中国最穷10%的人口所占财富比重仅为1.6%，远低于美国的2.0%、英国的2.1%、加拿大的2.6%和韩国的2.7%，而中国最富10%的人口所占财富比重却高达34.9%，远高于美国的20.0%、英国的28.5%、加拿大的24.8%和韩国的23.7%。从以上两个方面看来，不难得出，中国现阶段存在贫富差距过大的现象和问题。

初次分配环节主要注重效率，再分配环节则主要注重公平（分配结果的适当均平化）。自改革开放以来，从中国初次收入分配的实践来看，城乡居民人均可支配收入的差距扩大，不同地区之间城乡居民家庭人均收入、城乡居民人民币储蓄存款等差距扩大，不同行业和同行业不同岗位之间的收入差距也在扩大。以财政为主要手段的再分配环节，虽然已经在一定程度上起到了兼顾公平（均平）的作用，但是从居民可支配收入的四个组成部分来看，转移性收入所占比重仍然较小。总结来看，中国初次收入分配表现了收入差距不断扩大，再分配虽然本着公平原则起到了一定的调节作用，但是对于收入差距过大的现状而言力度还很不够，亟须以企业和个人为参与主体的第三次分配，在社会渠道中来帮助实现缩小收入差距的目标。

中国现阶段积极实施第三次分配，已经在很大程度上具备了可行性，这主要体现在两个方面：一是中国经济的快速腾飞使人民生活水平得到显著提高，工资性收入的较快增长、资本性收入的多元化和资产价格的攀升、个体经营行业收入的增长等因素，都为中国富裕阶层和中等收入群体的增长奠定了基础，中国的城乡居民储蓄余额呈现不断增长的趋势，也实实在在地成为中国发展第三次分配的基础条件。二是中国有关第三次分配的制度陆续建立，立法先行，现阶段与第三次分配慈善捐赠相关的法律法规，有《中华人民共和国慈善法》《中华人民共和国公益事业捐赠法》《中华人民共和国红十字会法》《社会团体登记管理条例》《基金会登记管理条例》《个人所得税条例实施细则》《救灾捐赠管理办法》等，此外，还陆续出台了一些志愿服务的规范性文件等。尽管难免还存在不足之处，但已经为中国现阶段实施第三次分配奠定了良好的制度基础。

我们认为，针对第三次分配，中国于中等收入发展阶段及其后应当注重以下五大方面：

（1）完善法律制度，促进慈善机构发展。中国早在1999年6月28日就出台了《中华人民共和国公益事业捐赠法》，但是仅对捐赠和受赠、捐赠财产的使用和管理、优惠措施、法律责任等几个方面作出了初步规定，而且民间捐赠和社会捐赠由于不属于公益性社会团体捐赠而不受该法的约束。为了推动第三次分配，中国在法律制度方面一直致力于不断完善，以多方促进慈善机构发展。2016年3月16日，中国出台了《中华人民共和国慈善法》（中华人民共和国主席令第四十三号），对慈善组织、慈善募捐、慈善捐赠、慈善信托、慈善财产、慈善服务、信息公开、促进措施、监督管理、法律责任等多维度进行了较为详细的规定，由此将推动中国第三次分配走向更加规范的道路。此外，捐赠行为在法律层面是一种资源的合同行为。从《中华人民共和国物权法》的角度来看，中国应当明确和保护慈善组织等主体的产权，其所拥有的资源既不属于私有产权也不属于国有产权，而应当定位为一种社会公益产权，不能够改变受益对象，也不能够私有化。与此同时，捐赠作为一种合同行为，实际上在《中华人民共和国合同法》的管理框架之内，也可随着其调整的变动而变化。总而言之，应当在日后继续健全法律制度，促进和规范慈善事业的发展，从而切实推动第三次分配功能的实现。

（2）适时研究开征遗产税和赠与税，为第三次分配奠定持续的资金基础。作为税负不能转嫁的直接税，结合以上所述的国际经验，遗产税通常要与赠与税配套设计实施。全球现在至少有一半的国家都开征了遗产税和赠与税，中国对这两种税的研究从20世纪80年代就开始了，但一直以来都没有落实。从发达国家的经验来看，以美国为例，遗产税和赠与税的存在可以说在很大程度上推动了美国“第三部门”的发展，包括公益基金会、慈善机构、公益性非营利组织等种类。这些公益组织所带来的第三次分配，实际上在社会生活中和收入分配中起到了很强的调节作用，而这些组织具有持续稳定的资金来源和资金基础，是这一切形成的前提条件。在开征许多年之后，美国的遗产税账户曾一度成为零额账户，但这恰恰是遗产税和赠与税推动个人和企业参与第三次分配的最佳例证，说明绝大多数富豪都将自己的大量资产纳入了全社会的第三次分配，而不是选择直接由下一代或者指定的后辈来继承。

（3）提升个人捐赠扣除额度，调动个人参与第三次分配的积极性。中国近年来在企业捐赠扣除额度方面迈出了一大步，不仅由原来的扣除额度仅为3%（金融企业更是低至1.5%）提高到了2008年的12%，而且由原来的内资、外资企业两种扣除标准发展到了2008年的统一标准，显示了中国在这方面的切实进步。然而，就国外经验来看，第三次分配的参与主体更多的并不是企业，而是个人，但是中国现阶段参与第三次分配的主体却恰恰相反，这当然在很大程度上与中国遗产税和赠与税等尚未开征有很大联系，但是参照国际经验，不难发现，这与我国对个人捐赠扣除额度仍然相对较低也有直接联系。中国现阶段个人捐赠所能够得到的最高优惠扣除额度为 30%，而欧美等发达国家对个人捐赠扣除额度都达到了 50%，甚至是全额扣除。如果说遗产税和赠与税能够通过提高不捐赠的成本来推动第三次分配的发展，那么提升个人捐赠扣除额度，势必能够通过降低捐赠成本来推动第三次分配的发展，切实调动个人参与第三次分配的积极性。

（4）建立超额捐赠结转制度，为大额捐赠开辟道路。中国现在还没有建立捐赠超额结转制度，从理论上讲，这当然不影响小额捐赠的企业或个人的捐赠行为，只要在标准以下，都不涉及超额结转事项。但是对于整笔大额捐赠来讲，超额捐赠结转制度就非常重要了。结合国际经验，无论是借鉴美国允许在随后的 5 个年度，还是借鉴德国在随后的 7 个年度施行超额捐赠结转，都能够在一定程度上为大额捐赠开辟道路，而不是像现阶段这样，为了管理的便捷和契合相关既成规定而选择“一刀切”，制约了大额捐赠进入第三次分配。

（5）合理简化免税退税程序，切实保障捐赠的税收优惠落到实处。中国现阶段无论是企业捐赠还是个人捐赠，都存在免税退税程序复杂的问题，这与现阶段中国所得税分项课征有直接关系，但是可以在管理实践中考虑，对于尤其是以个人为主体的纳税人的捐款，税务机关按照统一的税率和优惠政策进行计算并给予一次性退税，从而从源头上简化退税的程序，以此来促进税收优惠落到实处。从数据上来看，我国办理退税和免税优惠的第三次分配主体占比非常低，纷繁复杂的步骤，再加上办理每一个步骤时的艰辛，直接导致许多税收优惠实际上都形同虚设，并没有像学理分析中的那样切实降低捐赠的成本和提高捐赠的效用。这当然会在实践中对纳税人行为产生扭曲的影响，除了不利于提高积极性以外，实际上还直接制约着纳税人每个年度的捐赠次数，因此还应当积极考虑在年终申报纳税的时候，对于纳税人在年度内实现的多次捐赠进行一次性退税，切实保障将捐赠的税收优惠落到实处，理顺相关体制机制的运行。

二、我国现阶段发展第三次分配的必要性

在经济学中，传统观点对于资源配置的分析通常采取"二分法"：将政府和市场看作资源配置的两个主体，认为二者对立而对等、非此即彼，当一方出现失灵现象时，就认为另一方一定是弥补该缺陷的合适选择，要么是在相对完善的政府和不完善或不充分的市场间进行选择，要么是在相对完善的市场和不完善或不充分的政府之间进行选择。

理论界已对这种"二分法"提出了质疑，并对政府与市场的关系进行了一系列的探讨。美国经济学家斯蒂格利茨从信息经济学的角度，以不完全信息与不完备市场为分析前提，提出政府与市场之间应建构一种新型"合作伙伴"关系的模式。世界银行发布的《1991 年世界发展报告》认为："发展的核心，也是本报告的主题是政府与市场的相互作用。这不是干预和放任主义的问题——虽然这种'二分法'广为流行，但并不正确。……这不是市场或国家的问题，它们各自都有巨大的和不可替代的作用。"

世界银行发布的《1997 年世界发展报告》进而提出了"合作关系"模式，认为"市场与政府是相辅相成的；在为市场建立适宜的结构性基础中，国家是必不可少的。……绝大多数成功的发展范例，不论是近期的还是历史的，都是政府与市场形成合作关系"。

我国曾有学者将政府与市场的关系抽象为相互替代、相互补充、完全排斥和共同失灵四种情况。这些观点虽然超越了在这一问题上长期以来形成的二元对立的思维模式，但仍存在一个明显的缺陷，即：将政府与市场看作资源配置仅有的两个主体，并将二者看作同一层面的关系，仅表达了政府与市场相互补充的关系。虽然比传统的"二分法"认识更为深刻，并具有一定的现实解释力，但仍不能全面解释现实中存在的一些资源配置现象，例如民间

捐赠、社会出资兴办的福利院等是既非市场提供，也非政府提供的公益设施。

贾康、冯俏彬在中国学者中较早把相关思维框架扩展为政府、市场主体和志愿者部门三方的体系，提出在从各自的“失灵”、替代的认识基础上，有必要延伸至各自“有效性”的认识而形成三者“合作治理”关系的新认识。

作理论密切联系实际的考察，资源配置可归纳为存在三种机制：一是市场机制，即通过价格、竞争等市场机制，以自由竞争与自由交换的形式实现资源配置。这种资源配置的目的是以追求个人利益为激励，形成发展动力与效率提升机制，实现经济社会发展的基本需要。二是政府机制，即政府通过公共权力，以税收等形式取得公共收入，形成可支配的公共资源，并以政策调节、公共支出和转移支付等形式进行配置。这种配置资源的目的是履行政府职能、满足社会公共需要。三是社会机制，即社会组织或成员通过基于自愿的公益性保障与救助机制，以捐献和无偿援助的方式，实现资源配置中的第三次分配调整。这种资源配置的目的是人们出于道德或伦理等动因，形成在市场、政府配置中表现不够或顾及不到位的利他主义行为，对社会上的弱者给予关心和扶持。

根据国际经验和中国经济社会近年初步总结的本土经验，以非政府公益机构、志愿者组织为主体的“第三部门”形成的第三次分配的作用，是随着经济发展、人均收入提高、中产阶层以上社会成员比重上升而趋于显著提升的。第三次分配将日益成为中国社会中调节收入分配的重要机制。先富起来的社会阶层，和国民素质提高过程中的众多社会成员，会越来越多地生发出对公益慈善的重视和偏好，现实生活中的第三次分配行为，必然会表现出影响力的提升，政府亟须对此因势利导，激励以企业和个人为主体的第三次分配，来帮助实现缩小收入差距的目标。

中国现阶段着力发展第三次分配机制已经在很大程度上具备了现实可行性，这主要体现在三个方面：一是中国经济的快速腾飞使人民生活水平得到显著提高，工资性收入的较快增长、财产性收入的多元化和资产价格的攀升等因素，都为中国富裕阶层和中产阶层的增长奠定了基础，中国的城乡居民储蓄余额近年来呈现不断增长趋势，这些都成为中国第三次分配发展的物质支撑因素。二是中国有关第三次分配的制度陆续建立，在立法方面，现阶段与第三次分配慈善捐赠相关的法律法规和关于志愿服务的规范性文件等，尽管还存在种种不足之处，但已经为中国发展和引导第三次分配提供了基本制度依据。三是近些年民间的慈善、赈灾、公益捐赠活动迅速发展，既反映着民间慈善公益活动的收入基础趋于雄厚，更反映着随着人民群众生活水平的提高，人们对公益慈善的心理认同不断提升，公益慈善的社会、文化氛围也逐渐浓厚。

民政部数据显示，截至2020年底，全国社会组织总量为89.44万个，较2019年增长3.21%，其中，社会团体37.5万个，社会服务机构51.1万个，基金会8385个，分别较2019年增长0.81%、4.93%和10.62%。截至2020年9月底，全国共设立慈善信托463单，合同金额32.42亿元。截至2020年底，全国已有554家境外非政府组织代表机构依法登记，较2019年增长8.41%，临时活动备案3239项，较2019年增长32.64%。中国社会科学院社会政策研究中心及社会科学文献出版社联合发布的《慈善蓝皮书：中国慈善发展报告（2021）》中的数据显示，2020年全国社会公益资源总量预测为4100亿元，较2019年增长18.85%，其中社会捐赠总量为1520亿元，彩票公益金总量为959.84亿元，志愿者服务贡献总价值折现为1620亿元，分别较2019年增长10.14%、-15.80%和79.28%。总的来看，近年来我国慈善公益事业虽然取得了一定发展，但第三次分配仍然存在一系列问题，可分为以下两个方面：

1. 总体发展方面的问题

（1）慈善机构数量虽然增多，但筹款能力相对较弱，第三次分配力度不强。根据《慈善蓝皮书：中国慈善发展报告（2021）》，我国2020年捐赠总规模虽然预测达到4100亿元，但是与国际水平相比，仍较低。如以美国为例，美国施惠基金会（Giving USA Foundation）发布的数据显示，2015年美国的慈善捐款总规模已经达到3733亿美元。

（2）参与第三次分配的主体仍然以企业为主，个人参与积极性不高。根据中国慈善联合会发布的《2019年度中国慈善捐助报告》，中国现阶段参与第三次分配的主体仍然是民企和国企，企业捐赠总额达到了783.85亿元，占总捐赠额的 79%，外资企业捐赠额则下滑幅度较大。同样以美国为例，在 2015 年慈善捐赠总规模的 3733 亿美元中，个人捐赠部分占据了 66.7% 以上，即 2489 亿美元来自个人。可见，美国第三次分配的捐赠主体是个人，其次是基金会，最后才是企业。

（3）第三次分配关注的领域较为传统，对“大慈善”领域的关注仍不足。就中国年慈善捐赠的结构来看，教育是慈善捐赠最受瞩目的领域，高等院校、偏远贫困地区的爱心小学等，都是慈善捐赠的热点。除了教育之外，医疗健康和扶贫领域也是中国年慈善捐赠的主要领域。总体来看，中国现阶段第三次分配的关注度并没有集中在科学、文化、卫生等“大慈善”领域，同时期美国的慈善捐赠主要去向是宗教机构，然后是教育和公共事业，此外包括国际事务、环境和动物保护等。

2. 体制机制方面的问题

中国现阶段在第三次分配方面的引导调节机制突出体现在税收制度上，总体看来，中国在税收制度上的规定又主要体现在流转税和所得税两个大方面。在流转税的规定中，“营改增”之后，原来营业税中规定的“个人无偿赠与不动产不征收营业税”改为增值税后继续享受“不征收增值税”的规定。此外，还有关税中对纳税人进行公益性捐赠实行免征进口关税和增值税的规定。除以上两条之外，个人进行实物捐赠都视同销售行为，捐赠行为不区分公益性捐赠和非公益性捐赠，与销售行为征税相同。在所得税的规定中，2008 年之前，中国旧企业所得税税法规定捐赠支出扣除的限额是年应缴纳所得额的 3%，若为金融类企业，这一标准更是低至 1.5%；2008 年开始实施的新企业所得税税法则将这一扣除比例提高到了 12%，无论是内资捐赠还是外资捐赠。对于个人捐赠行为的规定，分为两个方面：一方面是，个人如果履行了税法允许的捐赠行为，那么最高可享受到应缴纳所得额 30% 的扣除；另一方面是，若个人通过公益性非营利组织或者国家机关进行捐赠，那么最高可以获得个人所得额的全额扣除。伴随这些相关规定，实际上中国现阶段第三次分配存在以下问题：

（1）尚无超额捐赠结转制度，在一定程度上限制了大额捐赠的比例。中国现行所得税制中还没有建立超额捐赠结转制度，不像美国等西方发达国家规定捐赠额度超过税前扣除比例的部分可以顺延到第二年结转扣除，这在很大程度上限制了中国第三次分配中大额捐赠的占比。加之，无论是以企业为主体还是以个人为主体，这些慈善捐赠都必须同时满足税法所规定的公益性捐赠和采取间接捐赠方式两个条件，才有可能享受税收优惠中的部分扣除，而对企业和个人的直接捐赠不予扣除——这样做虽然在很大程度上减轻了管理部门的负担、简化了管理程序，但在一定程度上限制了第三次分配的必要灵活性与潜力的发挥。

（2）免税退税程序复杂，在很大程度上抑制了第三次分配的发展。由于免税和退税程序相当复杂，最终成功实现的比例不高。以个人捐赠退税为例，中国前些年采用的是分项课征，将个人所得分为 11 项并按照不同的费用扣除标准和税率来计算个人所得税，如果个人的收入是多元化的，在退税时需要分别按照不同的所得项目进行退税，即捐赠额来自哪个项目就在哪个项目上退税，追踪起来十分复杂。不仅如此，办理手续也十分复杂，以最简明的工资薪金所得捐赠为例，也要至少经过捐赠、由第三方慈善机构出具收据、送民政部门、财务计算抵扣税额、修改当月工资扣税额、修改税务明细申报表、填报税收缴款书、送至银行、回单位入账、次月减免相应税款等十大步骤，而且每一步骤办理起来都不便捷。这些纷繁复杂的制度实际上在很大程度上抑制了中国现阶段第三次分配的发展。

（3）没有开征遗产税和赠与税，不利于为第三次分配提供持续资金基础。西方发达国家民间大笔捐赠的基础动因在很大程度上取决于科学合理的综合财产税制，而中国至今还没有开征遗产税和赠与税，这直接导致大批富豪和绝大多数中产阶层在选择积累财富后再直接传递给子孙后代之流程中，并不会首先考虑进行慈善捐赠。这一点从近年来的数据中也不难看出，中国在灾难多发年或存在突发性重大灾害的非常态情况下，慈善捐赠总额会明显飙升，而在平稳的常态情况下，慈善捐赠总额会呈现非常明显的下降趋势，实际上就是制度供给短缺所导致的第三次分配缺乏持续资金基础的写照。

三、自愿原则的公益慈善：国际经验

尽管各方面条件千差万别，但是国外发达国家开展第三次分配的相关制度规定，较中国而言，总体呈现扣除比例更为宽松、相关规定更为详尽的特点，这里试以英国、美国、德国为例，进行国外开展第三次分配的经验简述。

（1）英国经验：按照主体来划分。英国对慈善捐赠的规定与中国有相似之处，都是按照主体来划分，企业的慈善捐赠可以从应纳税所得额中进行扣除，个人的慈善捐赠则享受较低税率，且慈善组织可以得到部分税收返还。若个人或者企业是将股票等有价证券捐赠给慈善团体，那么将以抵扣的形式提供税收优惠。英国有着较为完善的遗产税制度，遗产税税率高达40%，而如果继承人选择将所继承遗产的10%及以上捐赠给慈善机构，那么其就可以享受达到4%的遗产税优惠，即遗产税税率降低至36%。

（2）美国经验：按照慈善组织的性质来划分。美国将以个人或者企业为主体的慈善捐赠按照接受捐赠的慈善组织的性质来作出划分。①慈善捐赠的客体为公益性慈善组织。若个人或企业将慈善捐赠给公益性慈善组织，那么在整个纳税年度之内，个人捐赠的扣除额最高可达50%，而企业捐赠的扣除额则最高可达10%。特别值得注意的是，尽管美国对企业捐赠扣除比例看似较低，但是却对每年度超出可扣除比例的慈善捐赠作出了可在随后5个年度进行结转扣除的规定，而且这种结转扣除也同样适用于个人捐赠，这实际上在很大程度上激励了企业和个人参与第三次分配的积极性。②慈善捐赠的客体为私人基金会。若个人或企业将慈善捐赠给私人基金会，那么仅以个人为主体的慈善捐赠能够享受最高20%的税金扣除，而以企业为主体且慈善捐赠的客体为私人基金会的情况则不能享受任何税收优惠。美国税法规定的捐赠物的形式分为现金、带有长期资本利得性质的财物，以及带有普通所得性质的财物三种，不同的捐赠物享受的扣除条件并不相同，都有相关的细则规定，但总体来看，美国相关制度的规定其实实现了更加鼓励以个人为主体来进行慈善捐赠的目标。

美国与遗产和赠与相关的税收制度包括了遗产税、赠与税和隔代赠与税。在遗产税方面，美国税务局颁布的税法规定，2021 年联邦政府遗产免税额为 170 万美元，美国不同的州对最高免税额有不同的规定，但遗产免税额和赠与额之间关系的规定都是相同的，那就是：如果生前没有缴纳过赠与税，那么赠与免征额与遗产免征额是相通的；如果生前已经缴纳过赠与税，那么遗产免征额可以按照最高标准享受免税。在赠与税方面，美国税务局颁布的税法规定，2015 年美国每个人一年最多可以赠与他人价值 14000 美元的财物，这也可以理解为免征额。此外，还进一步规定每个人一生共有 1170 万美元的生前赠与额度，若一生积累超过这个标准，就要缴纳赠与税，税率最高可以达到 45%。在隔代赠与税方面，美国税务局颁布的税法规定，首先要按照规则缴纳遗产税，税收的部分还要继续按照规则缴纳一笔隔代赠与税，而隔代赠与税的税率最高可达 50%。

（3）德国经验：按照捐赠目的来划分。德国税法规定：用于宗教、科学、慈善和有益于社会等目的的捐赠，若以企业为捐赠主体，则最高可享受 5% 的应纳税所得额或者 20% 的营业额扣除，若以个人为捐赠主体，那么最高可享受全部扣除；用于受到特别支持的慈善、科学、文化艺术等目的的捐赠，最高可享受 10% 的扣除；此外，针对以个人为主体的捐赠，高出一定标准的部分可以在随后的 7 年之内进行结转扣除。

除了作为第一次分配主体的私人部门、再分配主导的公共部门以外，美国一直以来都在其经济社会运行当中注重第三部门的重要作用，这一类部门一般被统称为非营利组织，或者我们可以更加明确地按照美国实践中更多使用的名称，将其称为公益机构。在以美国为代表的西方发达国家的经济社会运行当中，第三次分配一直在坚持践行并且日益发展壮大，呈现出更新的模式与特点。以美国公益机构的运行以及其中政府的支持作用为起点，这里重点分析美国公益基金会是如何在第三次分配当中发挥作用的，并结合其出现的新模式以及呈现的新特点，提出针对我国公益事业发展可供借鉴的重要启示与对策建议。

私人公益性基金会是美国私人公益事业中最重要的形式和组成部分，美国基金中心给出的“公益基金会”的定义是：“非政府的、非营利的、自有资金（通常来自单一的个人、家庭或公司）并自设董事会管理工作规划的组织，其创办目的是支持或援助教育、社会、慈善、宗教或其他活动以服务于公共福利，主要途径是通过对其他非营利机构的赞助。”①

根据基金会年鉴的分类，美国公益基金会分为四类：一是独立基金会，资金来源是个人或者家庭捐赠，运作方式是给各种机构的项目捐款；二是社区基金会，与私人基金会不同的是，其资金来源是多渠道的，一般会包括地方政府的捐款，可以说是公私合营的；三是公司基金会，资金来源是普通营利企业的捐赠；四是运作型基金会，资金来源与独立基金会相似，都是来自个人或者家庭捐赠，但是运作方式却不是捐款给他人，而是按照自己的宗旨运行。美国公益基金会赞助的领域极广泛，尤其是经历多年发展到当前阶段的美国公益基金会更是渗透到了美国经济社会生活的方方面面。从其在第三次分配中发挥的积极作用来看，主要集中在教育、科学研究、文化、医疗卫生等方面。

卡耐基基金会是美国颇具影响力的基金会之一，其创始人安德鲁·卡耐基原是美国最大的工业巨头，早在19世纪末，就已经作为个人开始多项捐赠。其最早也最有名的创举，首先体现在文化方面，就是在美国各地和英语国家建立公共图书馆，坚持不懈地在20年间建立了2000余座图书馆；其名下的卡耐基学会是卡耐基回报美国匹兹堡市的一座综合性文化设施，建有图书馆、音乐厅、博物馆和画廊。在教育方面，其名下设有卡耐基理工学院（现在著名的卡耐基梅隆大学的前身），苏格兰大学卡耐基信托基金的主要投入目标是格拉斯哥、爱丁堡等4所苏格兰的大学。卡耐基教学促进基金则用于大学教授的退休金资助和美国教育问题的研究经费。在科学研究方面，华盛顿的卡耐基研究所则在近百年来发展成为最前沿的科研基地之一。

---

① 资中筠：《财富的责任与资本主义演变：美国百年公益发展的启示》，上海三联书店，2015，第4页。

成立于1913年的洛克菲勒基金会，则将其公益目标主要集中在医疗卫生方面，其作用主要体现在美国南方流行的钩虫病防治工作、建立常设公共卫生机构、培训公共卫生医务人员、提高医学水平等方面。在中国建立的协和医学院及其附属医院，是洛氏基金会在海外的重要项目。洛克菲勒基金会在发展中，又逐步从医疗卫生方面发展到了方方面面，但主要以资助创新研究为主，形成的科研成果不计其数。1928年，英国人弗莱明在发现青霉素的过程中，就是得到了洛克菲勒基金会的资助，可见其不仅是对美国的第三次分配产生了重要作用，并且在全球范围内产生了巨大影响，乃至推动了人类医疗水平的进步。此外，其还有多项扶植科学家的资助。

福特基金会在教育方面成立了两个机构，分别是教育促进基金和成人教育基金。教育促进基金的创意来自担任芝加哥大学校长22年之久的教育家哈钦斯，他致力于改革美国教育；而成人教育基金的宗旨则是“培养能够有头脑地参加自由社会的成熟、明智、负责的公民”，发展电视广播教育并且资助了与成人教育有关的组织、机构、活动等。在科学研究方面，福特基金会主要集中在行为科学的研究和未来资源的研究上。在社会问题方面，福特基金会将扶贫工作作为重点，认为社会改良的核心问题是帮助弱势群体，把治理城乡贫困常年作为其优先项目之一。

除了以上提及的三大基金会以外，凯洛格基金会、比尔及梅林达·盖茨基金会等美国著名公益基金会组织，也在第三次分配中发挥了相当重要的作用，可以说整个公益基金会组织所做的事业，奠定了美国第三次分配的坚实基础。当然，除了参与第三次分配以外，以基金会作为代表的美国非营利组织还广泛渗透到美国国家和社会治理的方方面面，为政府提供了可供其购买的服务、产品等，并且还以公私合营的形式在更多方面完成了国家和社会治理活动，以及促进世界和平、扶贫、保护生态环境的国际交流与合作事项。

贾康在关于“第三次分配”的讨论中，曾有如下回忆：

> 关于美国代表性的公益慈善组织形式，我于1988—1989年赴美访学留下的印象，就是它有非常规范的公益性基金会。在美国国会图书馆里我注意到有厚厚的基金会名录，是几大本，从A至Z，按照字母顺序排

出来提供当年可查的名册内容。在具体的运作上，当时我参加一个项目到洛克菲勒基金会去拜访，听到他们说，管理上有非常明确的一套法治化的规则。我当时发问，说知道洛克菲勒财团赫赫有名，但是这些年好像你们的发展势头不那么好，有没有可能用你们基金会的财力，来支持洛克菲勒财团更好地发展？他们说，没有任何可能。当年这些钱安排出来以后，所规定的公益性宗旨和它贯彻的机制，是非常严格的，有决策权的理事会包括洛克菲勒家族的人，也包括社会贤达、专家、各种各样的专业监督人士，这笔钱中不能够再有一分钱调回来帮助洛克菲勒财团的生产经营业务。当然，这是原则上的说法，它间接发生的对洛克菲勒财团的影响，我们也得承认，比如有利于提高它的声誉，或在社会上间接地推动一些什么事情。但是给人的印象，就是洛克菲勒财团以后由于某种因素，可能不复存在，但是洛克菲勒基金会只要它的安全投资不出太大问题，它将永远存在，就是流芳百世的概念。那个安全投资，也是有专业的团队替它打理的，也在理事会里专门研究投资方面指导性的方针政策，安全大前提之下，风险偏好上可以有自己的一些选择。我的初步认识，就是在这些现象后面，首先得承认，豪富们一般都比较追求不光自己有钱，而且要有一定的社会正面形象，还希望自己家族（或者他个人，或者他自己家族中的某个成员）冠名这个基金会而流芳百世。在中外心理共性上，我觉得这是一个必须承认的有较大概率的普遍现象。现在中国的一些慈善家，有的可以不以自己的名字而命名，但是他说以他父亲的名字，或者以什么家族人士的名字命名基金会，或命名特定资助项目（如某学校、某图书馆）。当然也有一些人倾向于以比较隐晦的方式去做。但是这些差异，并不否定有比较大概率的富人们内在地有这样一种在社会上树立自己形象或者家族形象的心愿和诉求。此处还应再加上美国的奋斗精神：美国人非常推崇个性，再加上宗教因素，这种特定的混合，就体现于匹兹堡大学所在的那个城市匹兹堡，其过去是非常著名的工业中心，煤炭行业、钢铁行业都出过巨头，这些巨头中最具代表性的是卡耐基，他早年的血汗工厂曾经被社会所抨击，但是他到了中晚年以后，特别留心怎么去推动他的公益事业，在宾夕法尼亚的很多地方捐资建了卡耐基图书馆，据说有1000多家，大中小城市、乡镇都有；在纽约建了卡耐基音乐厅，这都是公益性的。在匹兹堡还有一个梅隆家族，是金融巨头，梅隆的公益性基金会支持了美国国家艺术画廊——著名的艺术博物馆的建立，等等。这些事情在美国的社会环境里的特定混合，当然有它的国情，但是毕竟对我们有可借鉴之处，可进行更多的交流。

四、政府助力道德伦理驱动的“良心行为”：以美国为例

在美国的经济社会发展进程中，曾于19世纪末期遭遇社会急剧两极分化、各种社会问题随之交织而来的棘手局面，回应这一挑战的，有1880—1920年为期40年的“美国进步时代”，而20世纪30年代活跃并发展起来的私人公益事业，则对满足社会福利需求、发展文教卫生和缓解社会矛盾发挥了重要作用。尽管在美国宗教文化等因素影响下的公益基金会，总是更显其非官方性和独立性，但不可否认，美国政府的相关制度建设和政策设计，对公益基金会的发展也起到了相当大的引导、促进作用。

美国各级政府的减税激励。在税法上，对独立基金会、社区基金会、运作型基金会的可参照条款都有区别对待，但总体而言，减税激励是显而易见的共性特点。在1986年10月通过的税法第501（c）（3）条款中，明确规定了享受免税的基金会和其他公益机构的条件：其组织和运作完全是为了宗教、慈善、科学、公共安全试验、文学或教育、扶助国内或国际业余体育竞赛（但任何活动不得包括提供体育设施或装备），或防止虐待儿童和动物。但不适用于以下情况：其收入的任何部分作为私人股东或个人利益，以大量活动用于企图影响立法的宣传等活动……以及参与或干预、拥护或反对任何公职

候选人的政治竞选活动（包括印刷和发行声明等）[1]。只要符合条件的公益机构都可以向税务局提交申请报告，按照程序审查合格之后即可获得许可证。美国的法律和审核程序与其他国家相比相对简便，这实际上在很大程度上提升了免税政策的效力，促进了基金会的发展。

政府有权对公益机构进行监督，促进其保持良性运转。税务局也有义务对已经获得免税许可证的机构进行审计，如果发现不当行为，有权进行处罚，严重者可对许可证进行收回处置。然而，在美国的实践运行当中，取消免税资格的惩罚很少落实，取而代之的是一定比例的罚款，且这种处置措施不仅联邦政府有权执行，州政府和地方政府也有各种约束公益机构的具体规定，也具有对违规机构执罚的相关权力。

曾出任政府高级官员的人士，常见出任公益基金会负责人。比如：洛克菲勒基金会的腊斯克会长曾任杜鲁门政府的副国务卿和约翰逊政府的国务卿，万斯董事长则曾任卡特政府的国务卿。

以法律形式介入公益基金会不同发展阶段所面临的争议与摩擦。在美国公益基金会发展的不同阶段，政府多以法律形式来介入其所面临的争议与摩擦，从典型事件来看，主要经历了“沃尔什调查”“里斯及考克斯调查”“帕特曼调查”等[2]。1913 年，美国威尔逊总统指示成立了第一个对新成立的基金会进行调查的委员会，“沃尔什调查”就是以参议员弗兰克·沃尔什为代表的联邦政府“工业关系调查小组”对洛克菲勒基金进行调查和质询，主题是基金会与洛克菲勒财团利益分界线的问题，核心点围绕基金会是否是财团的一种掩护。这一事件加速了美国基金会成为真正的“第三部门”的进程。“里斯及考克斯调查”则是指以众议院议员里斯和考克斯为代表的调查小组对洛克菲勒、卡耐基、古根海姆、罗森瓦尔德以及福特基金会的共和国基金等进行的调查，主题是基金会的活动是否助长了左派思潮，是否危害了美国安全。

---

① F. Emerson Andrews, *Philanthropy in the United States, History and Structure* (New York: The Foundation Center, 1978), p. 3.

② 资中筠：《财富的责任与资本主义演变：美国百年公益发展的启示》，上海三联书店，2015，第 57—66 页。

“帕特曼调查”是1961年由来自得克萨斯州的众议员帕特曼发起的调查，主题是那些资金大部分来自与其关系密切企业的基金会不应该享受免税待遇，但是国会不予受理，此后美国税法中补充了相关条款。

与传统公益基金会的形式不同，以美国为主的新公益模式不再将公益事业限定为非营利模式，而是也可以通过营利来达成，出资方往往可以获得社会方面和经济方面的双重回报。从经济学角度来看，与单纯的无偿捐赠相比，这种可持续的模式如果能够非常合意地掌控，显然更具优势。此外，与传统基金会以自己的宗旨和主导有所不同，新公益模式更加注重通过调查来认定社会需求从而有的放矢，这一点颇具互联网经济模式下需求导向的特点。与此同时，新公益模式还在很大程度上带有区块链特征，发起人、出资捐赠人、投资人、专家、研究机构、社区、媒体甚至政府往往能在同一个平台上形成有机合作，这有利于形成系统工程，注重结果导向和目标落实，并且表现出全球化程度更高的特点。新公益包括了创投公益、社会企业、影响力投资等诸多形式，现阶段全球新公益的领导者则包括了DRK基金、洞察力基金、影响力工作坊、企业社区伙伴、社会创投伙伴、阿育王社会创新者等，而传统公益基金会中的洛克菲勒基金会和比尔及梅林达·盖茨基金会等，也开始涉足新公益模式。特别值得注意的是，奥巴马政府于2009年4月通过了《爱德华·肯尼迪服务美国法》，特别提出新设立社会创新基金，这也表明了美国政府对新公益的积极态度，下决心要以新举措积极推动公益事业发展从而遏制经济社会中有所扩大的两极分化。

从美国公益事业尤其是公益基金会以及新公益模式的发展中，可至少总结以下启示并形成相关建议。

（1）应当注重政府在公益事业发展中的作用。虽然美国的公益事业受到宗教文化的影响而久已有之，这一点与中国的环境迥异，但是其对于美国基金会的起源、发展、变迁都起到了至关重要的作用。在注册申请方面，美国政府对非营利组织的申请并不设立高门槛，凡是经过正常申报程序的绝大多数，都能够得以成功设立，这也是美国基金会能够得以繁荣发展的基础，更广泛地来看，也是第三次分配得以良好开展的基础。在税收优惠方面，从美国联邦政府到州和地方政府，都有针对性的税收优惠，尤其是针对独立基金会的税收优惠，这可以说在很大程度上激励了美国独立基金会的运行和发展，再加上美国一直以来施行的财产和遗产税制度，使得私人财产流向公益基金会形成了一个“两选一”形式下符合人性的“自愿选择”良性渠道。对于基金会运行中可能出现问题的监督与解决，推动公益基金会与公益慈善受众群体形成良性互动，实际上保障了以这种方式实现第三次分配的落实，加之政府态度在以公益基金会为主的非营利部门或称第三部门与多方发生争议与摩擦时的重要权威性质，从而以法规、监督与仲裁、调解等方式保障公益机构在经济社会中的良性运转，不可不说是政府高水平治理能力的体现。

（2）应当着力提高公益基金会自身运作水平。从公益活动产生的时间上来看，古代中国远早于美国，但从现代公益机构尤其是公益基金会自身的运作水平来看，美国的确有许多可借鉴和学习之处。美国公益基金会一般都具有明确的乃至高屋建瓴的创立宗旨，自身公益运行活动的发展方向清晰，并聘请高水平的掌门人和管理人员，可实现事半功倍，并往往可创造不凡业绩，机构设置中有严丝合缝的层级结构、管理组织、财务规定等，都有利于保障公益基金会自身的运行和目标的达成，并且与美国成熟的金融市场随时对接，以专业团队负责安全投资回报，保障着基金本金（往往是大体量资金）的运转。

（3）应当拓展公益基金会的关注范围。从美国经典案例来看，公益基金会不仅仅在从事帮助那些“过不下去”的人等相关事项，也就是传统慈善一般而言最关注的范围，而且更加注重如何让人们过得更好，尤其是对教育、文化、科学研究、生态环境等的集中性资金投入。中国已有公益基金会的关注领域，当然这与我国经济社会发展水平密切相关，但是随着我国发展阶段的转变，拓展公益基金会的关注范围已值得予以重视，以系统性引导、培育和推动自我成长，方能与经济发展阶段形成更为合拍的态势。美国公益机构往往国际化程度更高，着眼于全人类福祉，所以其第三次分配可说还有引领和推动全球人类前进的功效，这方面的经验也是我国作为大国值得学习和借鉴之处，应在打造“人类命运共同体”的中国现代化崛起过程中，培养这方面的能力与实力。

五、中国的第三次分配：特点与政府的引导、鼓励

中国现阶段在第三次分配方面的相关制度，除立法外，前已述及还突出地体现在税收制度上。在流转税的规定中，“个人无偿赠与不动产”享受“不征收增值税”的规定，纳税人进行公益性捐赠实行免征进口关税和增值税的规定，此外，个人进行实物捐赠都视同销售行为，征税，不区分公益性捐赠和非公益性捐赠。所得税的规定中，将捐赠支出和扣除的限额比例提高到12%，不区分内资捐赠还是外资捐赠。个人如果履行了税法允许的捐赠行为，最高可享受到应缴纳所得额30%的扣除，若是个人通过公益性非营利组织或者国家机关进行捐赠，最高可以获得个人所得全额扣除。

有了以上这些相关规定后，实际上中国现阶段第三次分配还有相关三个问题：尚无超额捐赠结转到以后年度的制度规定，在一定程度上限制了大额捐赠的比例；免税退税程序复杂，在很大程度上抑制了第三次分配的发展；没有开征遗产税和赠与税，第三次分配开展缺乏持续资金基础。这三个问题的展开分析可见本书前文。

第三次分配体系主要是道德伦理驱动的非政府主体自愿而为的公益慈善行为，以此可弥补初次分配和再分配在缩小居民收入差距方面的不足，助益共同富裕。第三次分配的物质基础是公益慈善捐助，必须在我国现有分配体系上进一步健全第三次分配的相关制度机制。

（1）加强对现有慈善资金管理机构的管理。近年来关于红十字会等公益性组织工作人员不当处置慈善捐款的负面新闻，使得人们对慈善事业的前途感到担忧。慈善捐款与其他资金不同，它完全是社会公众自愿的行为，公众希望自己能够帮助更多有困难的人，对那些侵吞、挥霍慈善捐款的行为深恶

痛绝，认为这是对他们爱心的一种亵渎，因此捐款意愿就会明显降低，那么第三次收入分配体系就无法较好地发挥扶助弱势群体、缩小居民收入差距的作用。所以需要加强对慈善管理机构的管理。首先，在人员任用上，应设置比一般任用标准更严格的标准，力求确保工作人员思想品质优秀。其次，提高资金收支全过程的透明度，以阳光化支撑公信力，并确保慈善资金使用各环节的监管。应建立慈善捐款使用跟踪机制，全程监督捐款的使用情况，定期向社会公开捐款资金使用情况并接受社会监督。再次，加强社会慈善氛围的营造和公益性基金会的建设，推动我国慈善事业发展。从我国慈善捐款的现状来看，社会捐款救助的规模还比较小，需要通过宣传使社会公众认识捐款的重大意义，营造一种真诚、高尚、充满爱意和互相帮助的和谐社会氛围。另外，需要通过宣传让社会公众了解慈善捐款如何使用，资金投入到了哪些项目上，让捐款者完全了解自己捐款发挥作用的情况，做到对公众全透明，接受社会全面全程监督，这样才能让社会公众放心、高兴、可持续地自愿捐款。

（2）完善税收政策，引导鼓励企业、社会团体组织及个人积极捐款。税收政策应考虑在企业捐款方面提高其税前扣除标准，建议可以采用累进式比例扣除标准，即企业捐款数额越大，税前扣除比例就越高，这样能够有效调动企业捐款的积极性。而对个人捐款，建议考虑采取全额扣除方式。

（3）依托法治建设鼓励和引导公益基金会、志愿者组织的发展。把慈善捐款制度化、规范化、常态化，才能为第三次分配提供持续的资金保障。借鉴国际经验，应依托于相关法治化进程，完善立法，把国内已有一定发展基础和发展意愿的公益基金会和志愿者组织更规范、更具长期行为特点的积极发展起来，鼓励和引导他们规范地、可持续地长期从事公益慈善活动。

第三次分配主要由公益慈善机构和组织来承担，分配效果还取决于这些机构和组织的自身建设和这类社会团体能否得到社会的广泛信任。因此，一定要以加强公益慈善机构和组织自身的建设来促进公益慈善事业健康发展。

（1）培育公益慈善文化。第三次分配固然是一种经济行为，但也在很大程度上体现出社会文化氛围和文明进步状态。一个承载着厚重历史和具有深厚文明积淀的国度，公益慈善事业应有长足的发展。党的十六大已经将公益慈善事业发展上升到国家战略高度。我们应该更加注重以多种方式使公益慈善理念深入人心，使第三次分配得到更广泛的关注，使之在文化现象的层次上成为缩小贫富差距和增进社会和谐的助推器。

（2）动态优化完善相关法律法规。如前所述我国已有《中华人民共和国公益事业捐赠法》，但民间捐赠和社会捐赠由于不属于公益性社会团体捐赠而不受该法的规制。我国出台了《中华人民共和国慈善法》对慈善组织、慈善募捐、慈善捐赠、慈善信托、慈善财产、慈善服务、信息公开、促进措施、监督管理、法律责任等多维度进行了较为详细的规定，这将推动中国第三次分配走向更加规范的道路。此外，捐赠行为作为一种资源的合同行为，要接受《中华人民共和国合同法》的管理规制，并随其调整变动而变化。《中华人民共和国物权法》则明确了慈善组织的捐赠主体产权，这是保证捐赠行为符合法律的首要条件，因为慈善主体所拥有的资源既不属于私有产权，也不属于国有产权，应当定位为一种社会公益产权，不能够改变受益对象，也不能够私有化。

（3）提升公益慈善组织的公信度。慈善组织要想获得更多善款，必须得到社会及民众的认可，否则一切将是空谈。这就首先要求这些公益慈善组织必须依法和依公益宗旨，加强自身建设，取信于民，服务于民。因此，需要掌握好如下要领：①建立公开、透明的信息披露制度和财务管理制度。要取信于民，就必须让民众了解关于慈善组织的所有信息，尤其是财务运行状况。公开的透明的信息披露制度和财务制度，是慈善组织健康运行并能够取信于民的重要保证。②在策划、劝募和实施公益活动中建立健全内部监督机制，进行合理的安排、组织和协调，努力提高工作效率。③培养高素质的公益慈善工作者。当前，我国公益慈善事业发展的主要制约因素之一是缺乏从事公益慈善工作的专业人才。为此，亟须在高教、职教领域设置公益慈善管理专业，培养专业人才充实公益慈善工作队伍，提高工作者的素质。④加强信息沟通协调。目前，我国公益慈善活动由不同机构和部门组织完成，捐赠信息和捐赠物资等的统计标准不同，信息统计往往存在较大误差。因此，需要建立统一的捐赠统计标准，引入现代化的信息技术，基于准确、标准化的信息，加强公益慈善领域内各相关组织与活动的协调，从而提高和保证社会公信力。

⑤总结各类案例中可吸收的经验教训，健全危机公关机制。有关政府管理协调部门应对社会上产生重大影响的案例进行深入调查，总结经验教训，举一反三、亡羊补牢。对于正面经验案例，则应作必要的社会引介、交流推广。

与此同时，还应当继续完善激励机制。相关要领包括：

（1）研究开征遗产税和赠与税，为第三次分配奠定持续资金基础。遗产税和赠与税是税负不能转嫁的直接税，可形成对于公益慈善资金来源的倒逼与催化式制度配套。中国研究开征遗产税和赠与税，在2021年8月17日中央关于推进共同富裕和优化三次分配的指导精神公之于世之后，受到各方前所未有的重视与关注，亟应纳入全面配套改革，作出积极稳妥的立法与制度建设。

（2）提升个人捐赠的税收抵扣额度，调动个人参与第三次分配的积极性。国际经验表明，第三次分配的参与主体不限于企业，而更多的是个人，中国现阶段个人参与还很有限——这当然与中国的遗产税和赠与税尚未开征有很大联系，但是与我国对个人捐赠的个人所得税扣除额度仍然较低也有直接关联。提升个人捐赠扣除额度将有利于引导和提升许多自然人的捐赠意愿，调动更多的社会力量参与第三次分配。

（3）建立超额捐赠结转制度，引导、鼓励大额捐赠。中国现在未建立超额捐赠结转制度，为了管理的便捷而墨守相关既成规定，不准予超额结转，制约着大额捐赠进入第三次分配，亟应改变。

（4）合理简化免税退税程序，以切实保障捐赠的税收优惠落实。2018年后，中国个人所得税已实行年度综合申报，所以应当规定在年终申报纳税时，对于纳税人在年度内实现的多次捐赠进行一次性退税，以切实保障将捐赠的税收优惠落到实处。

优化我国第三次分配，还应当特别注重健全监督机制。

首先，要加强政府监督和引导服务，避免公益慈善捐赠偏离第三次分配的初衷和应有的轨道。由于第三次分配的服务对象是社会中的一些特殊人群，在公益慈善捐赠中容易产生慈善特殊主义；慈善捐赠的资金来源比较单一，在决定慈善资金的用途时，由于资源掌控者的个体倾向，很容易在分配时产生家长作风；同时，开展慈善活动的多为有爱心的企业和志愿者而非专业人士，导致慈善活动在进行时往往缺乏专业性。因此，完善慈善业务和第三次分配，亟须于依法加强对公益慈善机构的监督中，对机构的财务状况进行严格的审计，对违规情况进行必要的纠正整改乃至处罚，同时积极正面地提供引导服务。

其次，要加强社会监督。应调动社会力量特别是充分利用媒体的力量，对公益慈善机构的活动进行监督。还可借鉴国外经验，组织一些独立的专门机构对慈善组织活动进行评估，并及时披露评估信息，让民众参考这些信息，自主决定是否向特定的公益慈善机构捐款。

第九章

改革深水区的攻坚克难与促进共同富裕

一、制度创新是打开管理创新、技术创新潜力空间，焕发活力推进现代化的“关键一招”

中国改革已推进了40余年，进入改革深水区后，“帕累托改进”（即只有人受益而无人受损）的改革空间已基本用完，中央反复强调并多次作出重要指导的全面配套改革，形成的文件也可说不胜枚举，但在实际生活中改革的实质性进展可谓步履维艰，面对的几乎全是领导人多次表述的“冲破利益固化藩篱”的攻坚克难——“好吃的肉都已吃完，剩下的都是骨头”，怎样把一个个改革的“硬骨头”啃下来？这既是中国推进现代化而使“中国梦”梦想成真的“关键一招”，又是中华民族冲过“历史三峡”而实现中华民族伟大复兴的大考验。

基于中国特色社会主义的本质是共同富裕，而推进共同富裕必须加深初次分配、再分配和第三次分配的“系统论”认识，我们必须在掌握这一系统工程的基本思路和要领上，首先“纲举目张”地抓住改革所体现的制度创新这个“龙头因素”，以制度创新充分地打开管理创新、科技创新的潜力空间，以供给侧结构性改革为主线，支持“新的两步走”战略目标（在2035年基本实现社会主义现代化，在2049—2050年建成现代化强国）如愿实现。

在与现代化中国梦息息相关的实现共同富裕的追求上，针对初次分配、再分配和第三次分配的系统工程制度建设，应当在体制机制方面提出，必须强调注重以下四大方面的要领。

（1）在深化改革攻坚克难进一步解放生产力中充分注重发展与效率，扩大财富规模，优化社会结构。我们认为必须始终强调发展是硬道理，时间就是金钱，效率就是生命。中国在几十年劈波斩浪、闯关夺隘的发展中，现实反复说明，困难总是存在的，“大发展小困难，小发展大困难，不发展最困难”，我们必须时刻牢记、坚定不移地贯彻“经济建设为中心”的党的基本路线，紧紧依托“以改革解放生产力”这一马克思主义唯物史观的根本遵循，在改革、发展、稳定的有机结合中注重使经济增长保持在合理区间，并实现高质量、可持续的发展。进入中高速增长阶段后，尤其要注重抗御下行压力，引领经济增长的“新常态”。经济增长是社会财富积累的基础，社会财富积累是整个收入分配的前提。中国应当通过制度结构优化和产业结构升级，继续维持经济平稳增长，把社会财富的“蛋糕”做大，进而以提高效率、增加财富带来收入分配的优化。在保持经济持续发展之中，应当继续支持和激励广大企业和居民创业创新致富，扩大社会财富规模，培育中等收入阶层，逐步形成有利于社会和谐稳定发展的橄榄型或枣核型社会结构。

对发达国家社会的研究表明，社会收入结构均呈现橄榄型，即高端收入人群和低端收入人群都在两端占据较小的比例，而社会中端收入人群占据绝对多数的大比例，这是社会收入差距较为理想的一种社会收入结构。然而，中国现阶段社会收入结构呈现金字塔型或鸭梨型，即低中端收入人群占据绝大多数比例，中端收入人群正在逐步增加，但是仍然占据较小比例，高端收入人群比例较低，但差距悬殊。为实现中国社会收入结构向橄榄型转变，应当逐步提高城乡居民收入在国民收入分配中的比重和劳动报酬在初次分配中的比重，并通过财政收入再分配功能大力改善民生，为居民解除“后顾之忧”；过滤资本市场泡沫，支持居民资本由储蓄型向投资型转变，并引导居民收入更多地投入实体、科技和国家产业结构升级换代所导向的产业中去，扩大财产性资本和社会财富规模，培育壮大中等收入阶层，通过优化调整社会收入结构来缩小收入分配差距。这一切，都需要有相关的制度安排以改革来实现。

（2）在全面配套改革中贯彻“全面依法治国”大政方针，加强民主法制建设，维护社会公平与正义。加强法治，整顿吏治，积极克服制度缺陷，大力遏制非法收入暗流，需要动态优化国家根本大法——宪法，到各个下位法的设立和修订，从“有法可依”推进到“有良法可依”，跟上“执法必严，违法必究”。在保护正当收入主体法定权益的同时，以制度机制的规范化建设来加强对弱势群体、低收入社会成员的帮扶，以及把“灰色收入”纳入合理化、阳光化的轨道，并有效封禁“黑色收入”。以非法收入为基础形成的高收入是社会的毒瘤，在任何时候都应打击、遏制。不法之徒之所以能够得逞，主要是因为其利用了权钱交易行贿买通、法律缺陷、制度漏洞、管理落后、惩戒措施难以落实等手段和条件。有必要从法律、制度、管理、治安等方面综合施治加强防范，更多依靠制度建设和制度创新，从源头上抑制非正常收入的暗流、浊流，反腐反贪，并加强司法公正、减少公权扭曲和公权机关不作为，严厉打击非法暴富活动和其背后的黑恶势力。

（3）于深化体制改革中实质性转变政府职能，降低行政成本，优化公共服务。亟应在配套改革中“啃硬骨头”“革自己的命”推进“大部制”和“扁平化”政府体系架构改革，进一步精简政府机构和加快“省直管县”和“乡财乡用县管”的财政体制改革，以减少财政层级引领、呼应和催化减少政府层级，按照“一级政权、一级事权、一级财权、一级税基、一级预算、一级产权、一级举债权”的原则建立健全三级财政机制，切实促使地方财政大力改善民生和从根本上解决基层财政困难。把减税降负、逐渐提高直接税比重和构建地方税体系等税制改革事项协调推进，并在转变政府职能的同时大力优化转移支付，在财政支出中稳步提高社会性支出的比重，积极有效提升基本公共服务均等化水平。

（4）健全市场机制，加快推进企业改革。自1992年确立中国特色社会主义市场经济体制目标模式以来，市场化改革取得重大进展，但要素流动制度建设等基础性改革任务仍待取得决定性成果，企业的自身改革与企业应得到的高标准法治化营商环境的构建仍需攻坚克难。国家与企业、企业与职工的分配关系仍然存在不少不尽合理而导致职工收入差距过大等问题。由于国有企业中有不少企业都具有规模巨大、行业垄断的特点，因此应当进而考虑：一方面，在国有企业改革中优化收入分配调控和激励机制，注重约束企业职工工资总额，尤其是电力、石油、烟草、冶金等大型垄断供给型国有企业，应当注重在生产经营和收入分配中依法落实税收调节作用；另一方面，推进国有资本经营预算与公共预算的结合，提高国有企业资产分红上缴比例，在发挥财政收入再分配作用的框架下，统筹用于民生支出。把在国民经济中有不低于“五六七八九”重要作用（50%以上的税收，60%以上的GDP，70%

以上的科技成果专利，80%以上的就业和90%以上的新增就业）的民营企业，要坚决贯彻2018年11月1日国家领导人召开民营企业座谈会上明确给出的“自己人”定位，支持民企创业创新健康发展，处理好电商平台公司的整改，扶助和支持1亿家/户以上的小微企业和个体工商户在经受新冠肺炎疫情冲击后继续发展和争取做好做强，并处理好劳资关系与解决收入分配问题。国企、民企应在深化混合所有制改革之路上，实现长久的共存共荣共赢。

二、财税改革和配套改革取得决定性成果是社会主义市场经济间接调控框架下优化收入分配政策的制度性依托

造成居民收入差距扩大的原因是多方面的，因此除了通过对国民收入初次分配、再分配和第三次分配进行调控之外，还要在“问题导向”下有针对性地推进与收入分配制度机制相关的配套改革。本书前面内容已对这方面多有涉及，在此还愿作些条理化的和更全面的讨论。

1. **优化调整政府间财政分配关系，在建立现代财政制度的轨道上，使各级政府公共服务的事权与支出责任相适应**

理顺政府间事权与财权配置关系的总体思路是：一方面，中央政府在认真履行好自身职责基础上，合理适度上收一部分事权，以减轻地方政府的负担；另一方面，在下放部分税政权、财权的同时，加快构建地方税体系，提高地方政府特别是基层政府的公共服务供给能力，为实现基本公共服务均等化奠定财力基础。

在合理划分中央和地方政府的事权与支出责任的取向下，由粗到细形成从中央到地方政府的事权分工一览表，特别是中央、省、市县三段共享的事

权，要形成中央与省、省与市县可操作的支出责任明细单。

具体要点是：

①按照公共产品的层次性和受益范围，包括国防、外交、海关、跨区域国土及空间开发和海域海洋使用管理等直联国家主权和整体安全的公共产品的提供，属于中央政府事权，应由中央政府全权负责。在执行方式上，中央政府可考虑按照全国通盘布局需要建立垂直派出机构履行上述职责尽量不用共担方式。②将部分基本公共服务兜底类事权上收中央，包括基本养老保险金、失业保险金实行全国统筹。③部分资源环境类事权应上划中央，包括全国性环境保护、跨地区污染防治、跨流域大江大河治理等具有全国性和跨区域影响的资源环境事务，以增强资源环境事权管理的统筹功能和一体化效应。④基本生存条件类事权应由中央负责。农产品、食品和药品等的安全监督和管理，包括农产品检测、食品药品监督和卫生监督等职责，应该上划中央由相关部门直接管理，以排除地方保护主义和局部利益关系的干扰，保障人类基本生存条件，提高政府的信誉。⑤跨区域司法管理事权应由中央负责。如铁路法院、海事法院、环境法院、知识产权法院等以及经济案例的司法管辖区应上划中央，由最高人民法院通过巡回法庭、跨区域法庭垂直领导，保障司法权的公正性和统一性。

2. 赋予地方政府与履职相应的财权，加快构建地方税体系

在上收部分事权的同时，中央应按照事权与财权相匹配的原则适度向地方政府下放部分财权，使地方政府享有必要的税收政策制定权和税种选择权。在可能的条件下，经过审批，中央可考虑允许地方政府依照法定程序自主开辟地方税种和税源，以便地方政府筹集适量的用于履行事权的资金，实现责与权的统一。同时，中央要按照事与钱相一致的原则，结合“营改增”的全面覆盖，尽快调整中央与地方政府之间的收入划分办法，关键是培植地方政府的主体税种，建立健全地方税体系，使地方政府有财力实现分级预算、自求平衡。具体而言，在保持现有中央和地方财力格局总体稳定的前提下，可考虑通过深化资源税、房地产税、环境保护税等税制改革，培植地方税主体税种，健全和完善地方税体系。

3. 深化教育、科研管理体制改革

要在“问题导向”下，坚决贯彻落实中央关于优化科研环境、加强智力要素激励等指导方针，以实质性地深化教育改革、科研改革，形成符合人才成长规律的创新型人才，遵循科研规律，营造可持续激励科研创新活动的制度环境和社会氛围，正确处理人文关怀、物质鼓励和经费使用与学术规范制约的关系。

4. 加快投融资体制改革，建立健全基本公共服务多元化供给模式

一是大力推广政府、企业和社会力量合作模式。设立 PPP 项目引导基金，规范 PPP 项目操作程序，建立健全合理投资回报机制，鼓励和引导社会资本参与公共产品和公共服务项目的投资、运营管理，重点在交通、能源、水利、保障性安居工程、医疗、养老、教育、文化、垃圾污水处理、停车等基础设施领域，乃至连区综合开发、产业新城建设和运营等重大建设事项上，推广 PPP 模式，提高公共产品和公共服务供给能力与效率。二是进一步推进和完善政府购买公共服务。继续扩大政府购买服务范围和规模，能由政府购买服务提供的，政府不再直接承办；能由政府与社会资本合作提供的，广泛吸引社会资本参与。工作要点有：①完善相关政策，制发政府购买服务指导性目录，逐步扩大政府购买服务的范围和规模。②制订重点公共服务领域政府购买服务实施方案，逐步加大教育、社会保障、环境保护、文化、市政市容等重点领域政府购买服务力度，推进选取社会影响力大、具有示范性和带动性、市场机制成熟的示范项目，通过购买服务的方式交由社会力量承担，并对示范项目实施情况进行后续跟踪。③加强政府购买服务资金管理，提高资金使用效益和公共服务供给水平。④加大对社会组织的培育扶持力度，重视发展服务业市场，激发和调动社会力量参与政府购买服务的积极性。

5. 积极推进收入分配法律制度体系建设

收入分配领域的问题，很大程度上是制度缺陷和制度漏洞所引起的。应当尽快建立比较完善、相互配套的收入分配法律法规体系，依法严厉打击各种非法谋取个人收入的行为。要加大执法力度，扭转有法不依、执法不严的

局面。一定阶段上，应根据个人收入分配中的突出问题，先建立一些暂行条例和管理办法，再通过不断完善，逐步形成更为规范的法律。应大力建立健全有关领域人员的监督机制，充分利用社会各个方面的监督力量，控制和约束社会非法收入的生成与蔓延。

6. 改革现行工会组织

缩小居民收入差距应当考虑改革现行工会组织，发挥工会保障职工利益的职能。一是赋予工会组织独立自主的地位。当前我国企事业单位工会组织在单位中没有独立自主的地位，主要职能是节假日慰问单位职工，组织职工的文化活动以丰富职工生活等，与现代意义上的工会职能相距尚远。新修订的《中华人民共和国工会法》规定，凡是企事业单位有违反劳动法相关规定侵犯职工权益时，单位工会组织可以代表职工向企事业单位进行交涉，由此来保护职工合法权益不受侵害。但实际上目前在我国一般还难以执行，因为工会组织是附属于单位的一个部门，并没有独立自主的权力，还不可能实质性代表职工（劳方）向单位（资方）提出交涉。要让工会真正承担起保障职工权利的责任，就必须赋予工会组织独立自主的地位，给予其与资方平等协商的权利。二是切实发挥工会组织“稳压器”的作用。协调劳资双方的不和谐关系。首先，开展预警服务活动，及时了解和掌握职工的思想动态、心理忧虑以及面对的困难，对各方面给出预警信息。其次，加大生活救助力度。对困难职工基本情况掌握之后，对生活困难职工加大救助力度，包括进行慰问和帮扶，对患大病或慢性病因病致贫的职工进行重点救助，帮助困难职工子女完成学业等。再次，帮助困难职工再就业。比如开展职工再就业技能培训、职业介绍、自主创业引导等。最后，实施工会接访制度等，为职工群众反映问题、咨询政策寻求帮助提供途径，解决职工困难、困惑，化解劳资关系矛盾。

7. 探索建立全社会收入分配预警体系

①确立收入分配相关的社会和谐目标，确定收入差距合理程度的测量尺度，为建立收入差距预警机制奠定基础。②探索建立城乡收入分配预警模型、地区间收入分配预警模型、群体间收入分配预警模型和行业间收入分配预警

模型。这些预警模型之间并非完全独立，需使之在各分预警模型对收入差距风险测评的基础上，可以得出收入分配的公共风险，进而工作部门可以依此提高政策制定实施的针对性，把各类风险控制在可接受范围之内。③建立收入分配调控机制。收入分配差距预警机制的建立可以帮助政府及时动态掌握各类收入差距和总收入差距的变动过程，进而在改革完善收入分配制度方面加强机制的顶层设计，着力在初次分配中，建立健全职工工资与经济基本同步增长、不同行业收入分配有效调节的机制等；在再分配中，建立健全对全社会而言“抽肥补瘦”的收入与财富分配调节机制等；在第三次分配中，使慈善和公益事业得到充分发展，以促进我国经济社会的持续健康发展。

三、直接税改革和构建“先行示范区”是中国今后推进共同富裕的重要操作性始发环节

正如本书前文所述，初次分配应当更多注重规则和过程的公平，要以激励创新、注重效率来“做大蛋糕”，这是整个社会的“发展底盘”。规则和过程越能够体现公平，越有利于促进效率，越有利于推动发展。2022 年 4 月 10 日，《中共中央　国务院关于加快建设全国统一大市场的意见》正式发布，要求“要以习近平新时代中国特色社会主义思想为指导，加快建立全国统一的市场制度规则，打破地方保护和市场分割，打通制约经济循环的关键堵点，促进商品要素资源在更大范围内畅通流动，加快建设高效规范、公平竞争、充分开放的全国统一大市场，全面推动我国市场由大到强转变，为建设高标准市场体系、构建高水平社会主义市场经济体制提供坚强支撑”，更在此前改革举措的基础上进一步对初次分配规则和过程公平性指明了方向。与此同时，仍十分有必要花大力气继续营造更加公平公正的营商环境。经济社会发展的活力，源于对效益与创业创新的激励和动力机制，基本原理是鼓励人们创新

创业，需要给予物质利益的必要引领。对于民营经济发达的浙江，可以考虑进一步降低市场准入门槛，更好打造高标准法治化营商环境，激发社会资本的投资活力、创新潜力和市场竞争力。

决策层已明确指出，要“坚持在发展中保障和改善民生，坚持人与自然和谐共生，协同推进人民富裕、国家强盛、中国美丽”①。相关发展理念，落实到初次分配之后的再分配环节，要更多注重结果的适当平衡，既不能让收入分配过于平均，也不能让收入分配过于悬殊，要“分好蛋糕”，与时俱进地在初次分配基础上动态地进行优化调整，而推进共同富裕的过程，也必然要求政府能动地优化再分配，进行必要的制度建设和政策设计。正如浙江省委在十四届九次全会中提出的，要促进公平，加快“扩中”、全面“提低”，结合再分配主要的运行机制，共同富裕先行先试示范区更应积极探索财政转移支付如何切实发挥作用、互助共济的基本社会保障如何实现、多样化机制如何构建及实施。比如，在基本养老之外，还应当有第二支柱和第三支柱，第二支柱是企业年金和职业年金，第三支柱是个人自愿选择、形成个人养老金账户的商业性养老保险等。

收入分配制度改革的重要托底手段之一是税收改革。在推动收入分配改革攻坚克难方面，当有紧迫感，努力使相关规则和制度按照“最大公约数”式的“税收法定”和规范的公共选择原则一步步推进，不断地进行创新和完善。如上所述，我国当前在直接税方面，还有相当可观的改革创新空间，正在高质量发展建设共同富裕示范区的浙江，可积极考虑加入国家相关直接税改革等试点范围。《中共中央　国务院关于支持浙江高质量发展建设共同富裕示范区的意见》中指出，要“深化收入分配制度改革”。浙江省委十四届九次全会也已提出，实施居民收入和中等收入群体双倍增计划，推动收入分配制度改革先行示范。在此方面，可结合直接税的改革空间，更加积极地探讨推进相关制度安排与政策创新。

---

① 习近平：《在庆祝中国共产党成立 100 周年大会上的讲话》，《求是》2021 年第 14 期。

第十章

换向思维和正本清源：共同富裕不是什么

一、不是绝对平均主义导向下的富裕

本书前文已强调，初次分配的作用主要是按各种要素分配，各得其所，实现激励，把蛋糕做大。蛋糕做大之后怎么分配好？这时的再分配（亦称第二次分配）应该起到非常大的作用。其后，还有补充性的第三次分配，即以公益慈善为主、非政府主体自愿的、基于道德和伦理驱动的分配。

党中央关于促进共同富裕的指导意见中，在作出“共同富裕是社会主义的本质要求，是中国式现代化的重要特征”的表述后，紧跟着强调，共同富裕“不是少数人的富裕，也不是整齐划一的平均主义”。“不是少数人的富裕”，非常直观，少数人富裕当然不是共同富裕；“不是整齐划一的平均主义”，则是为防止走极端而重复传统体制下曾流行的绝对平均主义“大锅饭”式偏差。这些表述内含了厚重的内容，值得我们深刻领会，把握好相关要领。推进共同富裕过程中的中央总体要求是尽力而为和量力而行：一方面，尽力而为是强调主观能动性的发挥，基于生产关系对生产力有一定的反作用，政府掌握制度和政策更好地发挥作用，显然就是主观能动性的重要内容，也需要全体社会成员在探讨创新发展中督促政府更好地履行职能；另一方面，要对客观规律有充分认识，不能自己想怎么样就怎么样而凭主观愿望走极端，这便是量力而行。

因此，对公平和效率的关系还需要进一步正本清源。本书前面的考察分析已经强调：人们都认同，需要有规则的公平、过程的公平，各种企业在一条起跑线上竞争这种起点的公平。这里的公平概念，实际强调的是公正。这种公正和我们所说的效率，即微观效益是不矛盾的，没有此消彼长的关系，不需要作出权衡。为什么人们这么多年反复探讨这两者的关系呢？实际上，它涉及的是分配结果的均平程度问题，公平在汉语中的表述，实际上强调的是分配结果的差异怎样才算合理，适当均平是更准确的说法。

如果社会均平程度相当高，那么就会呈现为过去吃“大锅饭”时那种平均主义状态，它已经被实践反复证明，无法形成对所有创新创业活动的激励，不可能适应整个可持续发展的客观要求。我们通过改革破解原来的“铁饭碗”“大锅饭”之困，都是针对那个问题。

另外，我们这些年已经感受到收入的基尼系数过高，社会成员收入与财产差距非常明显。如果均平程度过于悬殊，它又会带来什么问题呢？必然形成低收入阶层（也可称之为弱势群体）的社会性问题。低收入者的形成原因相当复杂，很多不是主观原因。矜寡孤独废疾者的收入低，并不是他们主观努力不够，而是种种客观原因使他们变成弱势群体而收入低。

在收入分配结果极不均衡、可能走向两极分化的情况下，底层社会成员会积累很多对社会的不满。经济生活中愤愤不平的底层情绪到了某个临界点后，就不是经济问题了，而会表现为经济问题的社会化和政治化，会威胁整个社会的和谐稳定。所以必须对分配结果的均平程度作出调节权衡，低了不行，高了也不行，这和微观效益之间有此消彼长的关系。例如，五个人的活让三个人干，收入加码，那三个人会干劲冲天，但是多出的两个人怎么办？如果不能妥善处理，就会造成社会不和谐。对这些事情，要不断深化认识，并做到从制度、机制到政策的优化。

总之，公平和效率关系处理的实质性问题，是对整个分配结果适当均平程度的把握，这种适当没有公认的一套标准，必须在社会发展进步过程中不断探讨和优化，但决不能落入平均主义的思维框架。

二、不是少数人的富裕：避免金字塔型，追求橄榄型、宝塔型

共同富裕当然不是少数人的富裕同时又不应是平均主义，那么整个社会

收入分配格局，什么样才是合理的、可实现的共同富裕状态呢？我们知道，初次分配主要是激励创新创业、做大蛋糕，再分配中政府的作用就凸显了。在这方面，政府发力主要是运用两个手段：一个是转移支付。在社会政策托底方面，对这个术语我们可以联系到低保、抚恤、救济，即所谓“抬低”，把低收入阶层的实际收入水平往上抬。另一个是直接税。直接税是指税负落到什么样的纳税人身上就由什么样的纳税人承担，没有转嫁的问题。直截了当的税负落到纳税人身上，并不是让他们伤筋动骨、过不去，而是按支付能力让他们给国库多作一些贡献，这就是“抽肥”。“抽肥”在财政分配上是要“补瘦”的，“抽肥”看起来是“限高”，和前面说的“抬低”有内在的联系，“抬低”的财力从哪儿来？很多要从“限高”这方面来，形成“抽肥”“补瘦”的循环关系。合在一起有一个结果，就是“扩中”，即把中等收入阶层培育得越来越壮大，这就是中央现在特别强调的——共同富裕导向下，要打造的是一个橄榄型社会结构。

橄榄型社会实际上是个比喻式概念，可以更形象化地使我们去观察中国推进共同富裕的一种境界勾画。中国现在离橄榄型社会甚远，因为我国现在是金字塔型，上面的尖端部分就是亿万富豪，虽然人数的绝对规模已经有可观扩大，但在 14 亿人口中比例不高，是金字塔最上端的尖；再往下有大约 4.9 亿的中产阶层（特征大体上是有房有车、有较体面的工作、有较稳定的收入、有一定的旅游度假支付能力），在全球已经是最大规模的中产阶层，但是下面还有约 8.4 亿人的底座。什么时候把金字塔型的底座收成尖，才是橄榄型社会。显然，这是任重而道远的。还有学者用了另一个比喻式概念——宝塔型社会，即是说共同富裕导向下，社会结构中固然不能完全消除最富裕社会成员构成的尖的部分，但在壮大中产阶层的过程中，低收入者可享受的社会政策的托底，却可形成“低保式”的一个底线水平，那么整个形态更准确的比喻，便是橄榄下部的尖也被抹平了，直观看，更像一个瘦高的宝塔。这样的比喻很有道理，但其内涵应当说，与橄榄型表述并无多大矛盾，在改变金字塔型的取向上，则是相当一致的。

三、不是“杀富济贫”行政手段可达到的稳定状态

在学习领会党中央2021年8月17日重要会议精神的背景下，针对社会舆论场中的一些偏差、非理性的声音，中央财经委员会办公室分管日常工作的副主任韩文秀已强调，共同富裕不是“杀富济贫”。这直指试图以行政手段、运动式地推进所谓共同富裕的做法是非理性的，将会注定与共同富裕南辕北辙、事与愿违。

唯物史观的基本原理告诉我们，社会生产力最终决定的生产关系发展进步过程，是客观规律发生作用的过程，很大程度上是一种自然过程，不可能揠苗助长。我国在现代化过程中追求共同富裕，既要有明确的导向，又要有对建立理想社会的充分的战略耐心。我国现在处于社会主义初级阶段，中央反复强调，进入更高阶段需要经过几代人、十几代人甚至几十代人的努力。关于共同富裕，中国古代以《礼记・礼运》为代表，体现为对矜寡孤独废疾者皆有所养的大同境界的追求；共产党人的初心，则有《共产党宣言》和《哥达纲领批判》的经典表述，就是未来理想社会的奋斗目标——自由人的联合体，要在生产力高度发达、社会财富充分涌流的前提下，使社会成员各尽所能、各取所需。这决不是靠“杀富济贫”行政手段就可以达到的，也决不是在生产力尚不够发达的阶段就能够达到的稳定状态。只有秉持持久战思维，遵循客观规律，才可能在中华民族伟大复兴目标实现时，基本实现共同富裕。

四、不是“主要靠国民能力提升”可达到的稳定状态

从理论探讨来说，并不是简单依靠国民能力提升就可以达到共同富裕的稳定状态。大家都赞成国民能力提升，因为这永远值得努力，而且国民能力提升确实和走向共同富裕有密切的关系。但是如果像有的论者那样只强调国民能力提升，而不重视再分配等机制，那么就一定会发生偏差。因为国民能力的提升及收入的提高，并不是简单依靠主观努力能够达成的，一定还有客观条件（个人天赋、机遇等因素）的作用。有时候，先天禀赋十分重要。可以先举个极端的例子：姚明是体育明星，他的主观努力加上机遇，也加上天赋条件，才使他致富；而身材矮小的人，在篮球方面再怎么努力，能力再怎么提高，也是没有前景的，不可能由此致富，他得另辟蹊径。关牧村成为著名的女中音歌唱家致富了，她有天生的好嗓子，别人想学也学不来，而且，还要有高人指点等机遇，所以本来是在工厂做工的工人，最后走上了专业化的歌唱家致富之路。

另外，更宽泛地说，我们可观察一下股市：大量散户都在努力提高自己的炒股能力，但是客观结果总结下来，多数人并不能赚到钱（经验表明，约50%的人会赔钱，30%左右的人不赔不赚，只有不到20%，甚至低至10%的人能够赚钱），收入必然会出现明显差距。大家都努力提高这方面的能力，就可以实现共同富裕了吗？决不那么简单。所以，就全社会而言，还要有再分配方面非常重要的制度建设和机制优化以及政策优化。

结合跨越“中等收入陷阱”应有更全面认识，笔者有一个联系严峻事实的鲜明观点：我们必须注意到，从全球的统计数据来看，第二次世界大战结束以来的70余年内，绝大多数要从中等收入水平攀升至高收入水平的经济

体，都被挡在了这个升级门槛之外，最终未能如愿。基于这种统计现象，“中等收入陷阱”的概念产生了，表示一个中等收入国家在向高收入国家冲刺的时候，“门槛效应”突然出现，各种各样的矛盾纠结在一起，使其经济发展突然失速，国民收入没有如愿地继续提高。

至于最近约30年，全球还没有一个经济体实现从中等收入水平到高收入水平的跨越。这个统计结果，十分值得我们注意与警醒。由于经济体量不断扩大等因素，中国近年的发展合乎共性地告别高速增长转入中高速增长，再维持2010年以前两位数的增长速度已不切实际，此后稳中求进、引领新常态、追求高质量的经济发展思路越来越清晰。

中国在2010年人均国民收入达到4000美元、坐稳中等收入国家位次之后（与其他中等收入国家相似）就开始告别有经济起飞特征的高速增长阶段，增速出现向下调整过程，决策层的指导性要求是力求以L型转换“软着陆”到以高质量发展为取向、以供给侧结构性改革支撑经济升级的中高速增长平台上。

这一转换过程在2015年下半年后，曾露出了对接平台状的端倪：一直到2018年上半年，中国经济增速在6.7%～6.9%的中高速增长平台上运行了12个季度。但不期而至的中美贸易摩擦在这个时候出现，其后中国经济增速继续回落到6%的整数关口。2020年初，新冠肺炎疫情暴发，中国的一季度经济增速出现负增长（-6.8%）的严峻局面。但二季度武汉“解封”后，复工复产中经济“前低后高”全年实现正增长，2021年继续恢复，2020—2021年两年，与2019年相比，平均增速为5.1%。目前，中国人均国民收入已经达到1万美元以上，正是向高收入国家冲关的关键时期。虽然当今世界正经历百年未有之大变局，内外部因素交织合成的巨大不确定性摆在我们面前，挑战与考验不可回避，我们也宁可把困难想得更严重一些，但只要应对得当，如能在今后几年间保持中高速的人均国民收入增长，加上汇率变动因素，中国就可以使人均国民收入达到1.3万美元以上，而坐稳高收入国家位次。但仅从这一角度考虑问题，又不足以正确而全面地认识跨越“中等收入陷阱”的历史性考验。

另一个重大的角度，即如何优化收入分配结构，是中国实现从中高收入经济体到高收入经济体所伴随的一个重大课题。人均经济指标常常形成一种假象，在收入水平取平均数时，一个先富起来的亿万富翁，就可能把成千成万个低收入阶层社会成员平均到中等收入阶层上。所以在我国人均国民收入达到1万美元之后，还要特别看到中国实际生活中引起矛盾累积而制约高质量可持续发展的重要问题，是收入分配结构和格局上存在着悬殊差距。人们感受到的中国人均收入不断提高的过程中，仍然有“老百姓获得感、幸福感跟不上”这一问题，大量社会成员还处于较低收入水平，2020年中国全面建成小康社会后，这个问题还要继续解决。

如何解决这个问题？在低收入抬高的调节机制之外，还需要有一个把高收入适当调减的机制。按照全球经验和国际通行做法，经济手段中，可通过直接税调减高收入，这种机制在现代市场经济中已经运用得比较成熟，比如美国的税收体系早在很多年前就是以直接税为主，典型表现在联邦为主征收的个人所得税和地方征收的房地产税上。

中国改革开放40多年以来，在直接税调节收入分配制度建设上仍然处于滞后状态。党的十八届三中全会明确提出要逐渐提高直接税比重，但实际生活中迟迟没有看到明显进展。如果只看重人均国民收入这一个指标，而忽略国民收入分配体系里的分配结构和格局中的收入差距问题，就没有抓住如何使中国在现代化进程中可持续推进的一大关键点。所以在向高收入经济体冲关的这个阶段，我们要特别关注大力推进共同富裕，优化调节收入分配，积极促进社会和谐，多方多策帮扶弱势群体，从而化解相关的矛盾纠纷。

直接税改革作为整体配套改革中的一部分，是比较典型的“啃硬骨头”问题。房地产税在中国讨论这么多年，但迟迟未有实质性推进的立法。笔者认为，于大方向上，提高直接税比重这样一个影响全局的制度建设问题势在必行，它是典型的在改革深水区如何攻坚克难的问题。从理性视角看，中国社会走向现代化，必须建立完善的现代税收制度，其中必然包括优化收入分配的直接税制度建设内容。

综合上面两个大的角度，我们认为现在更要强调防范矛盾累积隐患叠加造成的经济不能继续保持中高速发展的潜在风险。在这方面必须秉持高水平战略思维，宁可把问题想得更严重一些，千方百计化解矛盾，包括制订摆脱矛盾爆发带来的不良局面、处理“意料之外惊涛骇浪”的预案；下定决心在改革深水区攻坚克难，以优化收入分配结构来化解矛盾，促进社会和谐，以寻求长治久安、可持续发展。

五、我国收入分配的代表性问题：如何看待“灰色收入”与综合负担

1. 关于“灰色收入”

如本书前述，我国统计数据表现的居民收入增长的占比走低，但却暗含着统计数据缺乏反映的部分居民“灰色收入”可观：最关键问题应聚焦于“非公平、非规范”。我国改革开放以来的经济社会发展中，国民收入分配总格局发生了一系列演变。2000—2014 年，居民收入与人均 GDP 增速之比，经历了先走低后抬高的过程，前面 8 年（2000—2008 年），我国人均 GDP 的实际年均增长率为 10%，城镇居民人均可支配收入的实际年均增长率为 9.9%，农村居民人均纯收入的实际年均增长率为 6.4%，均低于经济增长速度，但后面 6 年（2008—2014 年），人均 GDP 的实际年均增长率为 8.1%，而城镇居民人均可支配收入与农村居民人均纯收入的实际年均增长率分别为 8.2% 和 10%，都超过了经济增幅。可知，居民收入在国民收入中的占比在经历了下降过程之后，又转为上升过程①。

根据国家统计局数据，可计算出 2000—2014 年我国政府、企业、居民三部门在国民收入分配中的占比情况（见表 10－1、表 10－2）。

① 刘伟、蔡志洲：《新世纪以来我国居民收入分配的变化》，《北京大学学报》2016 年第 5 期。

表 10－1　2000—2014 年国民收入初次分配格局

年份	初次分配/亿元				占比/%			
	居民部门	政府部门	非金融企业部门	金融机构部门	居民部门	政府部门	非金融企业部门	金融机构部门
2000	65811.00	12865.20	18529.92	794.40	67.15	13.13	18.91	0.81
2001	71248.72	13697.28	21617.68	1504.54	65.93	12.67	20.00	1.39
2002	76801.57	16599.95	23666.49	2027.70	64.49	13.94	19.87	1.70
2003	86512.46	18387.52	27132.28	2944.75	64.09	13.62	20.10	2.18
2004	97489.67	21912.66	36979.34	3071.90	61.14	13.74	23.19	1.93
2005	112517.06	26073.94	41532.18	3494.24	61.28	14.20	22.62	1.90
2006	131114.93	31372.99	48192.56	5223.88	60.73	14.53	22.32	2.42
2007	158805.28	39266.86	61525.47	6824.39	59.61	14.74	23.09	2.56
2008	185395.44	46549.14	74609.24	9476.51	58.66	14.73	23.61	3.00
2009	206544.03	49606.34	73275.18	10894.40	60.69	14.58	21.53	3.20
2010	241864.51	59926.74	83385.82	14582.48	60.50	14.99	20.86	3.65
2011	284282.94	72066.93	94853.93	17358.58	60.67	15.38	20.24	3.70
2012	319462.37	80975.88	97023.47	20753.02	61.65	15.63	18.72	4.00
2013	353759.88	88745.04	120826.03	19865.78	60.66	15.22	20.72	3.41
2014	387473.11	98266.40	137142.34	21909.25	60.09	15.24	21.27	3.40

资料来源：2008 年、2013 年经济普查修订的资金流量表。

表 10－2　2000—2014 年国民收入再分配格局

年份	再分配/亿元				占比/%			
	居民部门	政府部门	非金融企业部门	金融机构部门	居民部门	政府部门	非金融企业部门	金融机构部门
2000	66538.67	14314.06	17152.68	517.59	67.90	14.61	17.50	0.53

（续表）

年份	再分配/亿元				占比/%			
	居民部门	政府部门	非金融企业部门	金融机构部门	居民部门	政府部门	非金融企业部门	金融机构部门
2001	71865.34	16324.18	19327.19	1254.42	66.50	15.11	17.88	1.16
2002	77423.32	19505.94	21313.62	1927.53	65.01	16.38	17.90	1.62
2003	87268.45	21946.82	24339.09	2866.89	64.65	16.26	18.03	2.12
2004	98508.92	26517.58	33246.66	3075.63	61.78	16.63	20.85	1.93
2005	112910.16	32573.69	36987.87	3100.65	61.49	17.74	20.14	1.69
2006	131426.42	39724.85	42687.11	4303.44	60.87	18.40	19.77	1.99
2007	158558.63	51192.09	54207.96	5284.53	59.51	19.21	20.35	1.98
2008	185926.31	60544.07	65450.94	7106.18	58.83	19.16	20.71	2.25
2009	207302.37	62603.34	64171.08	8405.70	60.91	18.40	18.86	2.47
2010	243121.74	74116.25	72069.17	13206.55	60.82	18.54	18.03	3.30
2011	285772.58	90203.21	78990.47	15179.18	60.99	19.25	16.86	3.24
2012	321399.16	101301.11	78875.93	16855.35	62.02	19.55	15.22	3.25
2013	357113.36	110375.99	100204.35	14963.20	61.23	18.93	17.18	2.57
2014	391109.95	121574.23	116262.29	15932.81	60.66	18.85	18.03	2.47

资料来源：2008 年、2013 年经济普查修订的资金流量表。

根据表中情况，居民部门所占比重在经历下降过程后于 2008 年有所回升，但总体上此期间下降了 6 个百分点左右。这种“蛋糕三分情况”的变化，曾一度成为多方关注与讨论的热点，认为与我国消费率偏低等现象密切相关。白重恩等学者测算了这个比重走低问题，其相关研究具有我国学界主流观点的影响力。

但根据王小鲁的研究，我国国民收入分配中存在巨额的“灰色收入”，未能反映在国家统计局的数据中，属于隐性收入，在 2005 年，约为 4.85 万亿元的总规模①，之后根据他的又一轮估算，基本结论是2011年我国“灰色收入”总规模为6.2万亿元，相当于GDP的12.2%②，而且这种隐性收入的分布是极不均衡的：这块收入中的63%集中在前10%的高收入家庭，80%集中在前20%的高收入家庭。

基于王小鲁这一广泛引起关注和重视、形成主流观点影响力的研究成果，白重恩等学者根据官方统计数据得出的研究结论，恰恰是与之冰炭不能同器的观点：居民收入占比考虑了这一影响成分后，非但不是下降的，依基本逻辑关系还应当是有所上升的。到底如何，自然会有见仁见智的讨论，但限于种种条件制约，各种观点的量化结果均不可能十分精确。但应当看到，王小鲁这一研究结果的独特价值是无可否认的，即把实际生活中人们早已感受到的非规范收入问题纳入严肃的学术研究框架，得出其规模巨大的一种量化分析结果——具体量值上的难以精确，并不能否定问题性质上的重大现实意义，即我们不应局限于国家统计局的官方数据认识我国收入分配问题，也不宜局限于居民部门所占比重是否下降的问题，而应特别注重深入探究“灰色收入”问题背后的收入分配结构问题，即收入差距、财产差距问题及收入分配的公正性、规范性方面的问题。

关于国民收入分配结构的收入差距过大问题，早已引起各方关注，以基尼系数的官方数据衡量，2008年达到历史记录最高值0.491，以后逐渐走低，但2016年仍在0.46以上，属于过高状态，而非官方研究群体对中国基尼系数的测算结果，往往明显高于官方数值，如西南财经大学中国家庭金融调查（CHFS）的研究结论，是高达0.61。与之相随，居民财产分布的基尼系数更高，北京大学中国家庭追踪调查（CFPS）形成的《中国民生发展报告2015》基于全国25个省市160个区县14960个家庭的样本，得出的结果是全国居民家庭财产基尼系数已从1995年的0.45扩大为2012年的0.73，顶端1%的家庭占有全国约1/3的财产，底端25%的家庭拥有财产总量仅在1%左右（2016年1月13日《第一财经日报》）（见表10－3）。

---

① 王小鲁：《我国的灰色收入与居民收入差距》，《比较》2007年总第31辑。

② 王小鲁：《灰色收入与发展陷阱》，中信出版社，2012。

表 10－3　2002—2016 年各类来源基尼系数比较

年份	国家统计局	西南财大 CHFS	北大 CFPS
2002	0. 454	—	0. 55（财产）
2003	0. 479	—	—
2004	0. 473	—	—
2005	0. 485	—	—
2006	0. 487	—	—
2007	0. 484	—	—
2008	0. 491	—	—
2009	0. 490	—	—
2010	0. 481	0. 60	—
2011	0. 477	—	—
2012	0. 474	0. 61	0. 49/0. 73（财产）
2013	0. 473	—	—
2014	0. 469	—	—
2015	0. 462	0. 60	—
2016	0. 465	—	—

资料来源：作者根据公开报道整理。

特别关键的是，与居民收入、财富差距扩大形影不离的是收入分配的不规范、不公正问题。大量的隐性收入，包括“灰色”（涉及尚不宜直接认定为违法乱纪的种种不规范分配）的和“黑色”（涉及腐败等犯罪行径）的收入，在分配格局中占据不容忽视、相当可观的分量。

如把王小鲁估算的 5 万亿～6 万亿元规模的不规范“灰色收入”考虑在内，我国居民部门所得在这些年间并没有减少，而是很可能有所增加，只是关于具体增加了多少的认定，的确成为一个棘手的难题，无法形成权威解释。然而，我们依据常识和相关指标的逻辑关系，应可知王小鲁所指称的隐性收入，一部分会是在财务与统计信息中“偷梁换柱”地从非居民部门转到居民部门的，这一块只影响“蛋糕”的切分结构，不影响我国 GDP 的总量，另一部分却会是以类似“坐支方式”不进入财务会计信息与统计覆盖面的，于是合乎逻辑地说，这一块应是以做“加法”的因素影响我国GDP的总量，即构成使“蛋糕”增大的贡献因子。但实际上，这个“加法”也肯定难以为官方统计部门所接受。我们愿意在此特别强调的是，在种种制约条件下，依王小鲁的研究成果而量化地调升我国GDP的总规模，虽然可以认为不具备可操作性，但在我国GDP内部结构视角上，适当调升居民部门份额，却显然是合理的、必要的。至于调升多少，确实也难以精确论定，但至少这个审视已显著降低了关注居民所得比重下降问题的必要性，而启示我们把注意力放在国民收入分配的真问题——不规范、不公正、差距悬殊上。

这种非规范性、非公正性，与现实生活中的不正之风、贪污腐败、权钱交易、化公为私、国资流失、巧取豪夺等合为一体，性质最为严重，事关人民的基本福祉、社会的公平正义和党与国家的命运、前途，是当代中国正确处理收入分配问题的核心与要害之所在。

2.“曹德旺议题”与企业负担合理化

2016年12月，福耀玻璃的董事长曹德旺的一番言语激起千层浪，引出社会热议。他在谈到于美国投资办厂的同时，强调了中美对比之下的企业负担问题，实际上所讨论的是国民收入分配体系中的税、费及其他分配机制应怎样合理化的问题。我们愿从这个视角正面表述为如下命题：“税、费及其他：中国企业负担的‘全景图’和相关改革的分析认识”，相关分析可简要表述为下面17个具体关注点。

（1）“曹德旺议题”重要，结论还不到位。

曹德旺说到的企业负担里，涉及的美国和中国对比的人工费、电费、天然气的成本、物流中的过路费，其他开销里的厂房、土地成本，各种各样的融资、清关、配件的相关负担，其实与税没有直接关系，不是以税的概念能涵盖的。他把所有这些项目都作了相关的考量以后，最后总结了一句话：中国综合税负比美国高35%。这就需要澄清一点：他到底说的是税，还是税和其他各种负担的总和？显然他说的实际是后者。接下来的问题是：即使先讲税，中美情况怎么比，也还是需要进一步讨论和澄清的。

（2）曹德旺并未要“跑掉”，然而全球发展竞争中确有“用脚投票”。

社会热议中的“曹德旺要跑”之说，使他感到十分委屈，这是可以理解的。他其实早在20年前就在美国布局，在早早就“走出去”的情况下，到了新的发展阶段，可能在生产经营方面有进一步乘势扩大规模的意愿和感受到现实可能性，专业做汽车玻璃要跟着汽车产能走，中国国内产能和美国的产能都在发展，他两边都得跟上。

但社会关注的会否“跑掉”问题，又不是空穴来风。全球发展过程中，开放条件下，实际上确实有不同市场主体会“用脚投票”来实施要素流动、实现资源配置的竞争。在这方面，曹德旺提出这样一个引起大家普遍关注的重要的企业负担问题，形成社会广泛的讨论之后，应该乘势引发理性认识，更好地、清晰地形成对真实情况的把握、分析，然后建设性地提出应该尽快采取一些对策措施，以利于事关中国发展的“用脚投票”，中国是加分因素而非失分因素。

（3）全面、理性看待企业负担问题，决不限于税，但可以先从减税说起：减税显然是回应社会诉求的得人心之举。

中国现阶段的正税为18种，要想再减，具体减什么，这是关键的。如果按照要稳定或降低宏观税负，同时要逐渐提高直接税比重的意向，那么言下之意，就是要以降低间接税的税负（主要是表10－4中的第一类）为大方向。

表10－4　中国税种情况（18种）

税种类别	税种内容
流转税（3种）	增值税、消费税、关税
所得税（2种）	企业所得税、个人所得税
财产税类（3种）	房产税、车船税、船舶吨税
行为目的税类（6种）	印花税、土地增值税、城市维护建设税、耕地占用税、契税、车辆购置税
资源税类（3种）	资源税、城镇土地使用税、环境保护税
农业税类（1种）	烟叶税

（4）降间接税，需同时考虑提高直接税比重。

在减税的同时，必须维持整个政府系统安排的支出，以满足一系列的目标要求，比如要保“民生托底”（社会政策托底）的很多事情，包括一系列与2020年实现全面小康目标相关联的7000万人脱贫的精准扶贫相关财力投入，以及维持我们所有的社会保障事项（从住房保障到教育、医疗、就业、养老）相关财力投入，这些支出是要不断加码的。我国财政赤字率2016年和2017年都抬到了3%，2020年和2021年都为3%以上，这个赤字率再往上抬一些不是不行，但是会更审慎。虽然纳税人都不愿意加税，但是加税实际上又是涉及在维持适当的宏观税负水平和优化税制结构这个大前提之下必须处理的配套改革问题。如要降低宏观税负，恰恰在以税改提高直接税比重这方面的约束条件就会更加严格。增加直接税是个很慢的变量，以很慢的变量配很快的向下调整的变量（就是减少间接税），必须找到短期内填补它的收入来源（如增加政府举债）。

（5）中美减税基本不可比，应防“东施效颦”。

“曹德旺议题”的热度与美国上任总统特朗普的减税方案有关。特朗普的减税与当年里根的减税基本在一个套路上，都是主要指降减美国联邦政府的财力支柱来源——个人所得税，也包括降减州政府为主征收的公司所得税，是直接税概念下的减税。中国的情况则是在直接税中，个人所得税近乎无足轻重（仅占全部税收收入的6%左右），企业所得税已经减了许多（标准税率早已降为25%，高科技企业15%，中小企业减半征收即为12.5%，加速折旧、研发抵扣都有匹配，许多地方政府提供“两免三减”等），继续降减空间很有限。而且只讲减间接税，就变成了仍在“顺周期”框架里的“东施效颦”（经济偏热时会继续升温，经济偏冷时升温却会很有限，还会刺激地方政府作出正税损失非税补的“刮地皮”扭曲行为）。非但没有自动稳定器功能，还会对我国的一些矛盾和问题（粗放发展、累退分配、价格波动等）推波助澜。

从国际可比宏观税负水平看，中国并不高，应把最宽广眼界下的各负担因素综合起来考虑。按照IMF标准口径作对比，中国大致和发展中国家平均宏观税负相当：近年不到35%，明显低于发达国家宏观税负的平均值。但我们至少应把正税之外中国特别需要讨论的行政性收费、“五险一金”，以及一些隐性的、在政策环境的明规则之外、由潜规则起作用而形成的各种成本因素（很多是虽隐性但企业不得不承担的成本）综合在一起考虑。

（6）正税和行政性收费可以减什么？

依序具体考虑：先看流转税能减什么？“营改增”的这个结构性减税，已经于2016年5月1日之后在框架上做到全覆盖，细处还有一些问题，需调查研究后寻求解决，具体化到改进措施的制定与实施。小型企业所得税的简易征收上 起征点还可以再抬高，但抬高后，一个月充其量降个一两千元的税，对企业来说能有多大的帮助？——这已经可以看到在正税框架里我国所面对的减负局限性。

（7）减少行政性收费，关联大部制改革等的攻坚克难。

行政性收费当然也需要减降，关键在于怎么减降。我国对行政性收费已作了整合、清理，有关部门表示能取消的取消、能降低的降低之后，这方面我国企业的负担仍然明显高于其他经济体。娃哈哈集团反映的高达500项以上的各种收费，经有关部门核对，可归并的作了归并之后，也仍高达370项左右，也称得上多如牛毛了。在此背后，是相关公共权力环节的各个部门在这方面已经形成了一定的既得利益，部门的审批权后面跟着的往往就有明的收费权和暗的设租权。很多的具体收费，是跟着这种公权在手的“权力行使”带出来的。这些行政性收费里很多的负担怎么能往下降，遇到难题，就是整个政府的架构如何完成“脱胎换骨”，至少“伤筋动骨”，最好是整合在一起改造：大部制、扁平化。但实际上大部制只走了“小碎步”“小花步”。

（8）降低“五险一金”水平，必须解决社保基金制度机制问题。

关于“五险一金”的减降，有空间，有基本共识，但空间需要改革才能打开。如果基本养老的全社会统筹迟迟做不到位，人们所讨论的“五险一金”要往下降，有些地方支付压力大到过不去怎么办？如果真正冲破省级统筹局限做到全社会统筹，过不去就可能变成过得去了，因为至少30个“蓄水池”（基本养老金资金池）变成了1个，互济、共济的功能将马上大为增强，降低“五险一金”自然而然就可以跟上来了。整个“蓄水池”系统潜在的调节功能可以承担降低“五险一金”的这个调整，但如没有这个“蓄水池”的改造，就过不去，问题其实就这么简单。

（9）企业的隐性负担问题在中国相当严重。

中国企业负担中的一大特色是隐性负担沉重。比如，企业的开办，要盖几十个章，实际上会产生一系列、合成一大块的隐性成本、综合成本；企业运行起来了，对几十个局、委、办等公权部门的打点也往往长年不断。这些成本在国外不能说没有，但应该讲与中国比可能是有天壤之别。

所以，正税减降不是企业负担问题的全部，甚至不是最主要的问题。前述从正税开始的四项减轻企业负担的讨论，实际已从减税切入而自然而然对应现实情况扩展到必须怎样更好整顿整个市场营商环境的讨论，特别是延伸到如何遏制种种潜规则造成的设租寻租、变相索贿等。近年企业反映还有另一种变相的负担：“为官不为”同样也是负担，拖着企业的时间可能就把企业拖死了，这不也是负担吗？这些约束要破除，依靠什么呢？依靠总书记说的“冲破利益固化的藩篱”，原则有，怎么做？这是非常现实的问题。

（10）如何看待人工费？人工费能不能减？

中国现在在这方面对美国还有比较优势，但对东南亚已成劣势了。应该注意到，人工费的上升是合乎这些年中国进入中等收入阶段后的阶段转换的，大的趋势是，未来人工成本还会继续上升，换言之，还会继续降低低廉劳动成本对中国经济增长的支撑力。这是需要以供给侧结构性改革增加全要素生产率的贡献来对冲的下行因素。

（11）电费要借改革压低，但中国不能与美国比拼电价。

曹德旺讲电费在美国是中国的一半，中国有没有可能继续降？电力改革可以部分地解决这个问题，而电力改革又是攻坚克难的问题。如能在电力改革中使电回归商品定位，竞争性机制产生选择性，电的成本就有可能依靠改革带来的潜力调动而往下压低，这是值得我们争取的。但中国的基本能源禀赋与美国大不相同，今后一个很长的时间内中国的电 70% 左右还将是煤烧出的火电。煤有很多实际的“外部性”，使用煤的综合成本还没有很好地体现在中国的电价里。我们必须准备在很长的一段时间里，在能源以煤为主的情况下，不惜工本把煤的清洁利用这个关口突破，使煤的清洁利用在中国能够面对自己的“胡焕庸线半壁压强型三重叠加”的非常之局，产生以非常之策升级支持可持续发展的相匹配特点[1]。全面小康实现以后，中央又明确提出了碳达峰和碳中和的绿色低碳发展目标，要求我们节煤节电。

如果要减少雾霾的威胁，减少环境污染方面的威胁，中国最合理的方法，应该是实行适当的高电价政策，从而逼着用电企业千方百计地开发有利于节能的绿色、低碳发展的工艺技术，以利于在经济压力形成动力的情况下去解决中国怎么突破上述非常之局的历史性考验问题。中国是一个 14 亿人口的国家，由于有“胡焕庸线”这样的“半壁压强型”的格局，这方面别的经济体都不能与中国相提并论。适当高电价可以经济力量引出相对少烧煤的结果，虽不能让煤炭消耗绝对量马上往下调，但可在努力控制绝对量的同时，让每个单位产出里所含关联污染的成分、比重下降。以经济手段为主减少煤的耗费和减少这方面电力能源的耗费，是一个中国特别国情之下必须说清楚的机制性问题。

（12）中国也不宜与美国比拼过路费。

在很长一段时间内，中国做不到像美国那样交通干道、高速公路基本不收费，我们还不得不依靠贷款和 PPP 融资，然后以收过路费的方式支撑基础设施的加快建设，这是中国现代化中从追赶到赶超的特色之一，虽然也引起了老百姓的一些不满，但是必须说清楚，老百姓在这方面总体而言是受益的。关键就是要提高收费机制阳光化的程度，自觉接受社会监督，让这些钱滚动式地真正用到支持基础设施升级换代方面。要承认这里面有一定的人工维持费，但是不能过分，不能在这方面透明度不高的情况下，把它看成一种既得利益的固化，然后再在这里面膨胀小团体利益和私利，引出很多实际上不符合公共利益最大化的偏差来。

（13）运费中涉及滥罚款，其痼疾主要是吏治问题，已不是税费问题。

在中国公路网上的货运车辆，多年来面临一种悖论：一方面说车主不应超载，但不超载货运就赚不到钱，另一方面政府公权环节又正是依靠超载不断形成罚款的依据和罚款收入的来源，这种恶性循环是怎么形成的？这显然已与税制、税改无关，关键是如何整顿吏治，釜底抽薪才能克服不良状态的

---

① 贾康、苏京春：《胡焕庸线：我国“半壁压强型”环境压力与针对性供给管理战略》，《中共中央党校学报》2015 年第 1 期。

制度性问题。

（14）如何看待土地、厂房成本？

企业用地方面，应当尽可能地控制成本，但一般是区域发达程度上去了，地价也就抬起来了，用地企业需给出对价，价位水平没有一定的数量界限。关键是，为什么这些年有条件靠土地批租把收入水平抬高的这些地方政府，其短期行为不能得到遏制呢？它们为什么一定要单单依靠土地批租收入呢？美国的国有土地也有地租，但关键的是美国在由土地开发形成的不动产保有环节上早早确立了财产税收入来源，这种直接税一年一年地成为地方政府最主要的收入来源，而不必依靠土地批租“一次把钱拿足”。机制优化了，地价和地皮上形成的厂房等不动产的价格会更趋稳定。如果我们过去没有意识到这是现代社会、现代国家必然有的特征，那么我们现在别无选择，需要积极往这些基础性制度建设靠近，当然，加快房地产税立法并适时推进改革在实践中已表现出异于寻常的难度，这也唯有攻坚克难才能取得进步。

（15）如何考虑融资等方面的成本？

中国企业融资的成本有高有低，但总体而言大量民营企业、小微企业融资难且贵，融资是非常重要的影响企业发展的一个负担因素。前些年的温州跑路事件表明：正规金融边缘化，大量的灰色金融、近乎高利贷的金融往往唱主角，潜规则强制替代明规则。世界金融危机发生以后，这个脆弱性表现为资金链断裂危机爆发，出现跑路事件之后，又暴露了相关的产业空心化、实体经济升级发展受阻等问题。也有正面案例和十分值得肯定的创新突破，如阿里巴巴公司提供的小贷，在没有什么特定政策配套支持下，就是依靠现代信息技术，不要求抵押，也不用双方见面，在处理程序上实现“零”人工操作，系统中根据大数据掌控风险，很快确定且可源源不断发放——这就是对小微企业实实在在的贡献了。整个金融体系，应以改革实现金融产品供给的多样化并无缝对接地对需求侧全覆盖，使政策性金融、普惠金融、绿色金融可持续运行，在充分竞争的金融深化中降低融资成本，这又是依靠改革才能找到出路的问题了。

（16）考虑了减税减负，还不得不考虑加税。

党的十八届三中全会改革部署中所要求的逐步提高直接税的比重，也就是加税的方面。个人所得税是典型的直接税，这里面应是有减税，有加税，即减税在中低端，加税在高端，关键是要实现综合与分类相结合机制的优化，加上必要的专项扣除，以家庭为单位按年征收，这是发展方向。

（17）房地产税需从无到有。

住房保有环节的房地产税，是另一项势在必行的直接税制度建设，属于有多种正面效应的基础性制度改革任务，是我们走向现代化必须经受的历史性考验。在中国应强调住房保有环节征税势在必行的问题，又必须给出“第一单位”的扣除，否则社会接受不了，建不起框架来。相关的改革试点扩围和立法程序，亟应争取尽快启动。

小结：事关企业综合负担的问题处理，有减法有加法，需要在攻坚克难中解决真问题。必须对曹德旺所说到的所有这些问题及其引发问题进行积极讨论，牵引到更全面看待正税、非税收入、税外隐形负担、社会环境里的综合成本等所有负担的全景图上，切忌盲人摸象、各执一词。如仅从某一个特点视角作出强调，如只说正税，甚至强调“死亡税率”之说，这显然无法中肯地引导共识和形成建设性的解决方案。

必须强调，对这些减轻负担和使负担合理化的要做之事，关键点与难点在于其所匹配的改革，敢不敢“啃硬骨头”，能不能真正通过改革攻坚克难的制度供给，形成一个高标准、法治化、低负担、公平竞争的营商环境和社会和谐环境，这是中国的真问题。

六、如何尊重和顺应科研规律走通创新型国家之路

改革开放起步不久，邓小平精辟而深刻地强调了“科学技术是第一生产力”，全国科技大会营造了“科学的春天”的社会氛围之后，提炼并清晰

表述了科教兴国的基本国策，决策层在20世纪80年代反复要求“尊重知识、尊重人才”“落实党的知识分子政策”之后，于问题导向下积极推进科研管理体制等相关制度机制的创新，针对“知识分子政策只是落实在《光明日报》上”和商品、市场经济发展大潮中“搞导弹的收入不如卖茶叶蛋的”之类“脑体倒挂”现象，采取了一系列政策措施和收入分配制度改革安排。至20世纪90年代后，决策层明确提出了走创新型国家发展道路的全局性指导方针，千年之交后，组织全社会专家力量编制《国家中长期科学和技术发展规划纲要（2006—2020年）》，以求我国在新技术革命时代激烈的国际竞争中，抓住创新发展机遇，为加快推进社会主义现代化建设的全局服务。

近些年，我国在科技创新方面取得大量成绩的同时，相关的分配机制优化问题仍持续成为现实生活中的热点与难点。党的十八大之后，在严格加强党员干部和行政官员廉政管理的八项规定和一系列有关收入分配的制度文件推出之后，我国高校、科研事业单位的比照式加强管理蔚然成风，科研经费管理与创新激励机制方面的弊病与问题屡屡成为舆论关注的重点。几年间，批评的主要内容是管理不严，科研人员被认定为贪污科研经费而锒铛入狱的报道也时有所闻。但“一种倾向掩盖另一种倾向”和“加强管理”中的偏颇已不容忽视，并引起了决策层的高度重视，自2016年以来，决策层连续发文作出实际上的纠偏指导。加强科研经费管理的思路和机制问题是关键之所在，事关如何尊重和顺应科研规律，把科研创新应有的激励－约束机制搞对，从而支持我们如愿走通创新型国家之路，实现中国梦。

科技之所以作为第一生产力，具体分析观察，引出的学理阐释在于科技不是对传统生产力三要素（劳动力、劳动对象、劳动工具）做加法再加个第四项，而是做乘法，即产生一个乘数的放大效应。其成功可以带来颠覆性创新、革命性进步、阶跃式变迁，但实际的推动过程中，它面临的又是具体事项上表现的巨大的不确定性。

首先，很显然科研成果产业化的突破，是具有不确定性的。比如现在人们看到的主要是在应用互联网现代信息技术成果方面阿里巴巴等公司的巨大成功，其实在前些年，早已有很多公司冲进这样一个创新领域“烧钱”，而结果是失败了。20 世纪 90 年代，中国已有很多的互联网公司努力创新，当时曾在业界引领潮流的那家公司，现公众一般听不到其名字了。这些公司大量探索，扮演了“铺路石”的角色，而真正像“风口上的猪”一样一飞冲天的成功者，是侥幸的。

其次，科技创新成果产业化突破具有不确定性的同时，显然还伴随基础科研成果应用的不确定性，甚至成果已经看清楚了，已经被人们所接受了，仍然如此。中国科学院的一位院士曾感慨地说，他最主要的科研成就是古地质学的一项论证，全世界都接受了，但苦恼的是，终生最引以为豪的这个成果和现实生活的关系在哪里。很多的科研成果都具有或一度具有这样的特点。丁肇中博士现在还在孜孜以求努力研究暗物质，调动大量的资源，建设了和运行着全世界功率最大的欧洲粒子加速器，在尽其所能寻求突破。但是人们问他：“你的这个成果出来以后，对人类社会的影响何在?”他说“我不知道”。那么，人类社会的发展需不需要这些科研呢？这些伴随巨大的不确定性的基础性科研推进过程，后来却有可能在某个时候，一下表现出特别重大的意义。与爱因斯坦的相对论公式相关，约 100 年前科学家所说的引力波，到底跟人类社会的功利性联系在哪里？我们早已经看到了相对论公式所揭示的原子能，其影响是划时代的，并且引力波又已经被具体的实验观测所证实，但认识引力波对人类社会的影响，还不知有无可能在未来某一时点能一下清楚地表现出来。

可知我们所需要的科技第一生产力，在基础理论以及实际的成果应用方面都有这样的规律性特点：在某些临界点没有达到之前，看到的只是苦苦的追寻，但是一旦成功以后，它的第一生产力的作用、颠覆性创新的作用就会极为强烈地表现出来。

如果我们确认科技是第一生产力，那么为使这个供给侧要素里如此重要的因素发挥作用，当然就要注意怎样符合科研规律地力求使科研创新者心无旁骛，甚至带有一种癫狂的投身、献身精神而去孜孜以求，持之以恒地从事具有巨大不确定性的创新活动。这一定要配上的是制度供给，即制度所给出的创新环境，一定要解决的就是以有效制度供给的巨大能动性，打开创新主体的潜力区间，使这种不确定性的科技创新活动能够得到长效机制的支持。

政府必须在这方面提供的，由硅谷经验表明，应是带有公共产品性质的看起来无为而治的宽松环境，实际上体现的是深刻的人文关怀，体现的是对于创新者、创新主体的好奇心、个性与人格尊严的爱护，对他们的创新弹性空间及其背后的科研规律的充分的认知，特别要落实政府在这方面提供的法治保障。

这种经验在中国过去确实说得不够，我们一般只知道硅谷经验里政府有一个开明姿态，税收方面比较宽松，然后这些科技精英在那里整天奇思异想、胡思乱想，几个研究生可以在教授的指导下于小小的车库里异想天开做"白日梦"，一大帮天使投资、风投、创投寻找可支持的对象……听起来似乎很简单，但是其中隐含的哲理，对于一线创新者首先从人文关怀方面表现出来的尊重，以及顺应科研规律真正能够融合到深层次的创新保障，恰是在中国现实生活中明显可以看到巨大差异的一个重要视角。

考察分析近年实际生活中我国科研工作者碰到的苦恼和困扰，恰恰在反证我国现在走创新型国家之路过程中制度创新的意义和作用：在基本没有人再谈知识分子政策问题的近年，碰到了应指出的令人遗憾的情况。

2014 年全国政协主席俞正声曾特别强调，不要把八项规定出来以后用来约束官员的一些规则，包括经费管理的一些条条框框，简单地套用到知识分子科研人员身上。但这却不幸言中。2015—2016 年，高校、科研机构及其主管部门管理环节手上有实权的人员，非常起劲地对知识分子的科研活动、产学研合作一线的课题研究等"加强管理"，而"加强管理"所依据的最基本的规则是官本位、行政化的一套。这些事情已引出李克强总理直截了当的批评意见。国务院办公厅有关优化学术环境的文件下发后，李克强总理在很多场合多次强调要砍掉科研管理领域里的繁文缛节。除了国务院办公厅文件中专门说到去官本位、行政化的指导方针之外，还有后来中央专门发布的强调尊重人才、培养人才，让人才充分发挥作用的文件。李克强总理到北大、清华调研视察的时候，直截了当说到具体案例：教授搞科研出行只能坐飞机的经济舱、高铁的二等座，这都是什么规定？

大量现实案例里，我国有关方面这种加强管理遵循的规则是什么呢？正是官本位、行政化、等级森严的一套，把知识分子都按照行政级别来对号入座。一个学术带头人，教授，研究员，老科学家，哪怕白发苍苍了，如果没有行政上的司局级待遇，那么在国内出行坐高铁就不能坐一等座，只能坐二等座——这样的加强管理其实有违天理人伦，也就是李克强总理所责问的带有荒唐意味的规定。这类繁文缛节式约束用于科研人员身上，已违反了常识与良俗，但在实际生活中却可以大行其道，而且变本加厉，把一些更细的东西都施加上来，还要往前追溯。比如，研究人员所作的横向课题是承包性质、自愿参加而在创新体系中又是不可缺少的，其受到的约束是追溯前几年所有已经报销的单据，翻出来一张一张查对，已经坐的公务舱、一等座，算出和行政规范标准的差额以后，报销了的经费要退赔；餐费发票在很多高校（包括北京著名高校），必须要一一注明和谁吃的饭（注明的意思就是可以找这些人来对质），然后按人均50元封顶，超出50元的部分要退赔；一天的市内交通费80元封顶，从北京市区到首都机场100多元打车费里，超出80元的部分退回。学术带头人前些年担任独立董事的薪酬一般不是小数目，统统要退回，包括国内外很有影响力的著名海归教授，前几年任独立董事的薪酬明令必须都退回。试想有潜在可能性走归国报效祖国之路的科研人才，他们听到标杆式海归教授受到的上述对待，会作何感想？直截了当地说，这些是创了中国历史上对于知识分子经济上刻薄对待的纪录。在这种情况下，普遍听到的就是高校、研究机构的研究骨干说，以后再也不做什么横向课题了，计划课题也是能不接就不接。

从科研规律讲，要调动起创新者内生的积极性，当然要有一些物质条件的因素，但一定还要有最基本的人文关怀、人格尊重。如果科研人员十分苦恼地整天翻账本，搜罗发票，填表，写检查，编思想认识汇报，派自己的学生到教务处的楼道里彻夜排队解决报销的问题等，怎么能够有可持续的创新大潮和走创新之路的巨大成功？

总之，要解决好创新动力体系的可持续性问题，使科研人员在创新中面对种种不确定性时，能够内生地形成积极的态度。这样一个制度环境问题，即是把激励－约束机制搞对的制度供给问题，一定要在问题导向下真正解决好。如果按此视角来说，制度、科技、管理三层次创新互动下，应该抓住的解决问题的要领，就是我国所有的创新者、高校研究人员，以及产学研互动一线的参加各种各样课题研究的人员，应该更多地从正面宣传科研常识，更多地与各个手上有管理实权的领导机关、领导者进行积极的沟通，共同努力把相关的激励－约束机制搞对。中国到了当下这样一个只有把创新发展作为第一动力才能引出后面的协调发展、绿色发展、开放发展、共享发展而引领新常态的新阶段，为实现现代化，针对现实问题，必须在追赶过程中走通创新型国家之路。在创新视角上，第一动力的打造构建，显然需要从学理认识出发，把握好中国经济社会完成转轨过程中的制度创新这个龙头因素，落实到科研经费管理制度的合理优化上，以制度创新真正打开教育改革、人才培养、科技创新、管理创新的空间，形成可持续的长效的创新发展机制，以求有效地破解“钱学森之问”“李约瑟之谜”。

科研事业单位体制改革，一个很难做到的攻坚克难要点是去行政化如何实现的问题。这个问题已谈了许多年，每一轮科技体制改革都在谈，推出过各种各样的政策，但改来改去，行政化的东西不但没少，感觉上反而更多了。直率地讲，一个比较简明的事情，就是科研单位改革怎么样符合原来所提事业单位改革的大方向？十分遗憾的是，这个改革推进过程落入了说一套做一套的状态。当年有非常明确的文件下达，要求体制内科研单位、事业单位，以3年为期完成改革，基本原则就是去行政化，要一直做到取消行政级别，与社会需要接轨，人员可进可出、可上可下。但后来呢？文件要求的这一套完全没有实现，反而越来越严格地按照官僚机构来管理体制内科研单位。既然说一套做一套，实践中就没有什么可讨论的空间了。

所以，我们现在寄希望于能够把党的十八届三中全会以来中央关于配套改革里所有值得肯定的顶层设计作为基础，进一步给出实质性冲破现在的既得利益阻力、深化改革方面的全盘指导性部署，实质性地搞好科研事业单位和高校的改革，使科研人员真正能够得到好的科研生态环境去实现他们的人生价值，贡献于中国的现代化和人类社会进步。

近年在中央指导下的纠偏，已在科研经费管理、科研人才待遇等方面表现出一系列的进步，形式主义、官僚主义的弊端得到了一定程度的纠正，科研人才创造的成果的知识产权得到一定程度的清晰化，科研成果以入股方式取得回报等，也已在原则上不再成为禁区。但在落实新规则时，仍然面临障碍，比如各大学、研究机构规定的科技创新成果取得股权收益的规则，不适合于系主任、研究室主任以上的领导干部，然而须知，比较优秀而成为骨干的科研专家，大都有这类的“一官半职”，实际结果就是大量的高水平专家无法享受中央已经明确了的优化相关收入分配规则的应有待遇。诸如此类的问题，亟应在正确处理和把握共同富裕的思路与要领时，继续寻求有效的优化解决方案，以支持创新型国家之路的畅通，使之越走越宽。

第十一章

扩大中等收入群体

一、收入分配格局

从世界范围来看，收入分配结构可主要总结为四种形态：一是扁平型，二是梨型，三是金字塔型，四是橄榄型。世界银行公开数据显示：在发达国家中，英国基尼系数为0.326，德国为0.301，法国为0.331，日本为0.321，韩国为0.353，收入分配结构均可视为橄榄型；在发达国家中，美国基尼系数较高，为0.411，依照五分法，美国家庭收入从最低20%到最高20%占全部收入比重依次为3.2%、8.3%、14.4%、23.0%、51.0%，收入分配结构接近梨型；作为典型的发展中国家，巴西基尼系数为0.529，已远超过世界警戒线（0.4），依照五分法，据世界银行数据，家庭收入从最低20%到最高20%占全部收入比重依次为3.02%、6.85%、11.78%、19.62%、58.73%，收入分配结构呈现为金字塔型。

中国的情况演变，大体如图11－1所示，改革开放之前，我国居民收入水平和财产存量水平很低且分配极为平均，呈现扁平型格局，但这样的格局实际上反映着宏观经济整体运行的低效率。改革开放以来，随着国民经济进入黄金增长期，我国收入分配格局呈现由扁平型向金字塔型转变的轨迹，主要原因：一是在经济转轨过程中不断搞活市场经济，全国人民生活水平和收入水平持续快速提高，收入分配主导倾向从均平原则转向效率原则；二是“一部分人先富起来、先富带动后富”的发展战略允许部分人获得高收入，分配差距逐步扩大；三是收入分配体制机制和政策调节的动态优化有所滞后，对收入悬殊的防抑缺乏力度与有效性。

今后中国收入分配结构调整演变的大方向，由中央重要指导精神阐明，是要在推进共同富裕的过程中构建橄榄型社会。

中国在实施现代化战略中的基本诉求，是基于人本主义立场，维护和促

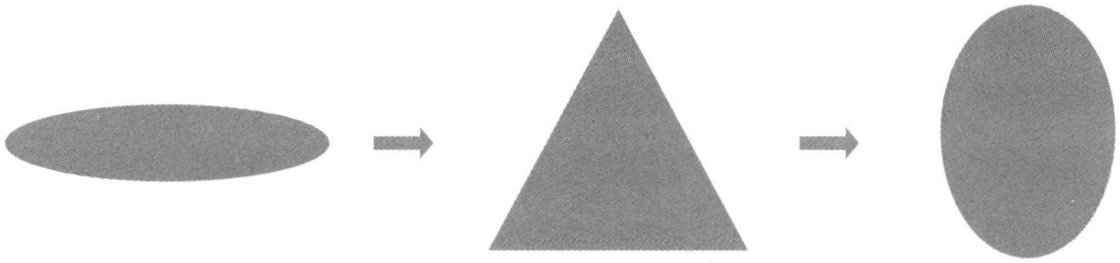

图 11－1　我国收入分配格局演进

注：此图由作者自行绘制。

进内外部和谐状态下的和平崛起。关于社会和谐状态的追求，有一个十分为人们所看重的基本经验，即培育和壮大中等收入阶层（中产阶层）是促进与实现社会稳定和谐的重要条件。一个中等收入阶层成为社会成员主体的社会，更高端的巨富者和更低端的贫困者都是少数，即可形象地称为橄榄型（两头小，中间大，形似橄榄）社会，是最具有稳定、和谐特征的社会，因为大量有恒产者，也有敬业乐群的恒心。不少发达经济体的实证情况，正是这一判断的基本依据，而中国与这一类型社会的明显差异，自然应被认为是需要努力加以改变之处。这即是培育和壮大中等收入阶层内在逻辑与必要性的缘由。

从传统体制下过度的平均主义演变为改革开放中“一部分人、一部分地区先富起来”，中产阶层的扩大应是顺理成章的情况。但在当下，如何估量中产阶层的发育程度，还有不同的认识与不少的纠结。我们想特别表明如下两个层次上的基本认识。

（1）在相关的概念上，应当强调，中产阶层或中等收入阶层是个相对的定性概念。所谓相对概念，就是说不要太计较与别的经济体在绝对数值上的对比，主要应看居民所在经济体内的上下对比关系。所谓定性概念，就是要理解中等收入阶层应该是这样的一些社会成员：他们有恒产——中国人特别看重有房有车，特别是有房的时候，不应是以痛苦的当房奴的状态去占有它，还要有一定量的储蓄，有相匹配的教育、医疗等方面以及生活服务方面中等水平以上的支付能力，与社保体系要融为一体，可以过体面生活，而且具备享受旅游等闲暇生活的能力，等等。对于这样的中等收入阶层，从定性上来认识它，值得进一步探究，如参考现有的官方统计数据等，思考要怎样消除一些假象。

官方统计数据表明，中国人现阶段的收入五等分，如直观看上去，20 世纪 20 年代下半期，收入最高层级和收入次高层级的这两组，合在一起在城市占到了 61.8%，接近 2/3，而在乡村占到了 67.1%，达 2/3 以上，是明显的大多数。在社会成员收入结构上直观地看，按国家统计局的数据，容易使人误解为中国现在居民结构成了一个倒金字塔型，收入高的层级占了 2/3 甚至更高，但是中国社会真实图景是什么呢？总体来说，在 2010 年确切无疑进入世界上可对比的中等收入阶段，其后又提高到人均 GDP 8000 美元、10000 美元以上，但同时基尼系数还相当高，在 14 亿人中，2/3 以上的社会成员（约 9.33 亿人）是属于低收入和低中收入阶层的。如果把这些人去掉以后，剩下的 20%～30% 的社会成员里，真正作为富豪的人口比重，仍是相当低的——虽然中国已产生的亿万富豪在世界上都已很有影响，但因为中国人口基数很大，放到人口中总的 100% 里，以及放在上述紧跟其后的约 1/3 人口里，富豪占比是很低的，而他们的财富比重却是极高的。所以，从考虑收入分配结构来看，中国应是一个这样的真实图景：全部人口中按人口比例排列由富到穷，要承认是正金字塔，顶端很小，即富豪占比很低，直观的两个高收入组带来的分布于人口结构上的倒金字塔型，只是会形成上述相对高收入者占多数的假象。相关于此，还有一个非常重要的原因，就是中国的五等分、基尼系数等统计数据，主要来自家计（住户）调查，而家计（住户）调查是由人们自愿填报的。现实生活中，真正的富豪没有人愿意填报。像王小鲁教授深入研究的那些有“灰色收入”“黑色收入”的人们，一般也是不填报的，即使他们填报，也不会如实填报自己的“灰色收入”“黑色收入”。这些家计（住户）调查数据，我们不能说它们没有意义，但它们跟中国的真相有相当大的距离。它们无法揭示或充分展现中国居民收入分配这个视角上实质的财富占有倒金字塔型和人口收入分配结构正金字塔型这两个方面应表明的基本结构特征。

（2）中国已有的中等收入阶层的明显焦虑，折射着现阶段很突出的挑战性问题。应指出，在已经形成的我国“新中产”人群中，客观上的种种原因还促成了他们主观心理状态上较高程度的焦虑，表现为与其他经济体中产阶层心态稳定特征明显不同。2016 年 7 月，英国《经济学人》杂志在专题报道中称，中国中产阶层有 2. 25 亿人，他们是世界上最焦虑的一群人（该报道把中国中产阶层定义为家庭年收入在 1. 15 万～4. 3 万美元之间的群体，即家庭年收入约在 8 万～30 万元人民币的群体。这个数量区间，未按家庭人均年收入这个更准确的指标来衡量，值得商榷，但数量规模应不算太离谱。与之大同小异的估计，是麦肯锡和波士顿咨询的规模估计：2020 年，中国的中产阶层人数将达到 3 亿人或再多一些）。他们所焦虑的主要是住房的价位节节升高，环境安全威胁明显，子女教育、医疗、未来养老等的负担都愈益沉重，加班太多、个人时间被挤占所带来的紧张，等等。怎样消除这些焦虑，使他们充分发挥助益社会稳定的作用，是中国在培育、壮大中产阶层（中等收入阶层）方面所面临的特定挑战。

二、“中等收入陷阱”与收入分配

“中等收入陷阱”这个概念最早是世界银行于 2006 年在《东亚经济发展报告》中用来形象地描述经济体特殊的停滞徘徊期，它并不是一个绝对意义上的概念，而是在比较全球范围内不同经济体经济发展水平的基础上产生的，属于在实证数据的比较中可明确观察到的一种统计现象。世界银行对全球经济体收入阶段的划分标准是动态变化的。基于人均国民总收入（GNI）这一指标，世界银行将全球经济体划分为四个发展阶段：低收入、下中等收入、上中等收入和高收入。划分标准的上下阈值逐年上升。中国 2012 年的人均国民总收入为 4270 美元，排在全球第 107 位，但已站在了当年世界银行中等收入上、下两区分界值 4085 美元的上方，成为上中等收入经济体。世界银行最新数据显示，中国已在 2021 年跃至上中等收入经济体的第 2 位，仅次于哥斯达黎加，总排名为第 81 位。

世界银行2006年的研究表明，第二次世界大战结束后的50余年间，全球100多个中等收入经济体中，仅有13个国家和地区跨越“中等收入陷阱”，即从上中等收入经济体跃升为高收入经济体。而我们研究发现，这13个经济体中的毛里求斯已在最近几年又从高收入经济体群组中退出，回落至“中等收入陷阱”内。剩下的12个经济体中，韩国、新加坡、西班牙、葡萄牙等绝大多数从经济体量上来看都是小经济体，若探寻成功之路，它们可为中国借鉴之处寥寥。从世界银行2022年最新人均GNI数据来看，处于上中等收入阶段的经济体有55个，而这些经济体中的绝大部分都已在现在所处的经济发展阶段中挣扎了许多年。我们测算，目前正处于上中等收入阶段的经济体中，有20个已经居于其中超过16年，有的甚至达到了三四十年之久，始终冲不破上中等收入阶段的天花板，即始终跨越不了“上中等收入陷阱”。其中，巴西、塞舌尔、委内瑞拉等国家都经历过晋级—退出—再晋级的痛苦过程。

阿根廷、智利等为代表的一群拉美国家，如前所述是落入“中等收入陷阱”的典型案例，原因与收入分配方面“民粹主义基础上的福利赶超”有很大关系。拉美国家福利赶超最为直接的原因是应对20世纪中期30年黄金增长期带来的社会收入差距扩大。拉美国家在经历了长期殖民地生活加之民族和种族十分多样化后，始终对平等问题非常敏感，遗留下来的历史制度导致国家落后，工业化和城镇化进程举步维艰，创造就业和解决城乡一体化发展问题就更加困难，社会收入差距扩大问题也与多语种、多信仰等人口结构问题有一定关联，多元民族间的差异性与歧视因素，容易引发收入差距矛盾。此外，拉美国家还存在阶段特殊性，主要表现在三方面，即外部发达国家的榜样效应、当权阶层的贪婪和内部公民对福利的无限渴求的充分叠加。外部发达国家的榜样效应本来是经济赶超的前提，落后经济体发挥后发优势向发达经济体学习和进行制度优化而实行赶超，是中等收入经济赶超阶段的合理路径。然而，拉美国家后来的赶超路径并没有沿着以学习技术和构建长久有效制度体系推进经济赶超的方向来进行，而是扭曲地转向了忽略本土财政约束、机械照搬发达国家福利水平和福利体制的方向。当时的发达国家已经经历了几轮经济迅速增长—工资福利上涨—经济继续迅速增长的过程，在经济发展水平到达一定高位且逐步稳定后，才转向“工资福利上涨—建立福利保障体系”，又经历一定时期的福利覆盖面扩大和福利水平提高，终于逐步建成福利国家体制。因而拉美国家作为经济落后的经济体，过早地照搬发达经济体历经多年发展才得以推行的体制，只能是力不从心、适得其反。福利本来应是随中等收入经济赶超阶段的不断深化和发展而逐步提高的，然而，拉美国家的民粹主义将福利赶超作为经济赶超最为重要的目的，掏空了经济发展的后劲和持续改善民生福利的基础。

任何经济体在高速工业化进程中都有可能出现社会收入差距扩大问题，尽管拉美国家社会收入差距扩大问题有其内部特殊性和阶段特殊性，但是对于我国还是有一定的启发与警示意义，即应当特别注意在经济高速发展中面对收入差距不断扩大且民粹主义日渐抬头的阶段，要高度重视、充分注意坚持以经济赶超为前导的同时，寻求把握好向橄榄型社会收入分配结构转变的着力点，达到扩大中等收入群体的目标。

首先，从人群来看。我国金字塔型结构的顶层是企业家、高级管理人员等，占人口的5%以内（0.7亿人左右）。中间部分主要是较发达地区行政事业单位、社会组织的专业技术人员和行政管理人员，国有企业或大中型企业一般经营管理人员，小微企业的企业主和部分个体工商户，不超过35%（约4.9亿人）。底层主要是欠发达地区行政事业单位、社会组织的专业技术人员和行政管理人员，小微企业从业人员，普通工人、农民，下岗失业人群及特困人群，占60%左右（约8.4亿人）。其中，处于底层上端的数亿人，是处于中低收入水平与低收入水平之间的“夹心层”，包括25%左右的农业人口（主要是发达地区的农民和农业生产经营大户）和75%左右的城镇人口（主要是低端专业技术人员、新型农民工、欠发达地区的公务人员、应届高校毕业生和职业学校毕业生、处于起步阶段的中小企业创业人员等）。下一步从金字塔型转为橄榄型，扩大中等收入者比重的重点在“夹心层”。解决好这一群体的收入分配问题，是扩大中等收入者比重、形成橄榄型分配格局的关键。

其次，从收入构成来看。按照统计口径，我国居民收入主要由工资性收入、经营性收入、财产性收入和转移性收入构成，从第二次分配后的平均值来看，工资性收入是主要收入来源（占80%以上），经营性收入是重要收入来源（占10%左右），财产性收入占比较低（占4%左右），转移性收入比重最低（占1%左右）。基于第二次分配后的家庭收入，我国中高等收入者与其他群体的收入差距首先来自财产性收入，统计数据显示中高等收入者财产性收入明显偏高，紧接着来自工资性收入，中高等收入者工资性收入明显偏高。下一步从金字塔型转为橄榄型，扩大中等收入者比重的重点之一在于多渠道增加财产性收入，促进提高工资性收入。

三、扩大中等收入群体的空间

目前，全球各国对中等收入者的界定没有统一的量化标准。经合组织部分成员把家庭收入中位数向下浮动40%（或50%）定为贫困线，向上浮动60%定为富裕线，位于贫困线与富裕线之间的为中等收入者。中国国家统计局2010年的测算则基于稳定享有较高生活质量所需要的收入，将满足五个条件的家庭定为具有较高生活质量的家庭：一是恩格尔系数小于30%，二是人均住房建筑面积大于30平方米，三是拥有家用汽车或家庭交通支出占比超过全国平均值，四是家庭成员每年出游一次以上，五是家政服务或文化娱乐支出占比超过全国平均值。选取同时符合这些要求的城镇家庭，按照人均收入从低到高排序，去掉最低20%和最高20%的家庭，计算剩余60%家庭的人均收入区间，再按照三口之家假设，可计算出中等收入家庭标准区间。

总体来看，绝大多数发达国家，其中等收入群体都占总人口数量的大多数，美国更是达到总人口的80%左右，欧洲地区虽然中等收入群体的占比较低，但普遍也在60%以上，英国这一数值为65%左右。20世纪以来，通过引领两次产业革命，美国首先完成了从农业到工业化的全部进程，紧接着又完成了从工业化向第三产业的成功转型。从历史阶段来看，美国中等收入群体的崛起开始于“二战”结束时期，结束于里根时代，在这个经济快速增长的时期，美国中等收入群体绝大多数都以公司职员为职业特征，以专业技术人员为主要构成。步入后危机时代以后，随着经济发展进入以大数据和云计算为基础的共享经济时代，美国许多学者开始反思本国中等收入群体的收入、职业等因素的变化，但无论作何种认识上的调整，在美国中等收入群体无疑还是占人口绝大多数的群体。

按照国家统计局的统计数据，我国 2010 年中等收入者的绝对收入范围是 8 万～40 万元，城镇中等收入家庭数量占城镇居民家庭总数量的比重为 20.1%，农村中等收入家庭数量占农村居民家庭总数量的比重为 1.8%，全国中等收入家庭比重仅为 11.2%。2015 年，国家统计局按照两种方法综合界定中等收入者：一是在家庭收入中位数的 50%～150% 区间内，二是基于稳定享有较高生活质量指标计算出的标准区间。按照两个标准的核定，我国中等收入者的绝对收入范围 2015 年为 9 万～45 万元。从我国数据来看，与发达国家相对比，提高中等收入群体比重的空间非常大。

四、扩大中等收入群体相关的两项挑战

与中国扩大中等收入群体相关，有如下两个问题值得在此讨论：

（1）在收入分配的统计中，财产性收入是作为我国居民可支配收入的四个部分之一纳入统计范畴的，其他三项包括工资性收入、经营性收入和转移性收入。然而，随着我国经济高速增长，以房地产为主的资产价格不断飙升，现行财产性收入的统计标准，显然在一定程度上掩盖了收入差距扩大的事实，使这部分隐性收入差距在数据上未能正常表现出来。究其原因，涉及我国居民财产性收入统计方面存在的几个问题。首先，目前的财产性收入统计中所包括的实物资产性收入中，只包含房屋租金收入、房屋转让收益，而所包括

的金融资产性收入中则只包括储蓄、国债和小部分股票投资收益，而且房屋转让收益一直以来都存在为避税而低报的情况。其次，基金、股票等短线投资相当频繁，在计算年度收益时非常难以确认，基本都没有计入财产性收入的统计范畴内。这些统计上的问题，掩盖了财产性收入所造成的收入差距，加之我国目前尚未对财产性收入征收相关资本利得税等，使得这部分隐性收入差距也不在税收调控范围之内。如何认清财产性收入的占比以及财产性收入所导致的收入分配差距，如何在此基础上形成真正的削高补低，缩小两极收入分配差距而推动实现橄榄型社会，实际上对扩大中等收入群体形成了挑战。

（2）我国在改革开放初期城乡差距曾一度呈现缩小趋势，以城镇居民和农村居民人均可支配收入作为基础数据，具体而言，1978 年的城乡居民收入差距为2. 56 倍，发展至1985 年这一数值缩小到了 1. 86 倍，农村家庭承包责任制大大提高了农民生产增收的积极性，且适当提高农产品收购价格、开放农村集市等措施，也使农民的收入切实提升。但自 1985 年以后，城乡居民收入差距就呈现出不断扩大的趋势，2009 年达到 3. 33 倍之高，到 2012 年，也维持在3. 10 倍的高水平（见表 11 -1）。相关学术研讨中，曾有学者提出这一统计数据存在着统计口径方面的不合理之处，因其将没有户籍的农民工也作为城镇居民家庭进行了收入统计，而不是将他们归入农村居民家庭，这导致了一种现实与数据的悖论，即农村剩余劳动力越往城镇转移，城乡居民收入差距越大。尽管如此，我们还是不得不面对调整后的收入差距也在 2. 5 倍左右高点的事实，即无论在未调整的统计口径下，还是在调整之后的统计口径下，都揭示了我国城乡居民收入差距过大的事实。根据 2021 年国家统计局最新数据，当年我国城乡居民人均可支配收入比为 2. 5，比上年缩小 0. 06，而从总人口的分布来看，2021 年我国城镇居住人口达到 9. 02 亿人，农村居住人口仍高达 5. 1 亿人，这意味着如果农村居住人口的收入总是处于较低水平，我国中等收入群体在总人口中的比重很难较快上升。

表 11－1　1978—2010 年城镇居民和农村居民人均可支配收入

年份	城镇居民 人均可支配收入/元	农村居民 人均可支配收入/元	城乡居民收入差距/倍
1978	343	134	2. 56
1980	477	191	2. 50
1985	739	398	1. 86
1990	1510	686	2. 20
1991	1701	709	2. 40
1992	2027	784	2. 59
1993	2577	921	2. 80
1994	3496	1221	2. 86
1995	4283	1578	2. 71
1996	4838	1926	2. 51
1997	5160	2090	2. 47
1998	5425	2162	2. 51
1999	5854	2210	2. 65
2000	6280	2253	2. 79
2001	6859	2366	2. 90
2002	7702	2476	3. 11
2003	8472	2622	3. 23
2004	9421	2936	3. 21
2005	10493	3255	3. 22
2006	11759	3587	3. 28
2007	13785	4140	3. 33
2008	15780	4760	3. 32
2009	17175	5153	3. 33
2010	19109	5919	3. 23

（续表）

年份	城镇居民人均可支配收入/元	农村居民人均可支配收入/元	城乡居民收入差距/倍
2011	21810	6977	3.13
2012	24565	7917	3.10
2013	26467	9429	2.81
2014	28843	10488	2.75
2015	31194	11421	2.73
2016	33616	12363	2.72
2017	36396	13432	2.71
2018	39250	14617	2.69
2019	42358	16020	2.64
2020	43833	17131	2.56

数据来源：国家统计局《中国统计年鉴2021》。

扩大中等收入群体，根本上是由经济社会发达程度提升所决定的，并必须加入优化收入分配、财产配置的政策调节因素和制度引导、规范的因素。只有继续国家工业化进程与推进新型城镇化，并积极合理推进共同富裕，才是使更多社会成员最终得以进入中高收入群体的有效路径。虽然英国、美国等老牌资本主义国家和日本等新兴发达国家都经历过收入倍增及培育中产阶层的特定阶段，但归根结底，这些措施能够产生效果的原因还在于实体经济的繁荣发展。中国目前正处于从中等收入水平向高收入水平提升的冲关阶段，扩大中等收入群体当然有其至关重要的意义，但与此同时，必须坚持经济赶超战略的理性掌握，在力求高质量的可持续的经济增长与经济社会发展过程中，不断推进新型城镇化，以国民经济的繁荣昌盛作为基础，匹配优化收入分配相关制度与政策，才是提升全民收入水平的长期有效路径。

第十二章

重建个人所有制：
优化收入分配
提升共富水准的重要路径

一、股份制对生产资料私有制的扬弃

中国特色社会主义市场经济的建设与发展，是在以马克思主义为指导思想理论基础的中国共产党领导下，推进中华民族伟大复兴和打造人类命运共同体的宏伟事业，是以创新发展为第一动力，把协调发展、开放发展、绿色发展融于一体而归宿于共享发展的和平崛起过程。

在创新发展中运用马克思主义基本原理，指导人们解放思想与进行改革实践，是中国追求现代化和共同富裕的必然要求，需要我们面对一系列复杂的重大现实问题，与时俱进地坚持和发展充满生机活力的马克思主义。

在建设与完善中国特色社会主义市场经济的现阶段，实际生活中一个关联整个经济运行体系现代化升级的重要问题，就是于构建现代企业制度取向下，如何正确认识和把握股份制经济的发展方向。深化这方面的理论探索，对于合格的马克思主义者而言，是应有的作为，也是继承与发扬马克思主义理论体系中重大理论命题的合乎逻辑的积极努力。

马克思在《资本论》里提出，应该在资本主义时代成就的基础上，在协作和生产资料共同占有的基础上，“重新建立个人所有制”。而这种重建的核心与实质究竟应该是什么呢？过去学术界虽有讨论，但还很不充分，往往仅停留和局限在马克思、恩格斯早期思想与文献中译为“消灭私有制”的这个表述上，抑或试图归结为仅在生活资料方面的个人所有制的重建，均难以自圆其说。

《共产党宣言》里面确实有“消灭私有制”这样的表述，但董辅礽、胡德平等学者和笔者都已指出，这一表述是中文本中的误译，根据权威的德文原版《共产党宣言》的用语，正确的翻译应为“扬弃私有制”。这一重要表述内含的认识命题，正是直指与马克思最重要理论著作《资本论》中关于重建个人所有制的逻辑与思路的内洽关系的（本书后面还将对比展开论述）。而且，从《共产党宣言》的阐述看，在这一用语后面，紧跟着又说明："共产主义并不剥夺任何人占有社会产品的权力，它只剥夺利用这种占有去奴役他人劳动的权力"，这样就说清楚了个人占有和社会产品永恒的必然关系。那么所谓"消灭（实应译为扬弃）私有制"，应该指的就是"生产资料所有制"中的所有制概念，这是个十分明确的概念——与个人相关，能够重建的是什么呢？如果说重建的是生活资料的个人占有，那么实际生活中生活资料天然的存在形态，就是归个人所有、占有的，包括工人阶级必要生活资料里"V"的部分，天然是工人需要占有的，该吃的吃进去，该穿的穿起来，他才能作为劳动力发挥功能——这种个人对于生活资料产品的所有、占有制度，无所谓重建的问题。

我们的研究成果中已提出，应将重建个人所有制的核心与实质放在以股份制为实现形式的社会资本即资本社会化对私人股权的包容与内洽上。这个内洽不是凭空产生的，其逻辑的起始点，正如马克思所指出的，是股份制对于生产资料私有制具有扬弃作用，而关于这种扬弃，应当结合当代实际生活中股份制的发展以使之成为公有制的主要实现形式，以及结合混合所有制作为社会主义基本经济制度的重要实现形式来进一步深化认识，依严谨的学理来探索在股份制的发展中为什么以"重新建立个人所有制"的资本社会化能够带来对资本私有制积极扬弃的原理与路径。我们是以此"重建"命题下的相关探讨，试图为中国特色社会主义市场经济下的股份制与混合所有制改革提供可供探寻的理论认知框架和深化创新的路径指向。

众所周知，《共产党宣言》中文译本里，确实有"消灭私有制"这样的表述，并为学习者、研究者所屡屡强调。但是细究 1848 年 2 月《共产党宣言》问世时及其后再版时由马克思、恩格斯规定为以后各个经作者同意的版本之基础的德文原文，"消灭"的用语是"aufhebung "，即"扬弃"，该句准确的中文翻译其实应为"扬弃私有制"。著名经济学家董辅礽先生生前曾撰文专门指明这一点。英文版在翻译此单词时，用的是"abolition"，即"废止"（本应用"sublate"，语义更为贴切），当再译为中文时，估计当年陈望道先生等人在参照英文版、依从日文版的处理时，未能对证德文，而表述为"消灭”，以致以后各中文版本沿用至今。作为后人指出这一点，完全无意否定陈望道等翻译者对《共产党宣言》和马克思主义理论的传播所作出的历史性贡献，只是愿实事求是地以符合学术规范的严谨态度来澄清这一用语翻译上的准确性问题。而且特别应该指出，我们认识领会马克思主义的思想精髓，掌握其基本原理和与时俱进地在发展中指导实践，最关键的是不拘泥于马克思主义经典作家的只言片语，而应深刻地理解和逻辑贯通地掌握他们作为理论创始人的思想脉络、精神实质和关键性概念的逻辑联结，这样才能形成有科学理论支撑而对于重大现实问题的洞察力、解释力和对于共产党人履行创新发展历史使命的指导作用。正是基于这些观念，我们从《共产党宣言》表述的“扬弃私有制”，紧密联系到在《资本论》中所阐明的由生产社会化进程引出的股份制所带来的“对于资本私有制的扬弃”，认为正是依此可以清楚勾画出马克思主义创始人合乎逻辑地紧扣重建个人所有制的重要思想指引，进而对中国深化改革、推进共同富裕形成基础理论层面驱散迷雾的烛照。

在这里，我们分如下四个层次来作概略的论述和说明：

（1）马克思对股份制扬弃作用的认识。马克思敏锐地意识到股份制的特殊影响和对社会发展的可能贡献。从社会经济生活观察：“假如必须等待积累去使某个资本增长到能够修建铁路的程度，那末恐怕直到今天世界上还没有铁路。但是，通过股份公司转瞬间就把这件事完成了。”① 从生产关系的制度演变观察：“那种本身建立在社会的生产方式的基础上并以生产资料和劳动力的社会集中为前提的资本，在这里直接取得了社会资本（即那些直接联合起来的个人的资本）的形式，而与私人资本相对立。并且它的企业也表现为社会企业，而与私人企业相对立。这是作为私人财产的资本在资本主义生产方式本身范围内的扬弃。”② “资本主义的股份企业，也和合作工厂一样，应当被看作是由资本主义生产方式转化为联合的生产方式的过渡形式，只不过在前者那里，对立是消极地扬弃的，而在后者那里，对立是积极地扬弃的。”③

① 马克思、恩格斯：《马克思恩格斯全集》（第23卷），人民出版社，1972，第688页。

② 马克思、恩格斯：《马克思恩格斯选集》（第2卷），人民出版社，1995，第516页。

③ 马克思：《资本论》（第3卷），人民出版社，2004，第497—498页。

这些文字反映了马克思关于股份制论述中的核心观点。首先，可知马克思有生之年，明确判断了由于股份制的出现而形成的“直接联合起来的个人的资本”的“社会资本”属性，以及其“与私人资本相对立”的意义，并伴随着由“私人企业”转变为“社会企业”的破茧成蝶式的升级。他虽然还未直接认可股份制已经将资本主义下的私有制转变为公有制，但却已经明确认知这是私人资本在资本主义生产方式本身范围内的扬弃，其所新产生的“社会企业”中社会资本与私人资本的相对立，是由资本主义生产方式转为联合生产方式的过渡形式。其次，结合马克思、恩格斯在《共产党宣言》中的论述，“资本是集体的产物，它只有通过社会许多成员的共同活动，而且归根到底只有通过社会全体成员的共同活动，才能运动起来”，以及结合在《〈政治经济学批判〉序言、导言》中“两个决不会”原理所揭示的公有制形成的新社会形态是在“旧社会的胎胞里成熟”起来、“在资本主义时代的成就的基础上建立起来”的一种社会制度的基本逻辑，不难看出，虽然那时他仍把一般的股份制归为一种消极扬弃，但是马克思对资本主义制度下出现股份制而对资本主义生产方式发生形式否定，对其具有的资本社会化运行特征以及其所引发的走向新生产方式的“过渡态”，是秉持积极肯定态度的。同时，他还明确地肯定了这一“社会资本”形式下的劳动者合作工厂机制，是已出现的积极扬弃。

（2）马克思对重建个人所有制的论述逻辑。在论述资本主义积累的历史趋势时，马克思对私有制的核心认识有两层：第一层是“第一个否定”，第二层是“否定的否定”。

所谓“第一个否定”，指的是马克思对私有制从“小生产私有制”发展到“资本主义私有制”的必然性认识。马克思指出：“私有制作为社会的、集体的所有制的对立物，只是在劳动资料和劳动的外部条件属于私人的地方才存在。……劳动者对他的生产资料的私有权是小生产的基础，而小生产又是发展社会生产和劳动者本人的自由个性的必要条件。……这种生产方式是以土地和其他生产资料的分散为前提的。……它发展到一定程度，就产生出消灭它自身的物质手段。……靠自己劳动挣得的私有制，即以各个独立劳动者与其劳动条件相结合为基础的私有制，被资本主义私有制，即以剥削他人的但形式上是自由的劳动为基础的私有制所排挤。”① 可知，简要地说，这是第一个否定，即“资本主义私有制对小生产所有制的否定”。

所谓“否定的否定”，则指的是马克思对“资本主义私有制”发展到“重新建立个人所有制”的必然性认识。对于资本主义私有制，马克思这样论述道：“……现在要剥夺的已经不再是独立经营的劳动者，而是剥削许多工人的资本家了。……这种剥夺是通过资本主义生产本身的内在规律的作用，即通过资本的集中进行的。……随着这种集中或少数资本家对多数资本家的剥夺，……那些掠夺和垄断这一转化过程的全部利益的资本巨头不断减少，……日益壮大的、由资本主义生产过程本身的机制所训练、联合和组织起来的工人阶级的反抗也不断增长。资本的垄断成了与这种垄断一起并在这种垄断之下繁盛起来的生产方式的桎梏。……剥夺者就要被剥夺了。”②

围绕以上两个层面的否定，马克思在阐述自己的认识时特别提出，第二个层次上的否定，是资本主义私有制“对自身的否定”，是在第一个层次上的否定即“资本主义私有制对小生产私有制的否定”基础上的再次否定，从而是“否定的否定”。而马克思特别强调了这种否定所指的方向，那就是：“不是重建私有制，而是在资本主义时代的成就的基础上，在协作和对土地及靠劳动本身生产的生产资料的共同占有的基础上，重新建立个人所有制。”③ 而且特别值得我们注意的是，马克思为这一结论列明了最为重要的生产资料条件，那就是“协作和对土地及靠劳动本身生产的生产资料的共同占有”——恰恰是这一条件，充分揭示了马克思对资本主义私有制发展方向是升级为公有制的思考。马克思在说到由此而“重新建立个人所有制”之后，紧接着又提到：“以个人自己劳动为基础的分散的私有制转化为资本主义私有制，同事实上已经以社会的生产经营为基础的资本主义所有制转化为社会所有制比较起来，自然是一个长久得多、艰苦得多、困难得多的过程。前者是少数掠夺

① 马克思：《资本论》（第1卷），人民出版社，2004，第872—873页。

② 同上书，第873—874页。

③ 同上书，第874页。

者剥夺人民群众，后者是人民群众剥夺少数掠夺者。"① 结合前面的分析，这句话当中的"以社会的生产经营为基础的资本主义所有制转化为社会所有制"，很显然就是继续论述第二个层次上的否定问题，而结合马克思所强调的条件中所指的"生产资料的共同占有"，可以得出结论，那就是这个重要条件所指的新的"社会所有制"，重新建立的个人所有制实际上就是"社会所有制"，即等同于"重新建立"的"个人所有制"，那么结合股份制的具体特征，应在此逻辑框架内理解为由私人资本的扬弃而带来的资本的社会化——"社会资本"的公有制。在实际生活中，股份制正是以清晰的个人持股形式和聚沙成塔的联合机制，结束从小生产私有制（个人所有制）走到资本主义私有制的"否定之否定"，是以实质上的"社会所有制"为结局、以普遍的社会成员的股权"个人所有"为形式的社会企业制度。

（3）股份制作为企业制度的创新，是实现"对生产资料私有制的扬弃"而"重新建立个人所有制"的关键。马克思所强调的第二个层次上"否定的否定"，指否定了资本主义私有制，又决不是重建实质性的私有制，而是重建个人所有制，或者说重建以"社会所有制"为实质性结局的个人所有制形式。在这里，笔者认为特别有必要强调一下马克思在此认识中有所指向的隐性判断，那就是社会所有制正是通过重建以股份制为创新形式的个人所有制而最终实现的，而特别值得认识清楚的是，在生产资料资本主义私有制条件下，社会机体内生而来的新企业制度——有清晰的私人持股权的股份制，却能以一种客观必然性的力量，开始呈现出对生产资料私有制的打破——关于这个问题的认知，关键之处就是扬弃（这一概念的内生、去粗取精、破茧成蝶式升级演变之意，对于认识相关问题十分关键），而扬弃的由来，实质上就是在资本主义私有制的条件下产生的"日益壮大的、由资本主义生产过程本身的机制所训练、联合和组织起来的工人阶级的反抗"，以及这种反抗背景下出现的"资本主义的股份企业"和"工人建立的合作工厂"这些形式所达成的私人股权与"社会资本"的内洽。股份制的这种内在包容性一直演变到当下的历史阶段，其扬弃成果的集中体现形式，就是代表现代企业制度的股份制

① 马克思：《资本论》（第1卷），人民出版社，2004，第874页。

“社会企业”已具有越来越明显的普遍性与主导特征。股份制正如马克思所说的那样“是在资本主义体系本身的基础上对资本主义的私人产业的扬弃；随着它的扩大和侵入新的生产部门，它也在同样的程度上消灭着私人产业”①，也就是说，虽然仍然存在个体的小生产和家族式的私人企业，但企业制度的前沿形式，即中国改革开放中所认定的现代企业制度的代表形式，只有风行全球的股份制，而这个股份制，正是实现“对生产资料私有制的扬弃”的关键性机制。

（4）股份制“对生产资料私有制的扬弃”有一个从消极扬弃到积极扬弃的历史过程。马克思所指出的资本主义生产方式下生产关系制约生产力发展的基本矛盾和桎梏，是生产的社会化和生产资料私人占有之间形成矛盾。沿着解决这一矛盾的思路观察，马克思认为：“工人自己的合作工厂，是在旧形式内对旧形式打开的第一个缺口，虽然它在自己的实际组织中，并且必然会再生产出现存制度的一切缺点。但是，资本和劳动之间的对立在这种工厂内已经被扬弃，虽然起初只是在下述形式上被扬弃，即工人作为联合体是他自己的资本家，也就是说，他们利用生产资料来使他们自己的劳动增殖。这种工厂表明，在物质生产力与之相适应的社会生产形式的一定发展阶段上，一种新的生产方式怎样会自然而然地从一种生产方式中发展并形成起来。”② 在此基础上，马克思对资本主义社会中的股份制与工人自己的合作工厂进行了对比，即“资本主义的股份企业，也和合作工厂一样，应当被看作是由资本主义生产方式转化为联合的生产方式的过渡形式”，但他跟着加上一个对比：“只不过在前者那里，对立是消极地扬弃的，而在后者那里，对立是积极地扬弃的。”这便为我们带来了极为重要的基本思考线索和深化认识的空间：“消极”是更多地停留于形式层面的，而“积极”应是更多地涉及实质层面的。马克思的思维框架与论述逻辑，内含着对这样一个升级发展历史过程的认可与期待。

---

① 马克思：《资本论》（第3卷），人民出版社，2004，第497页。

② 同上。

二、股份制对私有制扬弃的本质探索

应强调，股份制对生产资料私有制的扬弃，是以特定的聚沙成塔机制形成对生产社会化的适应性亦即资本的社会化。“扬弃”原是哲学名词，指事物在新陈代谢过程中，发扬自己体内积极因素而抛弃体内消极因素而带来的升级式的演变（一如中文“留取精华，弃去糟粕”“破茧成蝶”等之意——破茧成蝶意在强调，仍是原主体，却明显进入了升级形态，可作为一种比喻来理解“扬弃”式演变）。不论对于马克思的“消极扬弃”与“积极扬弃”评价作出何种分析解读，其基本逻辑指向，至少具有形式和过渡方向上的肯定，余下的便是如何使形式与内容相合的问题。

正如恩格斯所说，“1865 年交易所在资本主义体系中还是一个次要的要素”，但是 1866 年经济危机之后，世界范围内所有的工业国家都出现了“生产的扩展赶不上积累的增长，单个资本家的积累已经不能在扩大自身营业方面全部用掉”的情况，他特别举例指出“1890 年德国的股份公司认股额达到 40%”①。也正是从这个时代开始，股份企业开始正式登上历史舞台，并开启已长达 100 余年的主导地位，在不太长的时期内形成具有全球影响的若干跨国公司，这一局面一直延续至今。

任何理论观点的提出都带有时代特征与客观局限性，马克思对股份制的认识，是于生产力水平远低于当代的 100 多年前，但在当时社会制度和经济发展背景下，股份制所具有的哪怕是带有消极扬弃意味的“社会资本”特征，已为马克思带来了思维灵感和重大期待。面对其后 100 余年的历史进程，结

① 马克思：《资本论》（第 3 卷），人民出版社，2004，第 1029 页（相关论述出自恩格斯所作《资本论》第三册增补“交易所”部分）。

合实事求是、与时俱进的原则，我们完全可以沿马克思的思维逻辑来深化认识。100 多年以来，股份制下的市场主体（即股份公司）已经发生了非凡变化。股份制前所未有地使社会成员（包括广大普通劳动者）分散的、个量往往“微不足道”的私人财富都可以按照十分清晰、法律确保的“同股同权”规则而资本化，聚沙成塔地完成原来无法想象的巨大规模的资本集中，并催生这种资本社会化形式所自然而然要求的“公众公司”（即马克思所表述的“社会企业”）的一系列有关透明度、对股东及所有“利益相关者”负责的责任机制，以及社会化监督机制、调整机制与阳光化的市场规则。除了早已普遍存在的本企业员工、产业工人持股和社会上的普遍劳动者、公共机构在上市股份制企业中持股以外，“国家”特定层级的政府也可持股并酌情作增持、减持的操作，而对宏观经济运行和社会生活产生重要的正面效应。市场主体（公司）在达到一定规范程度后可以上市，而上市这一环节在英文中是表述为“go public”（走向公共），绝非“私”的取向。无论是股份制中的公共机构持股，还是公司走向上市而开启公共募集资金的模式，都表明即使是称为资本主义制度下的市场主体，也已经呈现内部产权结构多元化而“混合”地超越简单私有制的特征。社会化大生产中的上市公司这种公众公司，不仅其持股人在很大程度上是“公共”的，而且其经营状况信息要充分披露，进而要接受全社会公众的监督，财务以较充分的透明度及其由此产生的公众监督，使公司发展和社会公众利益实现了更有效的互动与结合。此即由股份制企业制度带来越来越多实质性意义的资本社会化，进而呼应了生产社会化的客观需要。

据恩格斯的论述①，股份企业是首先从工业开始实现转变的，需要巨额投资的钢铁业、化学工业和机器制造厂、纺织业、啤酒厂都逐步实现转变，而后托拉斯创立了实行共同管理的巨大企业，在以后各个商号也进入“建立股份公司”阶段；商业方面，建立股份公司，使银行和信用机构紧接着也从只有几个私人股东转变为有限公司，农业随后也以地产的形式实现了股份制，

---

① 马克思：《资本论》（第 3 卷），人民出版社，2004，第 1028—1029 页（相关论述出自恩格斯所作《资本论》第三册增补“交易所”部分）。

发展到了“一切国外投资都已采取股份形式”① 的阶段。从马克思和恩格斯提出相关论述的时代发展至今，沿着历史纵轴来观察，当时的股份制只是资本主义私有制内部开始出现破壳动力的萌芽阶段，当时的股份制下的资本社会化在很大程度上自然会带有较为形式化的消极扬弃的特征，其幅度和范围都还比较有限。

随着生产力发展，以供给侧生产力升级换代为代表的演变，实际上决定着社会生产和经济发展的不同阶段乃至时代的更迭。每一次产业革命的爆发都源于供给侧创新，而每一次供给侧创新都直接提升人类物质需求的满足度②。跟随着不同的供给侧创新发展阶段，股份制企业也呈现出不同的特点。从蒸汽时代过渡到电气时代的过程中，手中仅仅拥有资本的资本家逐渐偏离社会财富的中心，拥有创新技术或管理专长的人才作为工人与职业经理的代表，开始在资本的支持下建立股份制企业，消极扬弃由此潜移默化地逐渐被积极扬弃所取代。步入电气时代后，逐步得到发展的股份制企业更加成熟，呈现出的特征是股权的分散化程度越来越高，借助小额股票的可得性与职工持股计划的推行，企业内的技术人员、产业工人可以自由自愿地持股，上市后更是有大量的社会成员包括越来越多的普通劳动者进入股市而成为股东，一家大企业主要的股份仍然属于某一位大资本家的情况逐渐减少，乃至走向罕见，共同基金等机构投资者越来越多地取代了大资本家的地位（20 世纪末，美国机构投资者占企业总资产的比重，已在 48% 左右，接近一半）③，而不论他们的偏好是“战略投资”还是“财务投资”，企业高管层“职业经理人”的作用都愈益突出。早在 20 世纪 40 年代，已有研究者把这种资本社会化趋势称为“人民资本主义”。当时的美国商会会长约翰·斯通在《不受限制的美国》一书中，首次提出这一概念，其后相关的理论探讨风靡美国、西欧、

---

① 马克思：《资本论》（第 3 卷），人民出版社，2004，第 1030 页（相关论述出自恩格斯所作《资本论》第三册增补“交易所”部分）。

② 贾康：《供给侧改革及相关基本学理的认识框架》，《经济与管理研究》2018 年第 1 期。

③ 吴海山：《资本社会化论》，中国社会科学出版社，2006，第 73 页。

日本和加拿大而经久不息，所形成的最基本的三点认识是：第一，所有权分散论。认为在资本主义发展中，私有财产的分配发生了深刻的变化，私有财产日益转为人民群众手中的资本所有权（如美国通用汽车公司20世纪50年代末股东人数为几十万人，70年代末便高达200万人，平均每个股东只持有200股；美国电话电报公司20世纪20年代末股东人数为46万人，70年代末已高达300万人）。此外，还要再加上间接通过经纪人名义持股票者（1996年，美国成年人口43%持有股票，2000年之后，又上升到总人口的70%左右）①。第二，经理革命论。认为资产所有者在管理企业方面已退居次要地位，领导权已日益向管理者、技术生产知识界手中转移。第三，收入革命论。认为在国民收入的分配方面发生了深刻的变革，工人和劳动者在国民收入中所占比重增加与产权收益有关②。这种对于“人民资本主义”的认识，虽然也可能有过于理想化的色彩和某些可商榷之处，但其与时俱进而实事求是地提出新命题的基本态度和思路，确实值得研究者积极借鉴和深入思考。

随着人类社会步入信息时代，海量数据存储和应用得以实现，世界互联网的建立健全，股份制企业更加具有“go public”的客观条件，也逐渐呈现出更加社会化的特点。例如：通用汽车公司作为世界上非常有名的标杆式大公司，在2008年末改组之前，股权已高度分散，很难说其具体归属于哪个资本家，为数众多的持股人是本企业的员工、产业工人和社会上的劳动者，以及共同基金。2008年金融危机中，由于通用汽车公司遭受重创，美国财政部对其进行注资，改组后的通用汽车公司股权结构为：美国财政部作为最大股东，占72.5%股权；美国汽车工会的工人退休医疗基金作为第二大股东，占17.5%股权；通用的债权人占10%股权。而时隔数年，2014年7月15日查得的情况，是UAW Retiree Medical Benefits Trust为其十大股东之首，持股比例为8.74%，加拿大政府为第二大股东，持股比例为6.86%，十大股东合计持股比例也仅为38.29%。另一家著名的通用电气公司，2014年7月25日的股权结构中，十大股东中居第一位的Vanguard Group

① 吴海山：《资本社会化论》，中国社会科学出版社，2006，第111页、第113页。

② 何盛明主编：《财经大辞典》，中国财政经济出版社，1990。

持股比例为4.99%，第十位的 Global Investors 持股比例为0.78%，其十大股东合计的占股份额仅为20.6%。这些情况都在客观地表明，股份制使资本集聚的规模巨大，并富于要素流动中作出调整的较充分弹性与便利性，实质意义在于资本社会化特征与属性在不断强化，客观上已明显地缓解着生产社会化与生产资料私人占有之间的矛盾，再包括具有政府作为公权主体审时度势运用公共资源向股份制企业注资，而缓解经济危机冲击影响的调节减震反危机的机制，可以使生产关系动态地得到良性调整，适应和有利于生产力的发展。

特别值得注意的是，20 世纪 70 年代以来，职工持股计划（Employee Stock Ownership Plans，ESOP）的发展，使“工人所有制企业”得到发展，职工可通过 ESOP 把企业全部或大部分股票买下，成为企业的控制者和支配者。如1984 年美国威尔顿钢铁公司7000 多名职工以3.8 亿美元买下了即将倒闭的这家公司，工人拥有全部股权，当年就实现了扭亏为盈。1994 年，世界最大的航空公司——美国联合航空公司——把55%的股份转让给职工，由职工负责经营该公司。20 世纪 80 年代，日本上市公司中已有 80%左右的公司建立了职工持股制度。量变为质，可观察这样的股份制经济演变中，马克思当年所肯定的“积极扬弃”正变得越来越有广泛性与影响力①。

迄今已有的、股份制框架下对于资本私有制的扬弃，最具有积极扬弃意义的当属中国改革开放之后，“解放思想，实事求是”方针路线指导之下企业改革的伟大实践。多种经济成分共同发展局面中，中国民营（私营）企业的升级发展，一旦进入股份制和混合所有制的轨道，便进入了“资本社会化”的轨道，而且与之密切相关的外部环境，是把股份制确认为“公有制的主要实现形式”的中国特色社会主义市场经济的建设与完善过程。在中国计划经济传统体制下转轨而来、影响力举足轻重的国有企业，也义无反顾地进入以“股份制改造”为主线的“战略性重组”改革过程。两方合流而成的，是日趋发展壮大并将在改革创新、探索开拓中继续壮大的混合所有制改革潮流，这种混合所有制被决策层认定为“基本经济制度的重要实现形式”，它显然是

① 吴海山：《资本社会化论》，中国社会科学出版社，2006，第123 页、第125 页。

一种在供给侧创新中将进一步“共赢”式激发潜力和活力、解放生产力的极其重要的制度建设。

毋庸讳言，被历次中央指导文件所肯定、反复强调深入推进的混合所有制改革，在实际生活中还面临不少困惑、争议、摩擦、障碍和将可能继续展开的见仁见智的探讨，而且在全球化背景下，这一“混合”过程已决不限于“国家”概念之内，早已是以跨国空间为参照系的“混合”行为（包括过去认为关系“国家命脉”的工农中建几大银行，也早已在引入国外投资者而势在必行的混合所有制之列）。在未来的演变和发展中，也可能将面对一系列的新问题、新挑战。这一侧面，主要反映的是股份制的扬弃在实际生活中必然是具有阶段的、场景的、特定制约条件下的种种局限性，这也符合事物发展的一般规律，即必须在探索、试错、纠结中，使制度的创新进步逐步明朗化。

但另一侧面，中国特色社会主义市场经济的创新发展实践，以及在此实践中国内的“资本社会化”与国际的“资本社会化”的必然融合，更是不可逆转与阻挡的客观过程。中国本土的混合所有制改革与中国本土之外其他经济体的股权“混合”式共赢发展过程，总体上还都方兴未艾，有巨大的发展空间和升级发展的前景。最近几年在中国本土已经做得风生水起、未来在“一带一路”建设中和国际合作的基础设施建设领域还将进一步发展的 PPP（公私合作伙伴机制，即政府与社会资本合作机制），其每一个 SPV（特殊项目公司），几乎都必然是一个混合所有制寻求共赢的市场主体。“你中有我，我中有你”，实行以资本为纽带的社会化联合的跨国公司，也将在中国和平发展中以及中国与世界的互动中得到长足的发展。这个历史性发展潮流中的“资本主义私有制”的扬弃，难道不愈益体现着其积极扬弃的意义吗？中国实践中称为公有制创新性实现形式的股份制，在这一潮流和轨道上，决不是延续着传统计划经济“国有制”的逻辑，而是对接了马克思从消极扬弃到积极扬弃的“否定之否定”逻辑，兼容并包地把国有、非国有、公有、非公有，国内、国外的各种分散的股权相结合，而完成资本社会化的、适应于社会化大生产的资本集聚、集中，支持信息革命时代生产力的进一步解放。

在具体的现实观察与认知中，差异化的特征当然比比皆是，并很容易引发人们“贴标签”式的思维惯性。比如：2008 年美国金融海啸发生而迅速引发冲击全世界的金融危机以后，美国当局最关键的供给侧管理举措（这方面需要我们很好地总结借鉴，笔者积极作理论创新的新供给经济学此），是动用公共资源给花旗、两房、贝尔斯登等金融企业注资，给实体经济层面的跨国公司通用汽车注资。这都是在股份制的框架之下对应于其制度机制的包容性而可有的一些特定操作。当时，就有人惊呼社会主义救了资本主义，而资中筠老师马上就有一个评价：希望不要贴这种标签。显然，它是在股份制的这样一个调节机制里自然可以有的相机抉择式股权结构的变化，不应把这个股权占比升一点或降一点，直接跟“姓社姓资”结合在一起。的确，对股份制框架下的某一具体调节案例，如一定要贴上这种标签，已不适应我们所讨论认知的股份制历史性“扬弃”过程中的共性，其他的在这种适应生产力发展的生产关系“扬弃”式演变中的中外种种差异与个性，都不足以否定马克思“扬弃”认知框架下关于生产关系在根本上是由生产力发展需要决定的这一共性内涵，可知，股份制对于进一步解放生产力和顺应生产力发展的适应性，就是其世界范围内的共性。

三、从股份制到“重新建立个人所有制”

从股份制到“重新建立个人所有制”的关键，是以产权制度的清晰和法治化为基础的实质性资本社会化。

如上文所述，按照马克思的论述，在资本主义私有制的背景下，从股份制到“重新建立个人所有制”之间存在一个逻辑链条：股份制—对资本的消极扬弃与积极扬弃—对资本主义私有制的扬弃—重新建立个人所有制。这条逻辑链可分为三个层次：①从股份制到资本扬弃。股份制的发展阶段将经历从资本的消极扬弃到资本的积极扬弃，而资本的积极扬弃实际上就是在资本主义私有制的条件下产生的“日益壮大的、由资本主义生产过程本身的机制所训练、联合和组织起来的工人阶级的反抗”所促成的生产关系调整变革。②从资本扬弃到对资本主义私有制的扬弃。按照资本积累历史趋势的视角下马克思对私有制两个层次的认识，资本主义私有制是对小生产私有制的否定，而资本扬弃实际上就是资本主义私有制下自身破壳而出的对原所有制的否定，是“否定的否定”的实现形式，即实现了对资本主义私有制的扬弃。③对资本主义私有制的扬弃这一过程的结局，实质决不是重建私有制，而是在资本社会化基础上重建个人所有制。由此观之，股份制的创新在适应生产力的轨道上，实际上是贡献了“重新建立个人所有制”的实现形式，尤其在历史视角和供给侧创新的视角下，于公有制基础上“重新建立个人所有制”最为重要的实现形式在很大程度上具有其必然性，这一逻辑在理论上可说是贯通无阻的。

然而，与此同时，特别值得注意的是，实践中各国的这一进程也必然会面对种种阻滞。在社会主义公有制导向下，我国从股份制到“重新建立个人所有制”之间，实践上的阻滞至少来自两大方面：①“重新建立个人所有制”目标下的私人产权虽已进入宪法保障范畴，但并未充分到位。我国现行宪法明确规定“神圣不可侵犯”的只有一个，那就是“社会主义的公共财产”，而相应地，如果对“个人财产”的入宪作一观察，其相关保护规定则仍处于相对弱势地位。这实际上在法治环境概念下，客观地遗留了对“重新建立个人所有制”的不利与阻滞因素。②法律规定区分的国有的和集体的土地资源等财产范畴，目前尚没有纳入股份制范畴的全面解决方案，改革之路上攻坚克难的大量考验与此相关。已有的土地入股、资源入股、股份制改造的种种试验和探索，还是创新之路上需要继续开拓前进的重要“进行时”创新探索使命。未来资本的社会化如何较全面地顺利纳入“重新建立个人所有制”的法治化保障范畴和形成解放生产力的巨大正面效应，中国仍任重道远，但将有望以此为推进共同富裕的制度机制建设，以及全人类的发展和文明进步，作出中国自己的卓越贡献。

混合所有制是联结股份制与“重新建立个人所有制”的关键性创新机制。如果说在“资本主义”名号下的这种股份制和必然派生的混合所有制，已在发生扬弃“私有”不适应社会化大生产发展制约因素的积极作用，那么当然应如实地认识这种变化，积极地把股份制下以混合所有制为取向的发展变化，与马克思主义中国化的实践紧密结合。没有理由对股份制加上“姓社姓资”的诘难，更应淡化“姓公姓私”的贴标签式思维，充分肯定中国大地上和中国对外互动中近年来“积极扬弃”式的不断尝试和探索——这也同时意味着，在中国今后几十年联结中华民族伟大复兴中国梦的改革发展过程中，混合所有制取向的股份制，定将进一步打开“解放生产力，发展生产力”的潜在空间，把“做大蛋糕”与“分好蛋糕”相贯通，长远而深刻地影响我国现代化进程。

中国支持“现代国家治理”的现代市场体系的产权制度基石，已可以在混合所有制概念上予以界定澄清。如上所述，混合所有制是内在于标准的现代企业制度的股份制框架的，其中某一企业股权的来源，可以把国的、民的、公的、私的、内的、外的都“混在一起”而又产权清晰、权责明确。在法治化的环境下，所有利益关系都可以规范地得到这种“风险共担，利益共享”合作机制中的解决方案，有利于以最低的交易成本形成共赢的预期及其实际进程。在混合所有制的相关持股主体互动中，组织和自组织、调控和自调控、管理和自管理、规范和自规范这种现代化治理要素的结合，极为有助于潜力、活力、创造力的释放，即生产力的解放。中国在“后来居上”的现代化进程中，要更多依靠以这样的产权基石而合成一个现代化市场体系，搞活企业，以求将和平发展、和平崛起之路越走越宽。

按照现代经济理念与实践来理解股份制，结合上文论述，需要再次强调：对股份制不必、不能贴标签作“姓社姓资”“姓公姓私”的界定。股份制是人类经济文明从产权基石层面规范地形成的以法治化为背景的一套基本制度规则，在高标准、现代化、法治化的营商环境下，其最具多元包容性的形式和可以为企业提供可持续共赢发展的制度安排。由此可知，股份制框架下混合所有制的这一形式，理应成为中国特色社会主义市场经济的重要实现形式和全面深化改革阶段以及中国和平发展走向现代化中华民族伟大复兴历史进程中在企业改革领域的主打形式。

“重新建立个人所有制”的核心与实质是资本社会化，亦即社会化大生产中以制度创新、技术创新支持的“人类命运共同体”的发展成长的重要基础。

在通过混合所有制打通从股份制到社会性的公有制实质基础上“重新建立个人所有制”的阻滞后，继续对“重新建立个人所有制”的核心与实质作出表述，笔者认为，应该明确地落到“资本社会化”上来。中国在私人财产保障“入宪”的新起点上，在通过混合所有制将国有的、集体的生产资料纳入股份制范畴的背景下，生产资料的公有制将会赋予更加丰富和深刻的含义与演变中的包容性。这时，生产资料原来所表述的国家所有制和集体所有制，将不再是以一种行政化扭曲的、错配概率很高的、朝令夕改的体制机制进行配置，而是在一种法治化的、清晰的长效机制下，通过市场机制发挥资源配置的决定性作用基础上的股份制具体形式，以“go public”的形式最终形成一种资本社会化局面，其中又以一股一股的形式，将多样化的选择权利送达个体手中。而这种资本社会化形成的过程，实际上就是马克思所指出的“重新建立个人所有制”的过程。这种过程与公有制不但不存在矛盾，反而升级了其实现形式，或者可以说将以更加有效率而同时更加注重公平的形式完成了生产资料公有制的升级版实现。这种资本社会化与供给侧创新，也将继续密不可分，在技术发展到移动互联、万物互联、区块链、人工智能的当下与未来，经济发展呈现出的共享模式赋予资本社会化实践层面更加丰富的形式和路径。按照马克思的论述思路，“重新建立个人所有制”的发展目标是社会所有制，而当下这种以资本社会化作为核心与实质的“重新建立个人所有制”路径，显然符合向社会所有制发展，以及推进全体社会成员共享发展成果的共同富裕的方向。

四、中国特色社会主义市场经济与资本积极扬弃

通过以上分析考察可知，中国特色社会主义市场经济达成资本积极扬弃的时代契机与历史路径，是社会化大生产中要素流动支持的“人类命运共同

体”式共赢发展。

中国改革开放探索过程中，邓小平所强调的再也不可错失的战略机遇期，实际上完成了在深刻认识供给侧创新基础上，从“战争与革命”时代战略判断到“经济建设为中心和平发展”时代战略判断的转变。理解和紧紧抓住这一历史契机，在“摒弃你输我赢旧思维”，不再陷于“谁战胜谁”纠结的这一时代背景下，本书所讨论的股份制—混合所有制发展脉络上，对马克思从“扬弃资本主义私有制”到“重新建立个人所有制”的思想及其与时俱进的展开，已可以作一下小结：

传统的私有制在社会化大生产形成以后“否定之否定”的升级发展过程中，所谓“重新建立个人所有制”，可认为决不是简单停留于形式上直观地“消灭私有制”层面，也决不应理解为限于生活资料层面，它就是可以将一股一股的所谓分散资本、虚拟资本和后面实际运行的实体资本形成一个规范化、社会化的市场连接机制，而使社会成员可以根据自己的意愿以个人所有的股权来参与投资，形成公募股市交易和私募股权交易带出的要素流动，在适应社会化大生产需要的同时（这里面可以内洽地有一种个人所有制的重建），把这种资本社会化机制融合于股份制框架下“混合所有制”的发展中——这就是我们需要探讨认知的从消极扬弃到积极扬弃的升级。

我国现在由共产主义这个远景引导之下的社会主义实践里，从不成熟走向成熟，当然就要利用这种社会化大生产背景下已经有的一系列的资本社会化发展机制，作与时俱进的创新。在这方面的探讨，又有一个过去已有而说起来有点压力的说法：这一套分析听起来是不是“趋同论”？不讲“姓社姓资”，就讲资本市场股份制标准化以后有这么大的包容性，岂不就成了一种趋同？笔者认为，在邓小平南方谈话后已解决了市场（包括资本市场）并不存在“姓社姓资”问题的认识基础上，更无必要把“趋同论”弄成一个政治帽子，如从社会发展的过程来说，文明越发展越有某些趋同特征，现在我们从全球化背景来看，领导人已经提出的“人类命运共同体”的趋向，不就是认为这种文明进步过程中有趋同的共性吗？以北欧国家为代表、称为“民主社会主义”形态的“福利国家”中，普遍的股份制的发展和“从摇篮到坟墓”的社会保障制度的结合，与中国特色社会主义建设发展中的股份制现代企业制度改革和促进共同富裕的社会福利增进特征，难道没有明显的趋同的共性吗？这里面的趋同命题，绝对不应成为不能讨论的“禁区问题”。所以，应借这个机会再强调一下解放思想，我们认为一定要清醒地认识到：马克思主义本质上是在与时俱进的科学探索中动态发展的思想体系。党中央所重视和强调的“马克思主义的中国化”，也就是要在中国的实践中坚持和发展马克思主义，而且今后还要不断发展。如果我们不能与时俱进地在所有制扬弃等理论领域坚持和发展马克思主义科学真理，那我们是不配称作合格的马克思主义者的。

第十三章

行为经济学视角下关于我国如何看待收入分配公平

一、重要的“公平感”

贫富差距饱受经济学界、政策制定者以及社会大众关注，并颇具争议。历史上，经济学家们曾对此问题议论纷纭：1798 年，托马斯·马尔萨斯明确提出人口的急剧增长影响了财富的分配，加剧了贫富分化；1817 年，大卫·李嘉图基于稀缺性原则论述了商品的相对价格变化影响收入分配；19 世纪，卡尔·马克思指出私人资本的无限积累将导致财富与资源为个别资本家所垄断，但生产力发展中资本社会化终将走向“重新建立个人所有制”；20 世纪，西蒙·库兹涅茨解释了不同社会阶层的收入分配差距由技术进步、经济增长与产业竞争的不断博弈而缩小；2013 年，托马斯·皮凯蒂出版的《21 世纪资本论》提出以资本与国民收入的比例来度量收入不平等，通过美国长期历史数据验证“富人更富的社会特征”。

虽然这些研究结论为我们提供了重要启发，但对经济发展实践中的一些发人深省的重要现象仍待深化研究。实际上，贫富差距较大的美国与贫富差距较小的北欧地区（包括丹麦、瑞典、冰岛、芬兰以及挪威）人均 GNI 在 15 年间都实现了稳步走高且达到逼近状态，这种经济实践结果告诉我们，贫富差距结果或只是一个影响经济发展的表象因素，而其后社会成员对贫富差距的感觉，似乎才是这一表象背后更值得探究的实质，即最为重要的并非是对贫富差距是否“公平”这一结果的判断，而是关于贫富差距的“公平感”如何。基于此，我们尝试拓展了行为经济学视角下对收入分配公平的研究，并得出了一个关乎我国收入分配目标抉择的重要结论：社会中的贫富差距感应成为收入分配公平调解过程中更值得注重的目标，因为其决定着经济人的行为选择，这一选择关乎经济增长与发展，与宏观经济和社会的稳定直接相关，而影响贫富差距感的核心要素，是社会阶层能够实现上升通道的无阻，也即百姓所说的“有盼头”，经济学者表述的“预期好”。我国人口总量和人口结构等特点均非世界上其他经济体所能同日而语，基于基本国情，我们在处理经济高速发展过程中凸显出的收入分配差距不断扩大这一问题时，也不宜希图一蹴而就式地迅速推向橄榄型这个目标，而更需抓住表象下的核心要素，在“以人为本”“人心所向”的理念引导下，既注重“公平”的学者量化衡量，更注重“公平感”的社会认同水平，稳步、科学、有效地实现收入分配调节和社会结构调整的共同富裕目标。

基于以上认识，我们试将行为经济学视角下“公平感”这一概念定义为：身处不同社会阶层的社会成员大脑基于对自身所处阶层外部环境判断所加工形成的外部环境刺激引发神经冲动的感觉判断。不同社会阶层的社会成员由于所处外部环境的表象不同，且对外部环境进行判断的能力也不同，所以加工形成的外部环境刺激结果更加不同，而这一系列反应终将导致不同社会阶层社会成员产生不同的神经冲动判断结果，从而表现出对公平的不同感知，在经济生活实践中即体现为人的感官上是否认同公平及在多大程度上认同公平。

对“公平感”概念进行界定后，就可以继续探索行为经济学视角下“公平感”对经济发展的影响。实际上，每个社会成员作为一个个体，在其大脑构造中，都有一个“感知—行为”转化模型的关键功能区，这一功能区被称为“扣带回”（大脑半球内侧面扣带沟下方的脑回，神经冲动的传导通道，参与情绪、自我认知等过程）。它用于协调大脑对接收到的多路径刺激的综合感受，而这些感受源于个体大脑的各脑区所发送出的、不同的、足够强烈的感受信号。这些感受信号在感官表现上可能是一致的，也可能是冲突的，但都能在扣带回得到协调，而后便由协调后的感受去支配行为。总之，社会成员的每一个个体或市场经济的每一个单位，最终的行为选择由感官上各种感受所形成的感知直接决定，这种感知源自其大脑中最终形成的神经冲动，而不是机械数据。将这一结论应用到收入分配问题上，即社会成员个体的行为选择取决于回应社会中分配现象的“公平感”，而非简单地决定于数据表象上的“公平”。加之现实中已经被观察到的表象公平与实际公平感之间的悖论，我们有理由大胆提出，对关乎中国经济发展是否能够跨越“中等收入陷阱”与实现升级版的现代化发展的“导火索”问题即收入分配差距的调节问题，在推进共同富裕过程中，更值得注重对“公平感”的调节，注重让社会成员达成感官上的公平，这决定着引领社会成员选择更加积极的理性行为，也因此联通着经济增长和经济发展的顺畅实现。

基于行为经济学观察“公平感”，需要分析社会成员最终所形成的大脑神经冲动，而这种大脑神经冲动受到三种类型因素的影响，分别为：个人的历史、个人的小社会及社会的不确定性。然而，虽然这三大因素都会影响到社会成员的“公平感”，但是个人的历史因人而异，社会的不确定性又防不胜防，只有个人的小社会这个因素属于可调控范畴，而在实践中，其突出表现在对阶层流动的感知。因此，理论探索可将这种“公平感”影响因素逐一涉及后，重点指向阶层流动这一要素。

影响要素之一：个人的历史。个人的历史即指记忆，是社会成员“公平感”存在的依赖基础。认知神经科学的成果证明了心理活动完全取决于大脑组织中发生的生理事件，统一的自我只是一种幻觉。正如著名认知神经科学家迈克尔·加扎尼加说的那样：除了薄薄的一层“此刻”，我们生命中的一切都是记忆。不同社会阶层的社会成员从出生开始，依次面临原生家庭、学校、职场、婚姻等不同的外部环境，不论哪类外部环境的记忆，在大脑里都以神经元网络的形式存在。个人的历史在大脑内被储存的生理过程，就是生化合成物把大脑神经元建立联系的过程。所处不同阶层外部环境的社会成员在经历上述大脑处理过程时，由于其个人的历史不同，不同神经元的突触之间调整并建立新联结的过程也不相同，因此，大脑中的某种蛋白质则使突触产生持久性改变。经历了这样一个生化过程，个人的历史就以记忆的形式进入了大脑区域的扣带回中，在面对刺激时，扣带回基于自身记忆（即个人的历史）形成了各自的“公平感”。

影响要素之二：个人的小社会。个人的小社会即指个人在其社会网络节点中的存在情况，关系着与其直接纽带连接的其他社会成员相对比而言的感官上的公平。最常见的社会网络结构，大致可以分为三类。第一类是“科层制”结构，即完全的“科层”即纵向的“科层”结构，也被称为严格的等级制度。一个典型的例子为中国古代官僚政治体系中魏晋时期的九品中正制度，这是一种几近完全固化的社会结构。而此时所处的每一“科层”上的横向节点代表一个社会成员，而该社会成员也仅以直接纽带连接相同“科层”的另一节点上的社会成员，因此，第一类社会网络中社会成员在小社会影响下形成的对“公平”的感知，也仅是相较于同一横向节点上的社会成员而言。第二类是“全连接”社会网络，即每一个节点到任何一个另外节点都有纽带连接。但现实世界中这样的社会网络很少存在，社会学家称之为“熟人社会”。在这样的社会网络中，某一节点上的社会成员对“公平”的感知应相比较于与其存在纽带连接的全部其他节点上的社会成员。第三类是“小世界”网络，即网络中某一节点上的社会成员想与不存在纽带连接的另一节点上的社会成员建立间接连接，至多通过5个纽带相连即可。但这一节点上的社会成员所形成的对“公平”的感知却依然仅来源于与其纽带连接的其他节点上的社会成员，而通过间接连接的节点上的社会成员难以影响其感知，这也可以解释现代社会因互联网的飞速发展而变成了一个“小世界”网络。可是在这类网络中不同阶层的社会成员间似乎早已筑起了一道“无知的围墙”，同一阶层的社会成员只跟与自己相同特质的人直接往来，而将其他阶层的人基本拒之门外。

影响要素之三：社会的不确定性。社会的不确定性即社会成员所承受的不公平事件对其固有“公平感”的冲击。这里的固有“公平感”是指基于自身的记忆与小社会所形成的已有一定稳定性的对“公平”的感知。“确定”的社会形态符合社会成员自我保护的基本心理需求。然而，外部力量的冲击，如经济危机、自然灾害等，将特定状态下的“确定”社会形态变更为“不确定”的社会形态，在不确定性的社会环境下，不同社会阶层的社会成员面临不公平事件对固有“公平感”的冲击。从行为心理学角度剖析，上述冲击结果表现为固有“公平感”的坍塌，即自身感官上的公平被不同的社会不公平事件消耗、稀释甚至瓦解、崩塌。比如，在一种残酷至极的企业竞争中，同一社会阶层的社会成员们一般具有两种心理权衡状态：是选择拼命工作跻身管理层的候补队伍，还是悠然自得地工作而不过多地考虑升职加薪。后一心理权衡状态在企业经历经济危机时期，对“公平感”冲击结果体现尤为明显：危机时期，企业为缩减成本而决定裁掉选择后一心理权衡状态的社会成员，此类社会成员面临骤然失业和家庭生活必需品价格飞涨的双重冲击，这对其固有“公平感”的冲击增大，其感官上的公平消耗、瓦解的过程也呈现为对自身全盘人生热情的降低，如沟通能力、生活能力、工作热情、学习意愿、消费欲望等全面降低。

影响公平感的因素分析很有必要延伸至阶层流动的提出。虽然以上三大因素都会影响到社会成员的“公平感”，但是个人的历史总是因人而异，社会的不确定性又防不胜防，只有个人的小社会这个因素属于可调控范畴，而在实践中其突出表现在对阶层流动的感知。个人的历史即记忆，可理解为因人而异的过往经历在大脑中的储存，经大脑扣带回处理而形成因人而异的公平感。不难认定这种公平感是难以通过外部手段来调控和处理的。社会的不确定性，实质上是具有不可预见性的人生意外事件，对过往经历所形成的对公平感的影响。这种不可预见性不是“灰犀牛事件”，而是更接近于“黑天鹅事件”性质的事件，因很难预见而难以通过外部手段实现调节。个人的小社会实为社会成员在不同社会网络中对自己处于某一节点，以及自己对其相关社会成员所处节点的定位。不同社会网络中社会成员节点位置的变动就意味着个人小社会的改变，也就意味着“公平感”的改变。这其实从理论层面为我们指明了调节社会成员产生“公平感”的路径，即调整各社会成员在社会网络中所处的节点位置，这样的调整过程在实践中就表现为阶层流动的实现。因此，理论探索将这种“公平感”指向阶层流动这一要素，在实际生活中，正是对应着公众愈益看重的“打通向上流动通道”与形成公平感的关系。

二、从全球看收入分配“公平感”

托马斯·皮凯蒂注意到，“全球不平等的差异，体现在有的国家或者地区如印度，人均月收入 150 ～ 250 欧元，而有的地区人均月收入高达 2500 ～

3000欧元，如美国、北欧，两者相差10～20倍”①。但最新的数据显示，美国的基尼系数为0.48②，北欧的基尼系数为0.28③，换言之，相比北欧地区，美国存在严重的贫富分化情况，但两地均属于人均月收入高达2500～3000欧元的发达国家。以行为经济学的视角思考，社会成员是以观察者的角度，通过自身感官感知其生活水平。农民和土地所有者、工人和企业家以及政府公职人员，每个人都有自身独特的视角，都在自身的小社会中对其他人的生活有自己独特的理解，同时也对社会阶层中各阶层人员所处的位置和所拥有的资源有自己独特的认识，这样的理解和认识形成外部环境刺激进入大脑扣带回，形成自身对所处社会的价值判断。

橄榄型社会结构一般是指社会中有60%～70%的家庭达到中等收入水平，高收入群体与低收入群体比重均比较低的社会模式。全世界最典型的例子就是北欧五国，包括丹麦、冰岛、挪威、芬兰以及瑞典。北欧五国实行精英政治、民主平等、高福利、高税收的制度，北欧社会中的人们追求共识、恪守规矩，不论职业和出身如何，都能平等地对待相处。以行为经济学角度探讨北欧社会收入分配公平问题的核心，在于剖析北欧人对收入分配感官上的公平。人类对外部环境存在感官上的不同，源于人类大脑产生了不同的神经冲动，而要探讨一类人引发的共同的神经冲动时，我们可以从影响神经冲动的要素之一“这类人的历史”——这类人的记忆——为起点。换言之，这类人的记忆中所存储的共有的片段组合形成了这类人的精神世界，而精神世界的基石则是某种信仰，因此，这类人在共有的信仰的基础上搭建了共有的精神世界，存储为共有的记忆片段，引发大脑神经冲动，进而表现为共有的行为。翻看北欧各国的历史可知，大部分北欧人是路德宗的信徒，他们认为上帝唯一能认可的生活方式并不是通过隐修禁欲主义来超越世俗道德，而是个人担当起在现实社会中所处的位置赋予他所应承担的责任。这就是北欧人信仰的“天职”观。由此可知，路德宗的“天职”观仍旧保留了传统主义的性质，

---

① 皮凯蒂：《21世纪资本论》，巴曙松、陈剑等译，中信出版社，2014，第259－261页。

② 数据来源：wind。

③ 数据来源：wind。

而历史中的"天职"观与现代社会北欧人"公平感"的联系点就在于北欧人在已被安排好的身份里，似乎可实现自我对生活的完全支配权。换言之，他们在已有的角色里"目光平视"地彼此交往，而已有的角色实质为不同阶层的北欧人拥有不同的个人禀赋和要素占有状态，如企业家才能、科技创新才能、继承不动产、家族关联等，但基于这样的"天职"观信仰，这些已有的个人禀赋和要素占有状态，在北欧人看来是上帝已经给每个人所安排的角色，大家只是在角色扮演中承担自己的使命。因此，当北欧人以观察者的角度感知自身所处阶层的外部环境时，已排除了个人禀赋与要素占有状态这两种已"命中注定"的外部刺激，进而形成了橄榄型社会结构中各社会成员所特有的对"公平"的感知状态。

于是，北欧人特有的"收入分配公平感"一方面表现为对经济增长积极的激励机制：基于"天职"观的影响，社会成员在已有的角色中实现自我诚实劳动努力程度和辛劳程度的最大化，如有个人禀赋成为科学家的社会成员，在这一角色中成了最顶尖的科学家；要素占有较多的能成为企业家的社会成员，在其身份角色中经营了赚取利益最多的公司。这样的激励机制有利于促使中产阶级数量增加，形成橄榄型社会结构。但另一方面也表现为对经济增长消极的抵减机制：同样基于"天职"观的影响，北欧人缺乏对个人禀赋和要素占有状态进行改变的足够动力和追求，往往表现为对个体激励的削弱。以上视角的分析认识，有助于我们认识北欧社会"从摇篮到坟墓"式"福利国家"生成的"公平感"因素及其社会认同对于实际社会构型的内生式影响。

与橄榄型社会结构相比，梨型社会结构是指低收入群体、中下收入群体、中等收入群体、中上收入群体以及高收入群体呈现阶梯状递减的社会结构（其极端化表现会导向金字塔型社会结构）。最典型的梨型例子是美国。美国现代社会成员对收入分配"公平感"的表现，实际上是建立在由来已久的加尔文主义基础之上。辛勤劳动中获得信仰这一观念搭建了"利己感"的精神世界，这正如一个发动机，驱动着所有社会成员的进取行为（这是美国社会经济不断增长的动力源泉），而独立人格中履行坚定的团结，并崇尚权威与律法的意识，又搭建了"利他感"的精神世界，正如一个联动仪，协调着发动机，或促进或约束所有社会成员的进取行为（这是美国经济从危机到萧条再到复苏的周而复始的生命力)。因此,“利己感”与“利他感”共同作用,形成了美国人的“收入分配公平感”。这样对“公平”的感知不同于北欧人感知状态的核心,在于美国人的感知中继承了社会成员在已有的角色中既实现了自我诚实劳动努力程度和辛劳程度的最大化,又防范了已有角色的固化,即客观认识了个人禀赋和要素占有状态的流动性,而这样的流动性,也就是值得重点认识的阶层流动、向上通道对于社会总体“公平感”的助益因素。

三、阶层流动与收入分配“公平感”

按照新制度经济学核心人物道格拉斯·C. 诺思对制度概念的基本理解,制度的本质应当是某一社会的博弈规则,这种博弈规则实际上反映了人与人之间互动的关系。不同的社会规则构成了不同社会网络的外部环境,而不同的社会网络外部环境又通过人为设计和人们之间的互动而呈现出不同的社会结构,包括橄榄型、金字塔型、梨型等多种类型。

从制度层面看,阶层流动主要受到三种类型制度的影响:一是等级制。等级制作为一种常见的组织形式,如果归于常识层面,可举出一些国家皇室及贵族与平民之间天然形成的阶层划分。这种划分一般以血缘为最核心的划分标准,在某些区域也包括种族、财产、政治地位等划分标准。存在等级制的社会,更不容易打破阶层流动的壁垒。二是官僚制。官僚制也是最重要的组织形式之一,官僚制当中的官员指那些在组织中受过特定训练的专职人员,这些专职人员因官僚制而掌握着更多的权力和资源。如果归于常识层面,是指所谓“当官的人”和“老百姓”之间的阶层划分。一般以是否进入了行政管理机构以及在行政管理机构当中官阶与职位的高低为划分标准。官僚制在全球实践中普遍存在,但其所对应的国体和政体究竟是包容性制度还是攫取性制度,决定着官僚制对阶层流动的影响。拥有包容性制度的经济体所对应的官僚制更有利于阶层流动，而拥有攫取性制度的经济体所对应的官僚制则阻碍阶层流动，并且会通过官僚对社会的攫取进一步固化社会阶层。三是特定社会制度。这是指个性（特殊性）相对明显、不具备普遍性的社会制度安排，就中国而言，包括隋唐之后实行千年之久的科举制度，也包括我国现行户籍制在内的影响社会成员流动的特定制度。按照对以上三个制度的分类，从刚性程度来看，等级制刚性最高，官僚制次之，特定社会制度的高低视具体情况可以较高，也可以较低。

当然，阶层流动还受到其他因素的影响，比如教育的公平性、竞争的公平性、晋升的公平性、是否广泛允许创业、是否开征遗产税等等。

阶层流动会影响人们感官上的公平即“公平感”，这种被感知到的“公平”不是仅停留在数据层面。行为经济学领域最重要的研究思路之一，是依托脑科学理论。科学家已经证实，人类在大脑结构当中确实存在“道德脑”①区域。从神经生物学、心理学等多学科的交叉融合出发，能够探讨大脑面对外部环境刺激时脑区的不同处理模式，从而实现对人类关联于“公平感”而发生的不同行为的更深化的认识。

阶层流动与收入分配“公平感”之间的关系，可以分两个阶段来理解：第一阶段，是从阶层流动到节点获取，又从节点获取到公平感的产生。人类感官上的公平的外部刺激来源，与阶层流动相联系的，是个人的“小社会”，因而调节社会成员产生“公平感”的方式，为调整各社会成员在社会网络中所处的节点位置，而位置的改变也就是阶层流动。结合 Joshua Greene 与 Jonathan Haidt 的研究成果，我们可以找到从人类感官上的公平产生到反射影响行为的过程。第二阶段，是从“公平感”的产生到心理演化，又从心理演化到弥补收入差距的行为。贫富差距感会对数据层面可观察到的收入分配差距结论形成调整，从而形成一种新的收入分配差距认知。

阶层流动影响收入分配“公平感”的逻辑导图，如图 13－1 所示。

若从数据表象上对世界各国社会结构进行观察，可知贫富差距大这一问

① Joshua Greene and Jonathan Haidt，“How（and where）does moral judgment work？，” *TRENDS in Cognitive Sciences December*6，No. 12（2002）.

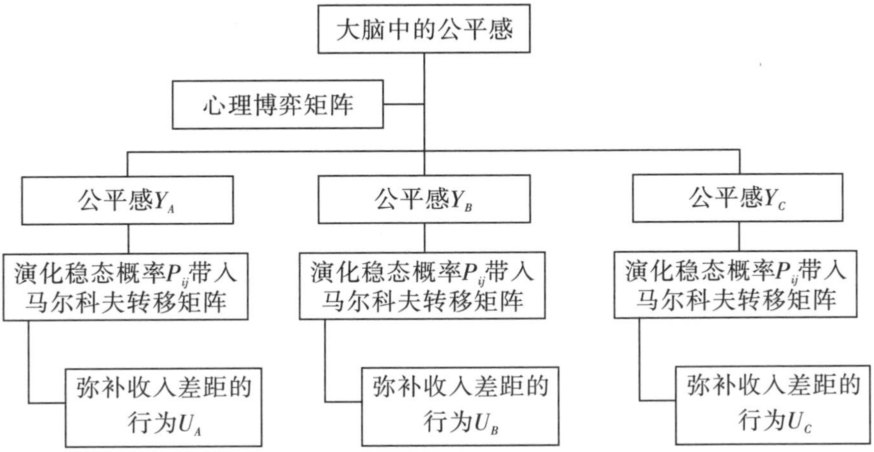

图 13－1　从贫富差距“公平感”到弥补收入差距稳态演化行为的逻辑模型

“公平感”象限及全球收入分配的表现分析

题不是发展中国家独有。然而，特别值得注意的是，很多发达国家虽然也存在着贫富差距较大甚至过大的数据表象，但却并没有像大多数贫富差距过大的发展中经济体那样，更多地表现出社会不稳定、民怨沸腾，甚至因人们认为政策不公平而导致“中等收入陷阱”或“塔西佗陷阱”。如果加入我们基于行为经济学理论的分析，这一情况就很容易得到解释。即在那些数据表象看来贫富差距大的发达经济体当中，社会成员因为阶层流动畅通从而重新定位了个人的小社会节点位置，这种重新定位支持了心理上的“公平感”。而这种重新定位实际上是通过社会成员认为能够得到更多机会或者仍然存在可达到的希望，因而切实改变了大脑神经冲动来实现的。这就意味着，在相似的收入分配差距数据表象下，只要阶层流动这个外部环境有所不同，社会成员产生的大脑神经冲动就会不同；而只要这种大脑神经冲动不同，社会成员所感受到的贫富差距就会不同，其在市场机制中所作出的行为选择也就有所不同，最终由人们的行为而表现出的宏观经济指标，也势必迥异。这种过程可以直接影响某一经济体的经济发展和经济增长，也可以成为发展中经济体为突破“后发劣势”这一制度障碍所特别值得关注的重点。

为了便于比较、分析及观察可探寻的路径，我们试以贫富差距为横轴，以阶层流动阻碍程度为纵轴，建立阶层流动的“公平感”四象限一览，具体如图 13－2 所示。

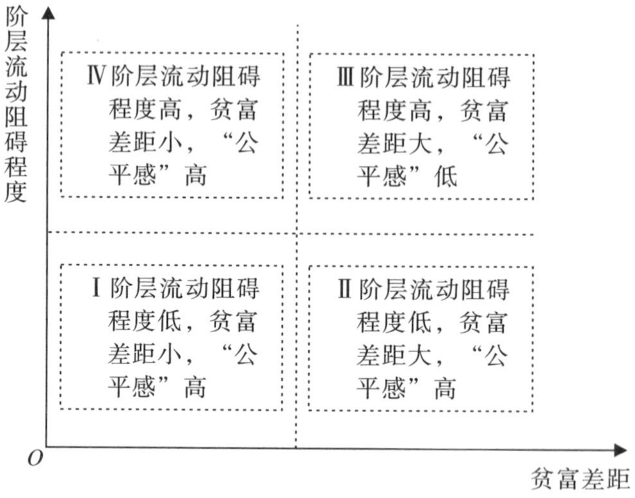

图 13－2　“公平感”象限图

在以“贫富差距”为 X 轴、以“阶层流动阻碍程度”为 Y 轴的象限图中，原点“O”的含义为没有任何阶层流动阻碍且没有任何贫富差距，为经济实践中不可能达到的概念原点。沿着阶层流动的“公平感”象限的横轴看，越远离原点的坐标，意味着社会成员实际的贫富差距越大，而越靠近原点的坐标，则贫富差距越小。特别值得注意的是，这种贫富差距是数据表象可观察到的差距，而不是基于前述行为心理学模型所支持的社会成员感知到的贫富差距。沿着阶层流动的“公平感”象限的纵轴看，越远离原点的坐标，意味着某一经济体阶层流动阻碍程度越高，而越靠近原点的坐标，则阶层流动阻碍程度越低。特别值得注意的是，这种阶层流动阻碍程度所指的就是经济实践中制度层面所能够直接观察到的表象，这种表象是作为社会成员形成“公平感”的外部环境出现的，能够影响社会成员基于“个人的小社会”对自己以及相关社会成员节点位置的界定，从而成为社会成员判断贫富差距的重要变量。

通过分析图 13－2，结合当下全球经济发展实践，可以认定，并不实际存在完全畅通的阶层流动、完全无差异的贫富状态，或完全阻滞的阶层流动、完全两极分化的贫富状态，全球经济体都处在象限图的中间区域。而针对其阶层流动阻碍程度的相对高低、贫富差距的相对大小，又可以将此象限所覆盖的区域粗略分成四个部分，分别为：第Ⅰ区域，阶层流动阻碍程度低，贫富差距小；第Ⅱ区域，阶层流动阻碍程度低，贫富差距大；第Ⅲ区域，阶层流动阻碍程度高，贫富差距大；第Ⅳ区域，阶层流动阻碍程度高，贫富差距小。

四、“公平感”象限图与收入分配抉择

世界各地的人民收入分配差距存在巨大差异，比如：美国密西西比州的农民也比生活在撒哈拉以南的非洲、落入“中等收入陷阱”的拉美地区的大多数人收入更高，并且能享受到医疗保健、教育、基础设施建设等政府应提供的民生保障；韩国和朝鲜的差距，西欧、北欧与东欧各国的差距，两个诺加利斯①的差距，种种社会现实都表明国家之间国民收入分配差距与经济增长的关系指向了其调节演化路径。基于“公平感”象限图（见图 13－2）的四个区域分析对比，可认为收入分配调节存在两种收敛和三条路径。

基于阶层流动的“公平感”象限分析，共有两种类型的收敛方式：一种是跃迁式收敛，另一种是渐进式收敛。所谓跃迁式收敛，就是指调节“公平感”的路径为直接打破阶层流动的阻碍。对应于象限图，就是指从第Ⅲ区域跃迁至第Ⅰ区域。若对应于实践，这种收敛方式往往意味着社会制度革命。所谓渐进式收敛，就是指调节“公平感”的路径不是直接打破阶层流动阻碍，而是通过两步走的过程来逐步实现。对应于象限本身，就是指或从第Ⅲ区域过渡到第Ⅳ区域最终到第Ⅰ区域，或从第Ⅲ区域过渡到第Ⅱ区域最终到第Ⅰ

---

① 作者注：两个诺加利斯分别为美国亚利桑那州诺加利斯县和墨西哥诺加利斯县，属于美国与墨西哥交界处的城市。

区域。

如上两种收敛实际上包括了向收入分配公平收敛的三条路径。第一条属于跃迁式收敛，第二条和第三条都属于渐进式收敛。其中，渐进式收敛两条路径的起点都是第 III 区域，其特点是实际贫富差距大而且“公平感”低，而这一区域若从阶层流动阻碍程度划分来观察其分步骤达成公平目标的路径，那么或者是选择保持阶层流动固化而缩小贫富差距，或者是选择打通基层流动阻碍通道而允许贫富差距在一定阶段和一定范围内有所扩大，前者就是渐进式收敛的第一条路径，而后者就是渐进式收敛的第二条路径。

路径一：从第 III 区域收敛至第 I 区域。这条跃迁式路径，也就意味着在短期内实现一种强势平均。但是这种方式很难实现，即使实现，它对制度建设的要求也很高，很难得以持续。但值得注意的是，这种方式却是全球经济实践当中最容易被发展中经济体选择的方式。究其原因：一方面是这些发展中经济体随着经济发展的实现往往很快出现社会当中感觉难以容忍的成员贫富差距扩大甚至过大的问题；另一方面是全球对收入分配公平的典型代表为橄榄型社会具有共识。因此，发展中经济体很容易将经济发展过程中的收入分配目标抉择直接定位在第 I 区域，却很难发现这种跃迁不但难度甚高，而且实现后很难持续。

路径二：从第 III 区域过渡到第 IV 区域，最终收敛至第 I 区域。路径二的含义是，某一经济体可能会从阶层流动固化且贫富差距大导致“公平感”低的阶段，发展至阶层流动仍然固化但贫富差距切实缩小并提高“公平感”的阶段，再最终发展到阶层流动畅通、贫富差距小且“公平感”高的目标。对照全球实践，可认为英国和韩国都沿着这条路径向北欧模式收敛。由于受到历史、公共选择、制度、法治等因素的制约，阶层流动不容易在短时间内打破，但是在经济发展过程中由于满足了社会成员对与经济发展阶段相适应的福利水平，通过缩小贫富差距提升了“公平感”。

路径三：从第 III 区域过渡到第 II 区域，最终收敛至第 I 区域。路径三的含义是，某一经济体可能会从阶层流动固化且贫富差距大导致“公平感”低的阶段，发展至贫富差距仍然较大但阶层流动阻碍通道却被打通从而提高“公平感”的阶段，再最终发展到阶层流动畅通、贫富差距小且“公平感”

高的目标。对照全球实践，美国是沿着这条路径而向北欧模式收敛的。美国没有经历过国王或女王主宰的皇室时代，也没有皇室体系背景下存在的贵族阶层，加之美国文化中流淌的自由与平等理念，从宪法开始的相关法治体制的建立健全，有奠基性领导人地位的关键性人物对自由、法治、平等的尊崇和追求，诸多因素均推动美国走向阶层流动畅通的国家体制机制，但与此同时，也产生了因收入悬殊而导致的较大贫富差距，再走向了较高基尼系数与壮大起来的中产阶层并存的较稳定的社会状态。

基于以上所述“公平感”与象限图考察，以及全球典型经济体的比较分析，我们可以得出几点关于经济发展与收入分配的重要反思。

（1）收入分配差距存在螺旋式上升的发展过程。经济发展水平最高和最低的经济体，都可以位于贫富差距小、“公平感”高的第Ⅰ区域，即国内收入分配随着经济发展可能有一个螺旋式上升的过程，经济发展水平最高的经济体可以引领最低经济体的螺旋式上升。

（2）贫富差距会随经济增长呈现扩大趋势，但收入分配调节路径却有不同。经济体在发展过程中都要经历贫富差距扩大的阶段，无论是当下位于中等收入阶段的经济体，还是已经步入高收入阶段的经济体，都曾经历过贫富差距扩大甚至过大的阶段，不能随着经济继续发展而自动解决，必须依靠收入分配调节，即收入分配制度机制抉择对经济体的社会稳定和经济持续增长至关重要。迄今，大多数发展中经济体都已注重调节的起点和调节的终点，却罕有关于调节如何行之有效的不同路径选择的研究。

（3）收入分配调节的效果以“公平感”为判断标准更为全面。由“公平感”象限图不难看出，无论是实际收入分配差距大的美国，还是实际收入分配差距小的英国和韩国，都是发达经济体，并且都具有较高的“公平感”。且无论在经济实践中数据反映如何，影响市场主体行为选择的很大程度在于“公平感”，也就是说，无论数据上反映出的公平程度如何，如果市场主体、社会成员感觉是公平的，他们的行为就不会因为收入分配差距而偏离可持续发展轨道。也正因为如此，尽管美国是典型的梨型社会结构，但是并没有因为贫富差距大而严重影响社会稳定、经济发展和造就其世界头号强国地位，主要原因就是阶层流动阻碍通道几乎被完全打通，位于社会各个节点上的社会成员所抱有的个人希望能够联通“美国梦”，而且制度安排使全体社会成员可以受到相对较好的教育从而拥有相对公平的起点，且能够在相对公平的制度下进行竞争，这种收入差距便在没有影响社会稳定和经济增长的情况下，多表现为让经济活力得以保持的激励因素了。

五、行为经济学视角下看中国收入分配调节

1978 年至今，中国改革开放 40 余年，经济总量已超过 100 万亿元人民币①，稳居世界第二，仅次于美国，但中国人口约 14 亿②，人均收入却依然处于中等偏上水平，同时经济增速已从两位数下滑至 6% 以下。改革开放的过程中，中国社会贫富差距逐渐增大，加之有经济转轨过程中尚未理顺的社会机制障碍，如户籍制度，涉及民生保障的基本资源配置不平等，如优质高等教育资源、医疗资源集聚于北京、上海等特大城市，因此需要正视，中国人的“公平感”还比较低。

与此同时，中国人口结构上，一方面呈现出明显的老龄化趋势，另一方面仍具有突出的城乡二元结构特征。人口基数庞大和人口结构问题的挑战十分突出，是我国在寻求经济高质量增长过程中，收入分配调节政策实践所不得不直面的基本国情。根据发展经济学和收入分配相关研究当中已基本形成的共识，收入分配差距不会随经济发展和经济增长而自动缩小，而是有可能呈现扩大的趋势，因而，鉴于中国也处于第 III 区域即阶层流动阻碍程度较高、贫富差距较大、“公平感”较低的状态，面对两种收敛和三条路径，政策抉择必然面临如下两种不同类型。

① 数据来源：国家统计局。

② 数据来源：国家统计局。

一是跃迁式发展，即试图以步骤方式建立如北欧地区的橄榄型福利社会，实现从第 III 区域到第 I 区域跃迁式发展。然而，中国社会的客观现实是有 14 亿的庞大人口数量，并且农村户籍人口当下占总人口的 55% 以上（户籍人口城镇化率仅接近 45%），大多涉及农村人口贡献的农林牧渔业国内生产总值 2018 年为 6.8 万亿元①，占国内生产总值的 7.6%，城乡财富差距较大，城乡二元结构分化严重。因此，以跃迁式发展，势必意味要通过巨大数量的财政投入推动一系列水平迅速爬坡的民生保障措施，包括基本医疗服务的均等化，基本公共教育体系建设，老少边穷地区高素质医务人员、教职人员的长期储备，居民医疗、养老等社会保障措施的全覆盖，等等，其中更不乏许多带有“只能上、不能下”刚性特征的支出，势必要为财政带来巨大压力，同时还要以十分激进的方式推出直接税改革措施，社会震动大，可行性很低。

二是渐进式发展，路径有两条。其一为从第 III 区域过渡到第 IV 区域，最终发展为第 I 区域。如前所述，这样不侧重打通阶层流动阻碍而侧重切实缩小贫富差距的组合，虽有英国、韩国式成功先例，更有拉美国家“福利赶超”失败的沉痛教训，其间支撑福利赶超的“猛拽”式的经济增长在 14 亿人口的中国已基本无余地，且有可能较多导致财阀干预政府决策、政府自身腐败以及利益阶层的垄断等诸多改革难以“啃下硬骨头”的制度性障碍。其二为从第 III 区域过渡到第 II 区域，最终发展为第 I 区域，这也是笔者认为中国可以选择的最佳路径：一方面，历经改革开放 40 余年的中国，在社会制度层面已经实现了许多“创造性破坏”的经验积累，如财政体制的改革，从传统体制下的“高度集中”到“分灶吃饭多种形式包干”，再到 1994 年至今的分税制，种种基于财政体制的“创造性破坏”，有效激活了优化资源配置的机制。另一方面，以阶层流动阻碍通道畅通为突破口的社会制度改革，既是中国经济改革走入深水区的“硬骨头”（如户籍制度阻碍人力资本的自由流动、涉及阶层流动主要通道的高等教育资源分布不平等），又是业已明确的全面配套改革中的重点攻关内容，如以制度创新为龙头，实质性地逐步降低阶层流动障碍，以此抓住社会制度改革的契机，顺理成章地匹配收入分配、财产配置优化的

---

①　数据来源：国家统计局 2018 年国民经济核算。

政策引导，推进既尽力而为又量力而行的社会福利水平提升，从而达到随改革和发展而有效跟进的贫富差距受控及缩小，应是中国推进共同富裕最具可行性的路径，也同时应认定为实现中国经济可持续增长使中国梦梦想成真的必由之路。

鉴于此，我们认为，基于本书所述研究成果呈现出的上述这条路径，应成为我国在跨越“中等收入陷阱”并继续实质性促进共同富裕、在“先富”阶段后面紧跟上“共富”阶段的进展而达成现代化宏伟战略目标的理性选择。以制度机制的改革创新为核心，配之以系统工程式的收入分配优化努力，减少社会阶层流动的阻滞因素，提升社会成员的“公平感”，逐步向北欧模式（即象限图的第Ⅰ区域）实现收敛，可提出如下对策建议：

①托住底层保障，充分注重底层“公平感”。在全面配套改革中，注重转变政府职能，消除政府“缺位”和“越位”，稳步提高社会性支出的比重，理智地掌握好以经济赶超带领福利赶超的主从关系，以大力改进民生又有效规避“福利陷阱”。②注重财产“公平感”，加大税收调节力度，以增进财产配置领域的“公平感”，尤其应注重财富保有环节房地产税、遗产税等税种的建立健全和税率的合理设定。③理顺市场要素竞争性配置机制，畅通阶层流动渠道。积极改革户籍制度，打破人力资本流动屏障。重视公共教育体系，将已集聚的优质教育资源适度向农村区域、欠发达地区、少数民族地区以及革命老区给予倾斜支持。引导企业在以改革建立股份制为代表形式的现代企业制度进程中，建立收入激励机制和收入分配调控制度，并通过相关基础性制度改革创新，降低和消除行业、企业凭借不当垄断因素获益而对全社会收入分配“公平感”带来的消极影响。

第十四章

结语："无限趋近"的共同富裕和相关的"走向共和"

一、共同富裕愿景及其“先富共富”实现路径

马克思主义基于对人类社会发展规律的认知和揭示，提出未来社会应是生产力高度发达状态所支持的“自由人的联合体”，其中每个人的自由发展成为一切人自由发展的前提条件（《共产党宣言》），这是在学理支撑基础上体现的“解放全人类”和“共同富裕”的胸怀和初心。因为不言而喻，与此种追求相匹配的，一定是“共同富裕”的分配状态即“各尽所能，按需分配”（《哥达纲领批判》）。这一共同富裕的科学社会主义的理想愿景，在社会主义初级阶段中国改革开放后之“中国特色社会主义”的伟大实践中，已由邓小平明确地表述为实现现代化而奋斗的战略目标和社会主义的本质。邓小平和历届党中央领导核心高屋建瓴而简洁地概况的“共同富裕”认识，上合中国古代早已树立的“大同”理想，下合现时亿万民众对美好生活的向往，可说是代表着人类文明发展与社会进步提升过程中的总纲。在中国于改革开放取得翻天覆地般发展变化，把“站起来”对接了“富起来”并将为更好满足人民美好生活向往而追求“强起来”中华民族伟大复兴的、致力高质量发展的现阶段，我们又可以更有信心地展望：在坚持进一步解放生产力的“经济建设为中心”党的基本路线贯彻中，为使共同富裕进程得到更合乎意愿的加快推进，我们已能清楚地看到和积极地把握市场主体按股份制为代表的现代企业制度继续创业创新发展中，以多种经济成分混合所有制的“资本社会化”，联通“重新建立个人所有制”，并配之以公共服务均等化的共同富裕实现路径。继往开来，通观这一历史发展过程，正是“先富带动共富”和“无限趋近”橄榄型社会结构的现代化进步过程。

二、下一阶段应加快推进由"先富"向"共富"的战略转换

改革开放初期，针对社会生产力低下、经济社会发展水平比较落后的国情特点，我国及时制定了以经济建设为中心、效率优先、鼓励一部分人先富起来的"先富"战略。事实证明，这一决策是"摸着石头过河"艰难开拓中高水平的理性的、正确的选择，使我国尽快摆脱了贫困落后状况。随着经济社会发展，以收入差距扩大为代表的挑战性问题日益凸显，经济发展战略实现由"先富"向"共富"的阶段性转换显得愈发迫切，同时，改革开放以来所取得的经济成就为调节收入分配和构建和谐社会创造了必要的物质基础，公有制为主体、多种所有制经济共同发展的基本经济制度为此提供了强有力的制度基础；我国发展战略重心由"先富"转向"共富"的时机已经成熟。

选择恰当的时机将经济工作的重心由"先富"转向"共富"是改革初期便确立的一项既定发展战略，也是社会主义共同富裕本质的必然要求。我国20世纪末以来陆续制定和实施的西部大开发、东北等老工业基地振兴、中部崛起等一系列区域发展协调升级的战略，农村税费改革、社会保障改革、优化财政转移支付、精准扶贫、乡村振兴等多项重要举措，已迎来了2020年达到全面小康，我国地区之间、城乡居民之间的生活、收入水平差距，在近几年已有所缩小，为共同富裕发展战略的实施奠定了坚实基础。下一阶段，"先富带后富，最终实现共同富裕"成为经济社会发展的工作重心，持续推进收入分配制度改革和优化分配机制与政策，全社会的力量将更加集中到实现共同富裕目标上来，浙江等地打造共同富裕先行示范区已体现了更为具象的区域层面"先富带共富"的实际推进，党中央关于"分阶段推进共同富裕"的时间表与任务要求，已在习近平总书记2021年8月17日中央财经委员会第十

次会议讲话中明确表达：“到‘十四五’末，全体人民共同富裕迈出坚实步伐，居民收入和实际消费水平差距逐步缩小。到2035年，全体人民共同富裕取得更为明显的实质性进展，基本公共服务实现均等化。到本世纪中叶，全体人民共同富裕基本实现，居民收入和实际消费水平差距缩小到合理区间。”同时，明确提出了制定行动纲领、指标体系和考核评估办法的工作要求。

三、走通“先富共富”之路要依托于国家治理体系和治理能力现代化

对于我国全局的改革、发展、稳定和现代化推进，相关联最为浓缩的治理施政理念，是可表述为“国家治理现代化”的这一核心概念，其最权威的表述，来自党的十八届三中全会。党的十八届三中全会被称为“60条”的文件，即《中共中央关于全面深化改革若干重大问题的决定》发布以后，好评如潮，大家都认真学习，现在仍然有对于全局改革的重大指导意义。在“60条”文件里，有一个明确的要求，就是要在改革中“推进国家治理体系和治理能力现代化”。这一内容丰富的重要指导文件，如果说我们要力求把握它最核心的精神实质，那么把文件精神浓缩以后，就要特别强调这个最简明概括的核心概念——国家治理现代化。

所谓“现代化”，是需基于不同经济体横向比较而得出的概念，具体而言，是指在世界民族之林中作横向比较之后进入文明发展前列状态之意。这方面首先要特别注意：与“现代化”相关联的“治理”的概念，和原来我们已经在很多年间人们都习惯的“调控管理”的表述，是有重大区别的。“治理”和“管理”一字之差，内涵的不同是什么呢？是这两个概念在制度安排架构方面具有重大的差异、区别。“管理”显然是一个自上而下掌控的架构，而说到“治理”，是要特别强调多元主体相互之间以更多的、平面展开的互动

而把管理和自管理、组织和自组织、调控和自调控结合在一起实现包容性发展，从而可以最大限度地调动一切积极因素，发掘一切潜力，使潜力变为活力来解放生产力。这个包容性发展，也是非常重要的概念，它一定是对接在我们走向现代化的过程中，应特别强调的"治理体系和治理能力现代化"，而内含着在制度安排、机制优化方面以改革"攻坚克难"的艰巨任务。一言以蔽之，中央的指导精神，显然紧扣"60 条"及其后一系列重要文件指导的在改革深水区如何攻坚克难的问题。整个宏观经济运行，到了中央给出对"十四五"规划建议和形成"十四五"及 2035 远景规划纲要的时候，在概念上特别又运用了"宏观经济治理"，而不是简单延续"宏观调控"概念这样一种新表述，正是和"60 条"的文件精神一脉相承的。在治理概念之下的解放生产力，取向上紧紧对应于中国梦的"现代化"，合乎逻辑地对应了前些年我们国家最高决策层和国际社会充分互动以后，已明确宣布在实际生活中要努力掌握的"包容性发展"概念。

这样的现代国家治理、包容性发展，其相关的制度安排、机制优化形成的整个关系框架，有一个相当清晰的逻辑链条。这个链条上的第一个基本概念，是上述在"60 条"里可以浓缩而表述的"现代国家治理"，显然它内嵌在整个中国现代化的全局战略部署之中。改革开放之初，邓小平曾经高瞻远瞩地把我们推进现代化的整个战略部署概括为"三步走"。实际生活中，由于我们坚持经济建设为中心的党的基本路线这条改革开放之路被实践证明越走越宽，在具体推进的表现上，就是"三步走"的前两步得以提前实现，翻一番后再翻一番，不到 2000 年，就达到前面两步的目标；之后，从千年之交开始，中央又面对下面第三步的半个世纪这样一个时间跨度，提出了节点目标，即在 2020 年实现全面小康——其作为节点目标实现之后，对接的则是决策层已经明确表述的"新的两步走"：再往前看，2035 年要基本实现社会主义现代化，30 年眼界下，具体到"第二个百年目标"，2049 年中华人民共和国成立 100 周年，也就是对接 2050 年这个时点上，我们要建成现代化强国——这个现代化战略目标的实现，是邓小平"三步走"战略设计所说的"中华民族伟大复兴"，也就是习近平总书记所说的中国梦要梦想成真。这是第一个核心概念。

为把现代国家治理的一整套制度安排和机制联结，在改革的深水区通过攻坚克难建设出来，又要特别注重与它紧密相关的“现代市场体系”概念。这在党的十八届三中全会“60条”文件里多次出现。和“现代市场体系”概念相关，与整个资源配置机制优化诉求相联系的“60条”里的重大理论突破，是我们终于把邓小平南方谈话之后就特别强调的我们要搞社会主义市场经济的这个“市场经济里的资源配置机制”说到位了：就是说，在资源配置这个概念之下，总体而言，市场要起决定性作用。我们可以把它简称为“市场决定论”。这个“市场决定论”的认识突破，真是来之不易。我国曾经在改革开放之后，在领导人所说的改革的核心问题是政府和市场的关系上面，经过反复的探索，先后有一系列概念，终于在邓小平南方谈话中，他以一言九鼎的影响力指出：计划多一点还是市场多一点，不是社会主义和资本主义的本质区别。计划经济不等于社会主义，资本主义也有计划；市场经济不等于资本主义，社会主义也有市场。这样的一个认识突破，具有里程碑的意义，它带来的是南方谈话之后终于在党的最高层面的权威文件里，确立了我们的目标模式是建设中国特色社会主义市场经济。但是由于种种主客观原因的限制，那时候的文件里所表述的资源配置机制还是市场发挥“基础性作用”。又经过多年理论联系实际中对现代化过程的推进，终于到了“60条”。“60条”明确表述：市场在资源配置中起“决定性作用”。这个“市场决定论”对于我们进一步深化改革、解放生产力具有重大的指导意义和深远的影响。

紧跟着要说的，是现代市场体系的建设在理论思维上遵循“市场决定论”的同时，还不可分割地要加上另外一个重要表述，就是“政府更好发挥作用”，这也是中国特色社会主义市场经济中必须同时认清的“政府作用论”。

政府如何更好发挥作用，我们在新供给经济学的研究里愿意用一个公式来表述，就是在资源配置中，要把“有效市场 + 有为、有限的政府”的作用进行充分优化组合，实现中国在现代化推进过程中“守正出奇”的、创新发展作为第一动力的“出奇制胜”——守市场经济这方面的“市场决定论”之正，还要出“政府作用论”之下承担一定风险而取得出奇制胜成果之奇——这样就需要理性化掌握好的追赶—赶超现代化战略。中国在改革开放新时代急起直追、大踏步跟上时代而最后实现中华民族伟大复兴的目标，所要建设发展的现代市场体系及其整体的运转，既要借鉴其他市场经济国家，特别是发达经济体经验里的共性，也要特别注重掌握好中国特定国情约束条件之下我们特定发展阶段、不同发展道路上市场机制具体的个性。这些共性、个性，需结合于"守正出奇"这样的中国追赶—赶超现代化战略实施之中，同时，在"现代市场体系"概念之下，还有一个非常重要的、中央再次明确的微观基础层面上的表述，就是要坚定不移推进混合所有制的改革。所谓多种经济成分并存、两个毫不动摇，在直观表现上，有国有经济的部分，有非国有经济的部分，但是它们的前景是什么呢？如果看清楚现代企业制度代表形式——股份制框架下混合所有制这个改革路径，那么就是国有、非国有的经济成分，要依股份制的规范，越来越多地走上混合所有制之路而共存、共赢、共同发展。其实这也可以回应社会上往往还争论不休的到底是"国进民退"还是"国退民进"。这并不是简单的谁进谁退的问题，而是在现代企业制度框架之下推进"资本的社会化"，通过混合所有制走出一个共赢的前景。这在理论上正对接着马克思主义创始人已经给出的重要思想指引，就是在资本主义的发展过程中，生产力的发展已经在股份制出现的阶段上，形成了资本私有制的"扬弃"，这个扬弃的机制继续往前运行，那么就有可能从消极扬弃而进一步升华为积极扬弃，进一步推进到在资本社会化的路径上，在共同占有生产资料和联合劳动的基础上"重新建立个人所有制"。总之，股份制清晰的产权模式，就是我们现在已经于现实生活中看到其生命力和包容性。无论在其他经济体还是在中国都有继续发展和完善空间的企业治理结构，现代市场体系中，显然它解决的就是现代国家治理在微观基础层面制度建设中各种类型企业的共赢之路——基本途径就是混合所有制改革。

紧跟着要说到第三个重要概念。在逻辑链条上讲国家治理体系、治理能力现代化，离不开作为国家治理基础和重要支柱的财政，所以要打造"现代财政制度"。这在"60 条"之后已经有广泛的讨论，一系列相关的改革方案、政策优化和实际生活中的创新，要和财政制度设计与实施的创新过程结合在一起。现代财政制度是解决整个国家政权体系（即从中央到地方的各级政府）怎样"以政控财，以财行政"，按照现代化取向的客观要求，在有效市场基础上更好发挥政府的作用。从学理上说，财政分配系统是处理市场存在"失灵"

而不能完全处理好的公共资源配置问题，而公共资源配置必然影响、拉动和辐射整个社会经济资源的配置，所以财政，正是在“治理”概念之下，整个国家治理现代化取向中必须紧密结合“市场决定论”和“政府作用论”打造好的国家治理基础和重要支柱。

也正是基于这样的逻辑关系，党的十八届三中全会之后，中央政治局首先审批通过的第一个有专门指向的配套改革方案，就是财政税收配套改革方案。形成了文件指导以后，又相继有一系列其他方面各个改革特定领域里由政治局审批通过的方案，进而形成了一个总体配套改革的指导文件系列。

在中国进一步深化改革的“进行时”，从“现代国家治理”到“现代市场体系”，再到政府更好发挥作用的“现代财政制度”这三大概念后面，还必须说到逻辑链条上另外一个非常重要的概念，就是党的十八届四中全会确立的“全面依法治国”指导方针，我们可以把它称为“现代政治文明”。也就是说，从经济视角上的改革，扩展到政治、社会（以后再扩展到文化，还有生态），“五位一体”总体布局，在最关键、最基本的几个链接上，已于“现代国家治理”概念之后延伸出一个逻辑环环相扣的认识链条。上述这第四个以“全面依法治国”确立的“现代政治文明”概念，具有极为重要与深刻的内涵。所谓“政治文明”，其关键词是民主化、法治化，两者有内在联系，又有不能忽视的区别。民主化的具体要求是“多数作主”，其发挥正面效应的同时，可能带来的偏颇乃至混乱，是“多数人的暴政”和非理性的“羊群效应”，所以民主化必须紧跟着高水平的规则体系——动态追求社会成员“最大公约数”而“走向共和”的、“把权力和人性都关进法治的笼子里”的法治化。我们就是要在这样一个合乎逻辑关系的认识链条上，进一步掌握怎样推进整个中国的现代化进程。

四、权力入笼的法治化

习近平总书记所说的“把权力关进制度的笼子里”，是非常有建设性的。中国共产党是执政党，执政党是有权力的，这个权力就是公共权力。公权由一个个具体的私人执行，实际生活中肯定会发生扭曲，立法的关键是“把权力关进制度的笼子里”，力求最大限度减少扭曲。如果笼子是以法律为准绳的制度，那么还要强调我们治国施政的核心理念——“现代国家治理”所紧密联结的法治概念，还不是限于“法制”，即翻译成英文不是 rule by law，而是 rule of law。中国走向现代化文明和共同富裕，当然要实现健康的民主化，但所谓民主化的“健康”，一定是要运用“法治化”的治理概念，真正“走向共和”。在义理上讲，“法制”（rule by law）以法律为统治工具，“法治”（rule of law）则是“法律的统治”，表达“法律最大”的思想。“法制”强调法律的工具价值，“法治”强调法律体现公众意志和至高无上的权威。“法制”是静态的法律制度体系，而制度体系有好有坏；“法治”则是一个好的法律制度体系得到有效实施的动态描述，从逻辑取向上说，“法治”只有好的法治，没有坏的法治。法治的首要任务，是改变现实中的“无法可依”，实现“有法可依”；紧跟着的是剔除现有法律法规制度体系中的“恶法”成分，使法治的目标达于“良法善治”，也就是“好的法”运行在现实秩序中，达到了“好的效果”。在严重缺乏法治传统的中国，法治体系的建立，当然首先要优化宪法。宪法是国家根本大法，是最上位的法，因此在经济社会转轨中，中国的宪法还需要一轮一轮修改以求优化完善。宪法下面要有完整的法律体系。这些年，中国法律体系建设理念上最值得称道的一个进步，是从“法律”和“法规”的发展中形成两个方向，即负面清单和正面清单。负面清单上所列的是不能做的事，这是服务于对企业、对市场主体最适合的“高标准法治化营商环境”的打造，以上海自贸区为代表而首先明确提出，其后党的十八届三中全会《中共中央关于全面深化改革若干重大问题的决定》提出，要全面实施负面清单，因而对于企业和市场主体来说，“法无禁止即可为”——只要是负面清单上没有的，什么事情都可以做，“海阔凭鱼跃，天高任鸟飞”，充分发挥自主权和创造性（这也就是对应于走向共同富裕而首先要“把激励搞对”以利“做大蛋糕”）。正面清单则适用于公共权力，即“法无规定不可为”，政府作为公共权力的主体在没有法律规定予以授权的情况下，是没有权力做任何事的——“权为民所赋”，而且“有权必有责”，有权力清单就要有责任清单，落实问责制（在政府职责中，要有明确地作正面规定的优化收入分配的功能作用发挥，以求“分好蛋糕”）。这一套逻辑隐含着的关键性实际内容，是抑制官员动机中内在的“权力最大化、责任最小化”不良匹配，使权责约束清楚到位。把对市场主体的负面清单和对调控主体的正面清单合在一起，显然是一种比现在状况更理想的法治环境。

如此笼罩着、覆盖着的法规体系，第一重要的事项，是“有法可依”，无论是负面清单还是正面清单，力求能够一步一步推到全覆盖。（当然这只是一种向理想目标的“无限逼近”，比较成熟发达的经济体，比如美国、英国，也不敢说自己浩如烟海的法律条文或案例把所有的事情都穷尽了，也需要不断动态地优化，中国作为一个转轨国家更是如此。）在“有法可依”的起点上再往下走，还有人们已说惯了的“执法必严”“违法必究”，这些和现实生活的差距也还很大。其实，在“有法可依”后面、“执法必严”前面，中国现在特别需要强调的，还是有“良法”可依。目前尚有很多“法”的水平是比较低下的，甚至可以说“合法不合理”的情况比比皆是，“合理不合法”的事情也相当多。改造恶法和不良法，是全民族无可回避的任务。邓小平在改革开放初期提出，要把党和国家的制度建设问题放到非常高的地位上，制度设计好了，坏人就不可能任意横行，制度设计不好，好人也会被动犯错误。只有制度才有稳定性、长期性和有效性，才能摆脱依靠领导人的个人精力、注意力、偏好决定党和国家整体运行轨迹的风险。“依宪执政”下的全套规范制度建设，与此是一脉相承的。

中国要成为现代化国家，走向"国家治理现代化"的境界，不建设法治社会注定没有出路。在把握潮流、创造历史的关键时期，我们所要掌握的思路和要领，涉及如何化解矛盾以及跨越种种陷阱，在这个过程中，除"中等收入陷阱"和"福利陷阱""转型陷阱"等外，还有已经被很多人意识到的"塔西佗陷阱"，即社会生活中存在着一个政府公信力的临界点，跌破了这个临界点，政府的所有决策即使是正确的，也会无济于事，局面将变得不可收拾。我们在某些局部场合（如某些群体事件）已经看到这样的威胁。中央也已关注"福利陷阱"问题。虽然我们应该从人民群众最关心、最涉及直接利益的事情做起，但政府作为调控主体，还必须考虑在眼前利益与长远利益、局部利益与全局利益、根本利益之间怎么样权衡，否则"福利陷阱"有可能把我们拖入"中等收入陷阱"。"民粹主义基础上的福利赶超"一旦失速，结果不仅是福利不可持续而从云端跌落尘埃，一起跌下来的还有发展的后劲，痛失好局之后所有社会矛盾可能会被全部激发出来，引发社会动荡。中国经过共和国70余年、改革开放40余年的发展，有了历史性的新起点，但绝不是以后自然而然地就能实现中国梦，如何真正避免这些陷阱，是有重大实际意义的真问题，最可靠的保障还是要打造高水平的法治化社会。

西方主流意识中的"现代化"是和中世纪切割，在告别"黑暗的中世纪"后进入一个新的境界，转折点是文艺复兴。文艺复兴有很强烈的人本主义色彩，引导形成的主流意识是法国大革命和美国《独立宣言》追求确立的自由、平等、博爱、民主、法治。党的十八大提炼的三个层次二十四个字的社会主义核心价值观（国家层面的富强、民主、文明、和谐，社会层面的自由、平等、公正、法治，个人层面的爱国、敬业、诚信、友善）里面，实际上包容了所有自文艺复兴以来人类文明不断提升的主流要素。必须承认，无论是西方还是东方，有些思想是相通的，比如孔孟之道里的"己所不欲，勿施于人"就完全立得住，只要明确这个立场，就一定会引到博爱，一定会引到按照人类社会文明发展的取向来处理人际关系。所以从另外一个角度来说，虽然"现代化"这种主流意识带有一定的西方色彩，但绝不能简单地认为是西方中心论，不能在文明比较的情况下认为西方的都立得住，东方的都立不住，这是需要具体分析的。东方的一些东西，在我们合理地发掘它的积极因素之后，要使之更好地跟外部世界互动，形成“美美与共，天下大同”的境界。虽然道路很漫长，但是趋势越来越明晰：在全球化时代、互联网时代，如果不寻求多赢共赢，可能会处处碰壁，甚至头破血流。相反，如果更多地强调“己所不欲，勿施于人”，讲民主法治和相互尊重，那可能就是增加朋友、减少敌人。人们说到的“现代化”横向比较的概念，是不断动态推进的组合，这个动态推进也需要依靠一些基本原理去实现，比如“自由”应是法治限制之下的，否则无法处理个体自由间的冲突；“民主”要走向共和，否则可能引出“多数人的暴政”。“共和”是承认所有参与主体的诉求都应该得到尊重和表达，然后作理性的讨论，寻求“最大公约数”。辛亥革命以后，我们中国人苦苦探索，但一直还没有走到真正的共和境界。面对实现现代化的历史冲关期，要明确地知道“现代化”不是一个可以贴东西方标签的问题，而应该在全球化新阶段东西方互动的过程中不断提升综合境界。

与收入分配、财产配置、共同富裕问题密切相关的公共资源、公共权利的配置，即公共事务的处理，是社会发展在哪一个阶段都躲不开的根本性问题。所以，中国要真正走向现代社会，不是贴东西方标签的问题，应在看到前面所有的探索之后，把各种各样人类文明提升的要素真正综合在一个现代国家治理的制度联结里，形成一个可持续的民主化法治化制度安排。

以上这些涉及很多重要的探索，也有种种细节的问题，但可以一句话概括：简单的单线文明论、西方中心论是带有片面性的，但要承认文艺复兴直接引导了带有偶然性而实际上决定了其后世界全貌的工业革命，以及一些特定的因素汇集后支撑美国形成一个世界头号强国的全套要素组合。中华民族伟大复兴要认同“顺之则昌，逆之则亡”的世界潮流，争取达到把中西方所有的文明要素组合在一起、融汇在一起的法治化可持续发展状态。

五、"走向共和"：把权力和人性都关进法治的笼子里

在现代化取向上，必然涉及中国如何避免"民主"与"法制"各自可能的偏颇而"走向共和"的相关问题。比如，由新技术革命、信息革命而产生的一个人类值得忧虑的重要问题与相关基本看法如下：科技创新会促使人类社会实现在生产力"革命性的变化（颠覆性创新）"中的发展进步；社会变革则主要讲的是制度创新和生产关系决定的社会形态的除旧布新，是要通过有效的制度供给打开科技创新的巨大潜力空间。从某种意义上讲，社会制度这方面如果跟不上科技创新，也会受到科技创新的"倒逼"，在实际生活中我们已经感受到这种互动——一方面呼唤和推进体制改革，这能够进一步使中国形成"全要素生产力"；另一方面也感受到，改革的主导方面（就是要实现生产关系自我革命的政府体系），已受到信息时代一系列新的制约条件和挑战性因素的压力，逼着它考虑怎样发挥好自己的职能作用，而在这方面的尴尬之处、纠结之处是非常明显的。中国怎样冲破改革瓶颈期？现代化大方向下，深水区的具体路径并不清晰。其实，科技创新并不仅仅有正面效应，还可能蕴含着风险和某种对人类文明的巨大威胁，已可从前瞻性视角提出，科技创新是否会走到人们已讨论的"奇点"——我们认为理解这个"奇点"还不是讲机器人、电脑反过来控制人类，而是可能推进机器人、人工智能充分发展的这种"关键少数"的高端人才、高端"人脑"即特别的专业"精英"，在科技方面首先表现为创新的巨大成功，而后他有没有可能走到某一个临界点之后（比如"脑机结合"的决定性突破之后），运用自己异乎寻常的控制力，对社会成员中的其他人，从社会金字塔的最上端往下控制？这里所谓控制其他人，实际上是指这种控制有可能演变到把经济力量政治化——从"控制"

到"奴役"的那种能力。其实，这也是学术界一直在讨论的一个逻辑框架。有些专家引出的最主要的解决思路，是说这要依靠人性的善，我们要依靠种种教育和觉悟，使这些关键的少数人的善，能够使他们不走到那个"奇点"后边去。不同的人对"善"的理解会有不同，人类行为中必然会有社会生活领域的恶取向，怎样去抵御这种不可避免的恶的力量与行为？在恶和善的冲突中怎样让总体来说的结局总是能够由善控制住恶？这个"不越奇点"的问题，在上述这个认识框架下没有得到解决。

我们认为应强调的一个思路，是"把权力和人性都关进法治的笼子里"。为什么要在"权力"后面加上"人性"呢？中国在辛亥革命以后就怎么实现现代化，其实已经提出一个基本方向，核心观念就是"走向共和"，我们理解这个"共和"并不只是解决在一个极端上当政者的过度"集权"弊病的问题，它还必须使另外一个极端上芸芸众生的民粹主义得到制约。所有的人，都有人性中善和恶的冲突，都可能受到非理性因素的干扰，无论多么伟大的政治领袖，还是看起来多么默默无闻的平民，这个矛盾在他们自己的那个意识和精神里，都是必然存在的。

人类社会中，创新者、成功者的权力上升和权力的政治化，实际上无法回避，技术的力量与政治的力量会合流，对权力制约的意义随之便凸显：自上而下的"权力"要有自下而上的"权利"来对应和制衡。但这个总体的"现代社会治理"理念中，光讲自下而上的民主还不够，因为民主也很容易导向"多数人的暴政"，必须同时讲法治，以体现公共利益、长远利益、根本利益的法，来约束所有人的行为。法治处理不好也会走偏，即成了光讲"法制"，以为有白纸黑字制度的"法制（刀制）"就解决了问题，这是不对的，秦始皇那时就有秦律，即那时候就有法制（刀制），中国一向缺的是"水治"，这个"水治"的"法治"，是要形成真正符合公共利益最大化的良法，把权力和人性都关进法治的笼子里。这才使我们有可能按社会代价最小的方式寻求最大公约数、掌握合理的"群己权界"和"走向共和"。在经济社会转轨的现阶段，如能在此全面法治化轨道上于改革的深水区冲破瓶颈制约，就有望以后以制度安排防患于未然，无论出现怎样的科技创新和无论走到什么样的"关键的少数人"主导大局的时候，都能最大限度地避免越过"奇点"。这才是最可靠的出路和希望之所在。把人性也关进法治的笼子里的问题，与每个人都有关：人的天性必然是崇尚自由，"人同此心，心同此理"，甚至说到"生命诚可贵，爱情价更高，若为自由故，两者皆可抛"，但每个人与他人的自由之间的冲突，必然在社会中形成"群己权界"问题。对当政者权力制约的问题，和对每一个自然人权力（权利）的制约问题，在逻辑上是相通的。当年共产党领导人民闹革命时非常鼓舞人、吸引人的一句歌词是"自由之神在纵情歌唱"；我们反复说的"不忘初心""坚定信仰"，如从马克思主义的源头说起，对未来理想中美好社会的初心大愿，是"自由人的联合体"，"其中每个人的自由发展是一切人自由发展的条件"；自由也写入了"社会主义核心价值观"——但是现实生活中在许多讨论的场合，人们却还不敢轻易谈自由，忌讳"自由"二字，因为怕落入"自由化""新自由主义"——这也直观地反映了：人的每一个具体的自由，必然是有限自由。那么，边界在哪里？框架认识式的回答是：除依靠"熟人社会"中较有效的道德约束之外，开放社会中的一般民事活动，要依靠契约划定权责利边界。那么，契约怎样才能可预期地得到执行？这就要依靠法治来保证了。庙堂之高和江湖之远都要守法，权力和人性都要关进法治的笼子里，这就使防止"越过奇点"变得有一定的可信度和较大概率的把握，这样也才有可能、有希望去逐步接近"自由人的联合体"和共同富裕的伟大理想愿景。从极端形式来讲，人们所批评的"集权"，如果是到了"极权主义"，显然是不对的，但是"新权威主义"在中国还有一个尾巴，怎样让它尽可能地发挥可正面评价的引导作用？好比现阶段的"引领新常态"转换中的综合权衡，在整个实现现代化的历史阶段上，我们要在"生产关系的自我革命"中引导全社会"走向共和"，那么在另外一边，对民粹主义的东西，也一定要防止极端化，但又肯定不能简单地只是说民众觉悟不高、国民素质不高。对值得肯定的民心里善的因素，要充分顺应、调动和聚集起来，要让这些促使草根层面对美好生活的向往与庙堂层面的主动改革形成互动的良性循环。法治、德治并举中，最牢固、最基本的，还是力求以基础性制度建设形成现代国家治理的"全面依法治国"，把制度创新和管理创新、技术创新的互动提升到我们应该追求的境界：把权力和人性都关进尽可能高水平的良法构成的法治的笼子里，并在动态中与时俱进不断提升它的水平。这应是中国实现包容性发展和达到现代化中华民族伟大复兴和共同富裕中国梦的出路之所在，也是冲破改革难点、避免未来"越过奇点"方面我们认为在思路上最值得讨论之处。

六、"走向共和"中"最大公约数"式"规范的公共选择"：以"税收法定"为例

落实"走向共和"中"最大公约数"式的法治化民主决策，需要进而讨论一下"规范的公共选择"概念。

说到公众事务处理、公共资源配置，便必然牵动收入分配、财产配置，必然涉及社会成员的物质利益、人类情感，也必然终有一个在矛盾纠结、利益制衡情况下的实际选择，并引出选择的结果。整个人类历史长河中不断发生的这种公共选择，我们可将其归纳为最为概括的两类：规范的和非规范的。所谓规范的，就是社会代价最小，于人本主义立场上最值得肯定的选择；所谓非规范的，就是社会代价高昂，于人本主义立场上应尽力避免的。前者的典型机制表现，是"会场解决"；后者的典型机制表现，是极端化的"战场解决"。令人遗憾的是，在几千年人类文明史、中国历史上，前者极少，而后者极多。

但走向现代化，追求共同富裕的中国，必须义无反顾地追求以"规范的公共选择"法治化途径，来化解社会矛盾，解决好一系列棘手的制度规则、利益分配、收入调节问题。

在此以"税收法定"为例作一些展开的讨论。

与共同富裕相关的收入分配机制优化，关联税制设计、建设、改革的种种复杂问题，必须在"税收法定"路径上，实现税制的"规范的公共选择"，以实现"良法善治"。

1. 于"税收法定"中立良法，促善治，保证收入调节效用的发挥

收入分配从经济循环上看贯通着生产和消费，从法律上说连接着主体与利益。不可否认，财税问题首先是一个经济问题，但它无法回避作为人最基本需要的满足条件，即财富的取得与利用，也就不会止步于经济领域，而必然延伸至法律与政治领域，唯有通过确立正义的税制规则标准来保障分配的秩序，才能确保一个共同体的稳定与和谐。党的十八届三中全会明确提出"落实税收法定原则"，这是为推动国家治理体系和治理能力现代化、全面推进依法治国而确立的重要而根本的遵循。

立良法，不仅仅是立法技术问题，更重要的是要厘清税收制度改革的整体思路，需要系统性思维，不能仅就各个税种或实体法与程序法分割考虑，要防止税收立法的碎片化。

税收对于社会成员组成的纳税人来说，是一种带有"强制性、无偿性"直观特征的人们自身利益向政府金库的让渡，所以这就产生了一个非常现实的问题："税收法定"轨道上"规范的公共选择"，不可能通过"民主化"的最标准方式——一人一票的全民公投——来实行。试想，如果真的以全民投票方式作"税收法定"，那么最可能的结果，是税收被否定，无税被肯定：税制税种去留选择结果，只有"去"，没有"留"，那么政府履行职能还如何能取得其必须得到的财力？所以迄今为止，没有一个国家、一个政府可以用"全民公决"方式作税制体系的"税收法定"。法治化轨道上"税收法定"之规范的公共选择之意，应是在专业人士的智力支持之下，加上尽可能广泛地听取民间建议，并接受听证会等形式的质询、评论之后，以规范的立法程序引出"最大公约数"式社会可接受的立法结果，并保持动态优化的机制配套。

我国为处理好这种"税收法定"的进程，近些年正面对一系列挑战性的问题，10 多种税收的"暂行条例"和一些税收管理规则办法都需上升为法，很多税法推进中的选择也必然是先易后难，比如房地产税立法千呼万唤难出来，需要以扩大本土改革试点范围进一步积累经验凝聚社会共识。

我们认为这方面还有如下几点要领值得提到：

为建立一个有利于科学发展、市场统一、社会公平的税收制度体系，首

先，要将税收制度的改革置于经济社会健康可持续的大背景之中来考虑，更好地发挥税收职能作用服务于经济社会全局。其次，对税收制度应有一个整体的和长远的构想，明确税收制度整体框架，做好顶层设计，协调好税收筹集收入、调控经济运行、调节收入分配等几大职能。在此基础上，还需要明确各税种、各税目之间如何搭配，税制的要素如何组合匹配、如何施行等具体问题。再次，在税制动态优化调整过程中，应建立科学理性的激励考核机制，引导税务机关转变按照指标或任务征税的思维，以税收法律作为征税的唯一依据。同时，要建立和完善对税收执法的监督和问责机制，切实保障纳税人获得规范程序保障和司法救济的权利。

2. **逐步提高直接税比重，形成有利于结构优化、社会公平的税收制度**

现代市场经济所要求的税制体系，总体来说是一种“多税种、多环节、多次征”的复合税制，必须着眼于整个税制体系建设，从消费支出、收入流量和收入存量各方面调节高收入阶层的收入，以期多渠道缓解和缩小收入差距。这些税种在调节范围、调节力度和广度上相互补充、相互协调，从而形成一个连续性和整体协调性的税收调节机制。在复合税制组合中，直接税的作用更多体现在为筹集政府收入的同时调节收入分配，调节经济和社会生活，按照支付能力原则“抽肥补瘦”，使有支付能力的、更为富裕的社会成员，对公共金库作出更多贡献。进入公共金库的资源，再通过规范的预算安排，以财政分配形式转为扶助弱势群体的支出去增进低端社会成员的福利。但我国直接税改革“啃硬骨头”的艰巨性，已在现实生活中显著表现出来，个人所得税、房地产税的相关改革，还有不少难点，特别是本书前已提及的遗产税，其攻坚克难性质十分明显，在此作为一项改革任务中突出的案例，作如下展开的讨论：

遗产税是一种税负不能转移的直接税，实践中通常要与赠与税一起设计、配套实施，以封闭逃避税的空间。世界上已至少有 90 余国征收此税。在 20 世纪 80 年代后期的改革讨论中，我国也曾明确提到此税，但一直没有开征。改革开放 40 多年了，社会变化巨大，财富的积累与增长有目共睹，社会阶层的分化和矛盾凸显也十分刺目。于是，在千年之交前后 10 多年间，遗产税成了一个更为敏感的话题。近年在中央注重促进共同富裕的指导精神学习与贯彻中，对此税重开议论，看来今后深化展开对其的理性讨论很有必要，也无法回避。这里从此税相关考量的"价值取向"和改革设计的"问题导向"两个维度，作分析探讨。

先说价值取向。税制、税种的设计，必然体现某种人文与社会意义上的价值取向，特别是在调节收入分配、财产配置上起较大作用的直接税——尤其是遗产税，更是如此。直观地看，遗产税的价值取向就是"抽肥补瘦"，促进共同富裕，或可以用西方的比喻称之为一种罗宾汉式税种（罗宾汉是欧洲传说中于中世纪晚期劫富济贫的著名侠盗）——当然，这仅是比喻而已。税不是抢劫，是政府为主体的讲依法、讲规则的再分配，属于经济调节工具的运用。

在人类社会近几百年的发展中，关于此种价值取向在遗产税上应具体落实为何种设计方案，乃至对此税种的兴废如何考虑，争议不断，以后想必还会继续。美国案例有些戏剧性：遗产税开征多年后，美国曾经过立法程序启动了逐步降低税率而以 2010 年取消该税为目标的过程，但却很快出现比尔·盖茨等一批富豪在《纽约时报》登出广告公开加以反对的情况，认为这既不利于社会，也不利于他们的后人。据说后来的博弈结果是，仅在 2010 年停征一年（或说当年税率为零），而后又进入逐步提高税率的过程。可以说，迄今这个美国案例仍在主流认识和制度框架上，肯定了实施"抽肥补瘦"调节的价值取向，应当讲，其所体现的是社会走向发达过程中和市场经济体较成熟状态下的一种文明要素。其他代表性的市场经济体，从老牌的英国到新进的韩国，在这一取向方面大同小异。近些年也有停征遗产税的经济体，如我国香港特别行政区和新加坡，但代表的并不是主流，较多反映的是某些特别情况下的特殊选择。

应特别指出，从美国看，遗产税的存在，客观上有力助推了美国业已蓬勃发展的第三部门（指在政府代表的公共部门、企业代表的私人部门之外的公益基金会、民间慈善机构、志愿者非营利组织等）的壮大，进而促成了公益组织在社会生活中举足轻重的作用。因为年复一年、代复一代，在自然规律面前预期不久于人世的富豪，都必须作出明确选择：身后是缴纳相当高的遗产税后将剩余的遗产传给指定继承人，还是干脆生前把相当多的财产捐出去成立规范运作的公益性基金而流芳百世？相当多的美国富人在这一选择面前，会倾向于后者。美国现时存在的公益性基金会的一览表，按首字母 A 至 Z 的排列，可排成厚厚的多卷。大名鼎鼎的美国洛克菲勒财团出资建立洛克菲勒基金会之初，即按照美国法律确立其公益性宗旨，之后由理事会负责组织专业团队作安全投资而将增值部分用于履行宗旨的支出，完全切断了基金会“反哺”洛克菲勒财团的任何可能性。所以说，“洛克菲勒财团有可能走向破产清算而不复存在，但洛克菲勒基金会将永远存在”——美国的这一套相关法规与制度机制，使遗产税和公益基金会的发展形成了稳定的因果关联，进而有利于促进社会和谐。

中国改革开放以来的经济和社会发展，已在一些基本特征上与发达国家相似：出现越来越多的富豪（可从不断公布的排名榜上知其大概），以及越来越多的慈善公益活动，形成越来越明显的对于收入分配、财产配置现状的社会关切（几乎人人在这方面都有一肚子话要表达）。因此，中国在处理遗产税问题上，如何借鉴国际经验并凝聚基本价值取向上的社会共识，已是十分必要和迫切的事情了。

邓小平曾多次强调“先富共富”的思路，大体上改革开放之后，前一半时间更多关注的是要允许一部分人、一部分地区先富起来，以顺应经济发展中无法齐头并进“共富”的客观规律；后一半时间则十分强调发展起来之后的问题不比未发展时少，一定要努力实现共同富裕。权威性的《邓小平年谱(1975—1997)》记载了邓小平生前最后一次发表的政见，是与他弟弟邓垦关于收入分配等问题的谈话，其中主要就是把能否处理好共同富裕问题看作决定国家前途命运的高端战略把握和大政、大局问题。

我们认为，按照这种“先富共富”思路内含的价值取向考虑问题，秉持“两个一百年”的中国现代化愿景，我们完全无法把遗产税从促进完成中国“先富共富”历史过程的制度建设选项中排除。税收不可能是万能的，但走向现代国家和现代税制，不积极地、前瞻性地认识和考虑遗产税等直接税的制度建设，是万万不能的。客观进程或迟或早要把开征遗产税这个问题推向决策前台，而有远见和战略意识的改革者，莫不如更为积极地、更具前瞻性地推动相关研究考量，为之廓清基本价值取向、凝聚社会共识和准备相关的设计要素。至于应有眼界上的纵深，在有了关于价值取向的认识之后，在未来的直接税培育、成长方面，我们至少需要看出去几十年至100年。

但是，价值取向考量和改革大方向判断之后的一系列问题，在遗产税事项上是相当复杂的，所以要再细说遗产税改革设计的问题导向。所谓问题导向，这里已不是指遗产税要解决什么问题——前面的价值取向讨论分析，已在大方向上解决了这一问题——此税是要依法形成"抽肥补瘦"的经济杠杆，包括成为促进公益慈善事业发展的推动器，服务于实现共同富裕、社会主义现代化和中华民族伟大复兴进程。这里所说的问题导向，所聚焦审视的是：如果推出遗产税的改革，我们会碰到什么问题？在改革设计上应该怎样处理这些问题？

中国的改革矛盾交织，牵一发而动全身。一个遗产税，先不说其与赠与税的关系等技术性问题，首要的是，在其与一些基本社会问题的关联上是多维化的，所以很有必要以若干基本的问题为导向，在对遗产税的价值取向予以肯定之后，就针对关联问题的税改方案设计要领加以讨论，以求能够形成具有可操作性的方案。

在改革视角（即开启新的制度安排的视角）上开征遗产税，所遇到的第一个问题是，此税势必要求有居民财产申报、登记、查验、保护、交易制度的全面建设，其中尤以官员财产报告制度为首要。依照事物的逻辑关系加以审视，这一递进联结链条实在是再清楚不过了：①如果没有居民财产的实名申报、登记制度，以及对于其金融资产、不动产等的查验制度（去借助联网和大数据），征收遗产税所需的可靠信息从何而来？②政府既然要代表公共权力建立和运用这一财产申报、登记、查验制度，就必须配之以严密、公正、令人信服的财产保护制度，即凡是社会成员合法取得的财产，都必须得到法律的严格保护而不受侵犯，否则，如何首先形成政府执公权征税在自然法层面的合法性？③有了上述这些制度，必然延伸出市场经济中必不可少并尤其要求有高规范水准的财产交易制度，这种交易制度要能涵盖和处理统一市场上所有财产作为资源要素可能会在竞争与要素流动中发生的买卖和产权变更，规范地处理所有相关的产权交易问题而不留法律无解的"后遗症"，否则，如何平顺联结后面要征收的遗产税？④要解决所有前述问题的一个最靠前面的现实问题，是官员的财产报告制度需有令人信服的确立与“交代”。“要求群众做到的，领导首先自己要做到”，被民众视为领导的一定级别以上的党政官员，如果自己不能规范地实行财产申报制度（还必然引出财产公示制度），又怎么能设想普遍地要求公众完成财产申报而后对他们开征遗产税？于是，回到我国现阶段这方面的现实情况，虽说官员财产报告与财产公示制度已是世界上所有走向现代状态的国家和经济体都在实行或正在推开的制度，但在我国还仅仅是一小部分部门的“内部试点”和部分地方曾在基层进行的公开试点。今后何去何从，还备受争议，尚未定夺。

这里还仅仅是谈到开征遗产税改革方案设计问题导向之下的第一个问题，但仅由此我们就已可得知：推出此税颇为敏感的前提的确立，离我们的现时状态还存在较大距离——研究有必要，快进不现实。但笔者认为需要在这里再强调一次：大道理管小道理，大方向罩着关于过程、步骤、轻重缓急的考虑，凡属这种现阶段还无法具备可操作性但符合改革和社会进步大方向的事情，应做之事，便是讨论如何可以创造条件以及可以通过何种举措争取逐步具备条件，使之可以推进到可操作状态。所以，这些既不应是强调其“不现实”而不加研讨的问题，更不应是以“目前不可行”而全盘否定、不予承认的问题——遗产税就是当下中国所面临的这样一个问题。

接下来，后面的讨论已不必过多展开但需要一并作出勾画：遗产税的开征至少还会带出其他几个有分量的问题。

遗产税改革设计视角上会遇到的第二个问题，是一旦以此税构成中国直接税体系中继个人所得税、房地产税之后的又一块税制基石，便意味着中国的税改真正进入了“深水区”，在我国已确立多年的依宪行政和依法治税方针原则下，公民意识、纳税人意识会因此受到又一轮前所未有的强有力激发而形成“无代表、不纳税”原则取向上的、更加强烈的公众诉求和社会压力，势必会倒逼式地要求税改配套安排一系列“理财民主化、法治化”的相关改革——这符合党的十八大“五位一体”全面改革的战略导向与意图，但明显具有攻坚克难的性质，十分需要正视其牵一发而动全身的联动关系，真正拿出实质性改革的大决心、大勇气与大智慧，通盘筹划渐进推行，无法一蹴而就。

第三个问题是开征遗产税应同时考虑对先富阶层的包容式引导和持续创业发展的激励。从某种意义上说，在中国先富阶层中居于多数的企业家，他们的企业家精神与才干是中国实现现代化赶超过程相当长阶段里最为稀缺的资源。未来开征遗产税，需要同时考虑最大限度地继续鼓励这一类纳税人与其家族、团队持续创业发展，必须设计与此相关的具体机制（比如，在遗产税征收环节对还处于实体经济中运营状态的资产作区别对待，以低税或免税处理等）。有人说，只要在中国开征遗产税，就会引起富人大量资产的外逃和大批移民。事实上，只要处理得好，绝不至于如此。试想，如果仅考虑税负，他们逃到哪里去？如果是去美、欧发达国家，恐怕无望避开那里更为严格规范的遗产税和其他直接税；如果设想全逃到边边角角、弹丸之地的几个"避税天堂"，似也不太现实。真正稳住、留住中国先富阶层的关键，其实绝不在于"不征税"（这不可能）或"尽量少征税"（这有一定空间，但也并非最关键之处），稳住这些人的真正关键在于形成制度完善向好的中长期预期，并使他们由政府维持社会正义、促进社会和谐的实际作为而获得基本的、踏实的且愈益充分的安全感，特别是解决好近年来十分现实的"如何使民营企业吃好定心丸"的问题。

第四个问题是开征遗产税时还应充分考虑对中国中等收入阶层的培养。被国际社会称为中产阶级的中等收入阶层，在中国目前比重还太低，今后较长历史时期中要培育壮大这一阶层，是早已写入党中央文件的指导方针。培养中等收入阶层的意义十分明显：有恒产、有恒心、偏好理性的这些社会成员，在客观上会成为维护社会稳定安宁和谐的中坚力量，所以在中国直接税体系的渐进成长中，对他们应当网开一面作专门处理，促进形成橄榄型社会结构。从这一点看，社会上热议的遗产税起征点问题，设计时显然需要量化为届时中产阶级财产规模的上沿。

第五个问题是开征遗产税应预先铺垫和同时配套推进对中国"第三部门"的扶持制度与措施。比如，规范的公益性基金会的相关法律建设和扶助措施的成龙配套十分必要，这是遗产税联动效应的重要相关因素，应一并考虑。从国际经验看，遗产税本身收到的财政收入甚至可以少到不足挂齿，但因此税存在而促使“第三部门”增加的公益慈善资金来源却大为可观，相关的法律制度建设则是其可持续性发展的保障。事实上，我国这些年的民间和企业公益慈善活动在社会生活中愈益活跃，但标准形式的公益基金会在中国的发展却明显滞后。从这方面改变发展滞后问题的法律制度宜从速建设，以为今后做好铺垫。对那些可以接受公益基金之托作安全投资的专业化主体的成长，显然也需给予应有的引导与支持。

第六个问题是与遗产税改革方案设计有关的一系列技术性问题需要得到较好的处理。比如，采取总遗产税制还是分遗产税制、各地起征点如何量化形成、赠与税如何一并设计等等。这里不拟展开。如此说下来，近年社会热议的遗产税起征点问题，其实不过是遗产税改革一大堆相关问题中的一项具体的带有技术性色彩的问题。但关于这一点引起的议论热潮，却很有标志性的社会意义：中国的经济社会转轨变型过程，在进入中等收入阶段之后，看来已演变到一个对税制，特别是对于直接税这种直截了当要作利益和财产再分配的税种的高度关注阶段，需要我们的公权体系、政府部门，变社会公众压力为动力，积极争取与来自全社会的正能量形成合力，共同研讨和促进势在必行的相关税制改革和全面配套改革。无疑，这真正是一种历史性的考验。

最后还要谈一下对遗产税改革和房地产税改革的比较。房地产税与遗产税同属直接税，为何笔者一向主张以调节高端为要领积极推进上海、重庆两市业已开启的房地产税改革试点，却在这里讲了许多遗产税改革的前提问题，而对其改革启动（哪怕是试点）还未置一词？主要考量如下：这两个税种的改革都处在经济社会进步的大方向上，但房地产税改革虽然千难万难，与遗产税相比较，还是相对容易，并可以放在比后者靠前的位置上。直接观察便可知：房地产税的税基是不流动的，是摆在明面上的，而遗产税的税基虽包括房产，却有金融资产等可流动的部分，进行确定和征管要复杂许多；房地产税改革试点的启动，可明确地安排在少数地区，柔性切入，先建框架，也以此呼应了方方面面近年高度关注的房地产调控、地方税体系建设和收入分配优化问题，但如果开征遗产税，却似乎无法先行局部试点——那样显然会激发金融资产的区域性外流。仅这两点，就足以形成我们在区别轻重缓急安排渐进改革中将遗产税往靠后位置摆放的明显理由——当然还有其他可以列举的原因。

现实生活已客观地把一系列改革问题摆在全面深化改革取向的方案设计与决策面前，我们理应群策群力、面对挑战，作出关于改革的深入研讨和促成正确的方案选择。以共同富裕的现代化中国梦愿景为眼界，把包括直接税、遗产税的改革设计问题纳入我们整体配套改革所要编制的路线图与时间表，从长计议，积极稳妥推进。

七、向共同富裕橄榄型目标“无限趋近”砥砺前行

中央所强调的共同富裕，在已经看到的公开文件中，已有非常丰富的内容。我们把中央的会议精神、具体表述看下来以后，就可体会到中央这一次关于共同富裕和相关的这么多的要求和表述，很好体现了中央领导集体这几年来反复强调的系统论思维。关于共同富裕和后面的各个要领，是整个系统工程式、在环环相扣的逻辑链条上串在一起表述出来的一整套要求。

关于共同富裕的认识，这段时期我们注意到既有社会上的热议，也有在议论中间明显的不同观点，从思路到一些基本要领认识的争议。不同的观点争议，有时候可能还影响实际生活中的“人心”状态，甚至有些人感觉有一种不安的情绪，我们都不必讳言。我们要认识共同富裕真正的内在逻辑、相关要领，当然需要正面地参与有关的讨论，努力矫正一些非理性的认识误区。

比如，市场经济体制，则收入分配主要是由市场经济的内在机制决定的。对高收入阶层的收入，政府只能调节，不能禁止，合法合理的高收入不应人为想当然地“一对一”规定上限。政府能做的，也是政府必须做的，是建立完善的社会保障机制，保障低收入阶层的基本生活，提高社会对高收入阶层的理解度与容忍度，并注重再分配调节，鼓励公益慈善和志愿者行为，使社

会安定与发展活力高度统一。研究表明，社会安定的关键是使低收入阶层的基本生活需要得到保障，并注重提供社会成员间“权利和机会的公平”，通畅“上升通道”，并有效打击非法致富者，从而提高社会各界对高收入阶层的理解度与容忍度，在动态发展中逐步走向共同富裕，而不是简单地把高收入阶层的收入水平一律和一味压低。获取高收入是绝大多数人的愿望，但事实上只能有少数人实现这种愿望。政府的职责是取消特权，打破垄断，保护公民权利，让社会成员之间实现公开、公平竞争。就像体育比赛，最终得奖牌的只是极少数人，但只要参与的权利和公平竞赛的环境得到保证，公众是可以接受竞赛结果的。由于接受良好教育是获取高收入的基础，所以政府要特别注意义务教育投入，将其作为教育投入的第一优先考虑项目，使贫困家庭的子女也能得到合乎标准的义务教育，为社会成员之间的公平竞争打下坚实的基础，并逐步使社会中的中等收入群体壮大起来，形成社会主体，即发展“两头小、中间大”的橄榄型社会结构。

对于共同富裕，我们首先要高度评价。它并不是一个横空出世的新概念，而是早已经在改革开放过程中得到强调的一个重要概念。但改革之初，邓小平多次强调共同富裕是社会主义的本质和现代化的目标的同时，务实地给出的一个高水平的与操作性、可行性对接的路径，是要“允许一部分人、一部分地区先富起来”。一部分人和一部分地区先富起来，也就意味着我们要从原来那个相当明显的普遍贫穷（有少数特权）、不够格的社会主义，走向真正符合社会主义优越性的、够格的社会主义境界，而这不可能齐头并进大家一起致富——这是客观规律。

设想一下，在20世纪80年代初，如果没有这样的重要指导方针，要想真正鼓励我们的社会成员致富，思想的障碍、实际生活中的阻碍因素比比皆是。大家习惯了多年来“吃大锅饭”式的平均主义状态，有谁先富起来，那么一系列对于他的不利条件都可能堆上去，是根本不能够真正打开鼓励人们创新创业走向致富之路的现实环境的。有邓小平这样一个简洁而逻辑贯通的“贫穷不是社会主义”“允许一部分人、一部分地区先富起来”的指导方针，那么在实际生活中，就非常有利于克服种种阻碍因素，使我们推进改革开放的致富过程，可以合乎意愿的总体发展趋向，探索打破平均主义之后更合理的激励机制，表现出提升发展活力的势头。在实际生活中，其后有了一系列的改革措施，从农村、从企业、从区域，是鼓励一部分人先行先试，一部分地区一部分人冲在比较靠前的改革创新的试错位置上，进而带动了很大程度上带有"梯度推移"特征的全局"富起来"新时代的展开——我们从"站起来"的时代，终于对接了改革开放新时期以后"富起来"的时代。

在中央明确加快共同富裕进程的当下，大体 30 年为期基本实现全体人民共同富裕的时间表也已勾画，到了决定性取得共同富裕成果的新阶段了。本书在作了前面分层次、力求条理化的考察分析和相关建议之后，笔者在此作出一个总结：中国实现共同富裕，既有中央已提出的框架性的时间表和我们已有发展成就的现实支撑，又有充分估计过程中的挑战和艰巨性，还要具备一种更为长远的"进行时"动态发展思维，即共同富裕的直观表现过程，将是一个向橄榄型社会"无限趋近"的过程，因为橄榄型并不能最终削平顶端。基本实现橄榄型结构的共同富裕之后，也必然还要继续动态优化推进收入分配，不断促进人类物质的和精神的共同富裕。

让我们首先锁定在可预见的"第二个百年"时点的中国梦目标，风雨同舟砥砺前行，共创全体人民共同富裕的美好未来！

参考文献

［1］贾康．收入分配与政策优化、制度变革．北京：经济科学出版社，2012.

［2］王小鲁．灰色收入与发展陷阱．北京：中信出版社，2012.

［3］肯尼迪．大国的兴衰．陈景彪，等译．北京：国际文化出版公司，2006.

［4］蔡昉．收入分配的新库兹涅茨事实．上海证券报，2015－09－10（A01）.

［5］陈新年．中等收入者论．北京：中国计划出版社，2005.

［6］诺思．理解经济变迁过程．钟正生，邢华，等译．北京：中国人民大学出版社，2013.

［7］段凯凯，董昊铭，苗丽雯，等．人脑自适应多尺度功能连接的性别差异．心理科学进展，2018，26（9）：1567－1575.

［8］何帆．21世纪资本论导读本．北京：中信出版社，2015.

［9］黄偲．心理资本对低阶层贫富差距归因倾向的影响．武汉：华中师范大学，2016.

［10］贾康．调节居民收入分配需要新思路．当代财经，2008（1）：5－8.

［11］贾康，苏京春．中国的坎：如何跨越“中等收入陷阱”．北京：中信出版社，2016.

［12］贾康，苏京春．直面“中等收入陷阱”真问题：基于1962—2013年全球数据对“中等收入陷阱”的判断、认识．中共中央党校学报，2015，19（4）：51－63.

［13］姜树广，韦倩. 信念与心理博弈：理论、实证与应用. 经济研究，2013，48（6）：141－154.

［14］蒋耀林. 模型降阶方法. 北京：科学出版社，2010.

［15］皮凯蒂. 21世纪资本论. 巴曙松，陈剑，余江，等译. 北京：中信出版社，2014.

［16］钱穆. 中国历代政治得失. 北京：九州出版社，2013.

［17］苏京春. 避陷阱，求坦途：中等收入阶段的福利赶超与经济赶超. 北京：经济科学出版社，2013.

［18］徐滇庆，李昕. 看懂中国贫富差距. 北京：机械工业出版社，2011.

［19］叶航. 公共合作中的社会困境与社会正义：基于计算机仿真的经济学跨学科研究. 经济研究，2012，47（8）：132－145.

［20］BAKIJA J M, GALE W G, SLEMIOD J B. Charitable bequests and taxes on inheritances and estates: aggregate evidence from across states and time. American economic review, 2003, 93(2): 366－370.

［21］CROMMELIN D T, MAJDA A J. Strategies for model reduction: comparing different optimal bases. Journal of the atmospheric sciences, 2004, 61(17): 2206－2217.

［22］HAUERT C, TRAULSEN A, BRANDT H, et al. Via freedom to coercion: the emergence of costly punishment. Science, 2007, 316(5833): 1905－1907.

［23］FELIPE J, ABDON A, KUMAR U Tracking the middle－income trap: what is it, who is in it, and why?. Asian development bank economics working paper, 2012(306).

［24］GREENE J, HAIDT J. How (and where) does moral judgment work?. TRENDS in cognitive sciences, 2002, 6(12): 517－523.

［25］FUKUNAGA K. Introduction to statistical recognition. Boston: Academic Press, 1990.

［26］KUZNETS S. Economic growth and income inequality. American economic review, 1955, 45(1): 1－28.

[27] RAIMONDO H J. Federal tax policy and charitable giving(book review). Southern economic journal, 1986, 53(1): 294 – 296.

[28] RANDOLPH W C. Dynamic income, progressive taxes, and the timing of charitable contributions. Journal of political economy, 1995, 103(4): 709 – 738.

[29] TAYLOR C, FUDENBERG D, SASAKI A, et al. Evolutionary game dynamics in finite populations. Bulletin of mathematical biology, 2004, 66(6): 1621 – 1644.

[30] WHALLEY J. Estate duty as a “voluntary” tax: evidence from stamp duty statistics. Economic journal, 1974, 84(335): 638 – 644.